中国青年政治学院优秀硕士学位论文精选集

青少年工作篇（一）

Youth Work

■ 中国青年政治学院　组织编写

知识产权出版社
全国百佳图书出版单位

图书在版编目（CIP）数据

中国青年政治学院优秀硕士学位论文精选集：青少年工作篇（一）／中国
青年政治学院组织编写．—北京：知识产权出版社，2016.9
ISBN 978－7－5130－4420－2

Ⅰ.①中…　Ⅱ.①中…　Ⅲ.①社会科学—文集②青年工作—中国—文集
Ⅳ.①C53②D432.6－53

中国版本图书馆 CIP 数据核字（2016）第 206818 号

内容提要：

中国青年政治学院所设专业属于广义的"社会科学"，或者说是"人文和社会科学的统一战线"。此次出版的《中国青年政治学院优秀硕士学位论文精选集》体现了中青院在狭义社会科学上的专业布局，其中马克思主义基本原理、马克思主义哲学、刑法学、诉讼法学、民商法学、经济法学、社会学代表了具有中国青年政治学院特色的社会科学学科体系。

此次出版的精选集包括《青少年工作篇》《社会工作篇》《法律篇》，共收录 16 篇优秀论文。论文作者在"基于长期的学术训练，对本学科的经典具有深厚的学术功底"的导师指导下，研究真问题，把握专业精髓，积极能动地反映社会现实、解决社会问题。

责任编辑：	范红延　栾晓航	责任校对：	谷　洋
封面设计：	刘　伟	责任出版：	卢运霞

中国青年政治学院优秀硕士学位论文精选集——青少年工作篇（一）
中国青年政治学院　组织编写

出版发行	**知识产权出版社** 有限责任公司	网　　址	http://www.ipph.cn
社　　址	北京市海淀区西外太平庄 55 号	邮　　编	100081
责编电话	010－82000860 转 8026	责编邮箱	fanhongyan@163.com
发行电话	010－82000860 转 8101/8102	发行传真	010－82000893/82005070/82000270
印　　刷	北京中献拓方科技发展有限公司	经　　销	各大网上书店、新华书店及相关专业书店
开　　本	720mm×1000mm　1/16	印　　张	19.25
版　　次	2016 年 9 月第 1 版	印　　次	2016 年 9 月第 1 次印刷
字　　数	300 千字	定　　价	70.00 元

ISBN 978－7－5130－4420－2

本书编委会

主　任：王新清

副主任：林　维

成　员：王　文　王　新　王新清　吴　用

　　　　吴鲁平　张　跣　李　伟　陈树强

　　　　林　维　罗自文　柴宝勇　谭祖谊

做实在的学问　做实在的人
（代序）

中国青年政治学院的研究生教育始于 2003 年，至 2016 年暑期已经有十届毕业生。十多年来，我们按照党的教育方针的要求，不断摸索经验，采取多项措施加强研究生教育，培养了一批优秀的毕业生。我们不仅要求研究生坚持正确的政治方向，而且要求他们做实在的学问、做实在的人。

研究生是指在高等学校或科研机构里通过研究而学习、进修的人，其主要任务是研究式学习，也就是做学问。所以，研究生不仅跨入了知识的殿堂，而且是知识殿堂的建设者。

什么是学问？综观学界对"学问"的解释，它大概有三层含义：一是指"学习与问难"，《易·乾》曰："君子学以聚之，问以辩之"，这反映的是行为意义上的"学问"；二是指"知识，学识"，即"正确反映客观事物的系统知识"，这反映的是客体定义上的"学问"；三是指"做人好，做事对"（南怀瑾语），这反映的是结果状态意义上的"学问"。所以，我认为，做学问就是通过"学"和"问"来掌握那些"正确反映客观事物的系统知识"，从而不断丰富思想，端正人品。

随着人类社会进入信息时代，知识也进入了"大爆炸"时期。据一些教育学家统计，自 20 世纪 90 年代以来，人类知识总量每 3～5 年就增加一倍。信息时代给做学问带来了方便条件，也给做虚假学问者提供了诸多便利。和古人相比，现代人做学问的"水分"大了许多。有水分的学问对社会是没有益处的，所以，每一个做学问的人要力戒做"有水分的学问"。研究生阶段是做学问的起点，按照习总书记教导的"扣好人生的第一个纽扣"，就应当做实实在在的学问，避免做虚假的学问。

什么是做实实在在的学问？我认为有三个基本点应该牢记：第一，要实实在在地学习。这里的"学习"不仅是听课、读书，还包括"随时随地的思和想，随时随地的见习，随时随地的体验，随时随地的反省"（南怀瑾先生的观点）。第二，要读好书，学真知识。即所谓"有益身心书常读，无益成长事莫为"。现在社会上、网络上的"知识"鱼龙混杂，读书、学习一定要有辨别力，要读好书，学真知识。第三，研究问题要真，出成果要实在。不要说假话、说空话、说没用的话。

要想做出实实在在的研究成果，首先，要选择真问题进行研究。这里的真问题是指社会上存在的的确需要解决的问题，而不是对社会发展进步没有意义的问题，也不是别人已经解决了的问题。其次，论述问题的依据要实在。论证观点依靠的事例、数据、学术文献是客观存在的，是自己考据清楚的，不能是虚假的，也不能是自己还模模糊糊的。再次，要努力得出新结论。这里说的新结论，是以前还没有的。别人已经得出的结论，不能作为你研究成果的结论；对解决问题没有意义的结论，也不必在你的成果中提出。要依靠自己的独立思考和研究，从"心"得出结论。做到"我书写我心，我说比人新，我论体现真"。

避虚就实，不仅是做学问的态度，也是做人的态度。这个标准可能比较高，但是，只要我们抱着这样的态度，锲而不舍地努力，就会走好做学问的第一步，走好人生的第一步，就会做出好学问，就会成为一个受人尊敬的大写的"人"。我希望我们中国青年政治学院的每一个研究生、每一个学生，都能成为这样的人。

我们结集出版优秀硕士学位论文集，一是向社会汇报十多年来我校研究生培养的成果，接受社会的评判；二是激励研究生认真向学，做实在的学问，出更多更优秀的成果；三是给在校的研究生树立一个看得见、摸得着的标杆，让他们以这些优秀的硕士学位论文的作者为榜样，努力做学问，把自己培养成为一个优秀的人。

中国青年政治学院

常务副校长　教授　博士生导师

王新清

2016 年 6 月 22 日

目　录

高职院校学生成人初显期特征的测量和分析

——以石家庄信息工程职业学院为例

□ 吴雪霜

摘要： 从青春期向成年期的过渡一直是发展心理学关注的重点领域，20世纪末美国克拉克大学（Clark University）的心理学教授杰弗里·杰森·阿奈特（Jeffery Jensen Arnett）提出了成人初显期理论，揭示了工业、后工业社会青年发展的一系列新特征，既继承和发展了埃里克森的同一性理论，也是对生命历程理论的进一步丰富和完善，具有深刻的理论和现实意义。本研究试图以中国高职院校学生样本对该理论加以验证，探讨高职院校学生的成人标准和成人初显特征，并与国外相关研究进行跨文化比较。研究采用定性和定量相结合的研究方法：以随机选择的10名高职在校生为对象进行结构式访谈；并采用分层抽样法抽取792名高职在校学生，用修订后的成人标准问卷、成人初显期特征问卷进行集体问卷施测。得出以下主要结论：①成人标准的7个维度"独立性、依赖性、角色转变、服从规范、生物性转变、年龄过渡、照顾家庭的能力"适合中国大学生。通过跨文化比较，中美大学生虽然对于成年标准的界定维度上有很多相似性，都集中在独立性、照顾家庭能力上，美国大学生对思想意识独立的重视要高于中国大学生。但在相互依赖性维度上，中国大学生的支持率要高于美国。另外，中国大学生比美国大学生更强调对规范的服从。中国大学生所看重的一些成年标准带有明显的中国文化特色。②与个体经济独立有关的因素对成人标准的影响较明显，例如大学期间的经济来源、兼职经历等，而家庭经济因素的影响并不是很明显，如家庭经济状况及父母职业均未呈现出显著性差异。交友状况对成人标准有影响，尤其是交友对象的年龄层次。恋爱状况及地域差异对成人标准的影响不明显。③成人初显期的5个特征：多种可能性、不稳定性、自我关注、同一性探索、夹缝感，同样适用于中国大学生。其中，对国内高职院校学生来说，这一时期的"夹缝感"最明显，而"不稳定"的感觉较弱。通过跨文化比较，美国学生的"夹缝感"要比中国学生更强烈。④对成人初显期特征影响较大的是大学期间的经济独立状况、家庭经济状况、兼职经历、住校经历以及交友状况。其他因素如恋爱经历则影响不明显，性别差异在成人初显期特征上也不明显。⑤中国大学生的成人感比美国大学生强烈。其中，对高职学生成人自我知觉产生影响的因素有性别、年龄、家庭结构、兼职经历、经济独立状况和恋爱经历。

关键词： 成人初显期；高职院校；跨文化比较；成人自我知觉

1 引言

1.1 研究缘起

1.1.1 为什么以成人初显期为研究内容

20 世纪初，心理学家霍尔提出了被其称之为"大动荡"阶段的青春期（Adolescence）理论，引发了心理学、人类学、社会学、教育学等领域的大范围争论，但青春期最终被证实是存在的，并被纳入到生命历程（Life Span）的发展链中，而且还是对人的发展具有重要意义的一环。因此，为了满足 12～18 岁青少年的特殊需求，社会制度也做出了相应的调整，在教育、保健、社会服务和法律等方面都进行了变更。同样的，在 21 世纪初，马萨诸塞州伍斯特市克拉克大学（Clark University）的心理学教授杰弗里·杰森·阿奈特（Jeffery Jensen Arnett）号召将十八九岁到 20 多岁（主要是 18～25 岁）这一时间段视为人生的一个独立阶段，阿奈特称其为"成人初显期"（Emerging Adulthood），意味着这一阶段已经脱离了青春期，但又没有完全进入成年期，而是处在青春期和成年初期之间的一个阶段。这个理论也经历了最初的争议甚至批判，但随着研究的深入，"成人初显期"的概念得到了越来越广泛的运用，国外的学者、媒体都纷纷展开了对"成人初显期"的研究和报道。

按照我国的学制，大学期间正是处在成人初显期的阶段，完成大学教育、走上工作岗位并逐渐有一个稳定的生活状态的过程正是每一个大学生由未成年向成年的华丽蜕变！青年和青年理论都是具备历史文化背景的，正如王彬在《全球化语境下青年研究的范式转换》一文中提到的：青年问题是一种历史性的社会文化构建，不论青年还是青年群体，其变化发展都是随着社会结构的调整和社会状况的变化而变化，并最终承载、投射和反应这种变化（王彬，2011）。在目前的社会历史背景中，对大学生的研究有很多角度，《中国青年研究》2011 年第 3 期刊登了一篇有关青年研究的综述性文章，文中提到从 2007～2010 年，社会学领域对青少年的研究虽然涉及了青少年发展的方方面面，但是研究重点却非常突出，集中在关注快速变迁的社会带给青少年的新问题以及青少年所采取的相应对策（李春玲、孟蕾等，2011）。同样的，最初关注到成人初显期也是由于社会的变迁使得教育年限被延长、婚龄和育龄被推迟，在由传统的农业社会向工业、后工业社会变迁的过程中，成年的过程被逐渐拉长，人们需要更多的时间去为成年做准备，最终衍生出这样一个新的人生发展阶段，这一阶段在以往的社会历史形态中是未曾出现的；并且成人初显期作为个体成年之前的一个关键性阶段，这一时期的很多决定和行为都直接影响个体的一生。

1.1.2 为什么以高职院校学生为研究对象

随着高等教育的扩招，据《2003 年全国教育事业发展统计公报》的数据显示，当年我国高等教育的毛入学率已达到 17% 。而按照国际惯例高等教育毛入学率超过 15% 即标志进入大众化教育。另据《2010 年全国教育事业发展统计公报》显示，截至 2010 年全国各类高等教育总规模达到 3105 万人，高等教育毛入学率达到 26.5% 。由此可见，我国高等教育早已实现了从"精英教育"到"大众教育"的转变。这些数据一方面显示我国教育事业的蓬勃发展，预示我国正由一个人口大国向人力资源大国迈进，但另一方面，扩招的直接后果就是大学生就业形势越来越严峻，根据《中国大学生就业报告》（麦可思研究院，2009，2010，2011）的数据显示：在同样的经济形势下，高职高专院校学生的就业率处在一个稳步增长的过程，而一般本科院校的就业率则下降幅度较大；从人均月收入的相对增长情况来看，高职院校的学生的工资水平的增长幅度大于一般本科院校。由此可见，高职院校学生越来越得到社会的认可，实际动手能力和技术能力使得他们能适应当今就业市场对应用性人才的需求。

根据以往的经验，关于"大学生"的研究中，大多数还是以本科生和研究生为主要研究对象，这就导致了大量有价值、有影响力的研究都集中在本科和研究生阶段，而对高等职业教育领域的研究则相对较少。在中国期刊全文数据库中检索心理学领域关于"大学生"的文献，大约有 1.5 万多篇，但是关于"高职"学生的心理研究文献大概只有不到 2000 篇，当然这只是一个粗略的比较，但是也能看出学界对二者的重视程度有很大悬殊。但是高职教育早就在中国高等教育中占据了半壁江山，据统计截至 2008 年，中国大陆独立设置的高等职业技术学院超过

1200 所，占全国高校总数的 70% 左右，高职在校生超过 1300 万，占全国高校在校生的一半以上（靳京，2010）。目前，对高职院校的研究中，大多集中在就业、学生管理、课程建设、教学改革等方面，从心理发展角度去研究高职院校学生的论文相对较少。本文拟借助成人初显期这样一个关注心理发展的理论，来考察高职院校学生对长大成人的自我意识以及他们在这一阶段的特征。

基于目前全国大部分高职院校都集中在二、三线城市，为了避免区位因素影响研究结果的代表性，所以选取了河北省石家庄市为考察地区。本次研究的所有调查对象均来自石家庄信息工程职业学院的在校生。该校是一所典型的高职院校，共有在校生 12500 余人，学院现有软件与传媒艺术、电子信息、商贸、管理、印刷五大专业群和一个直属学院共 45 个专业，专业设置齐全，文、理科人数基本持平，在全国范围招生，所以能充分保证样本的代表性。

1.2 研究目的

通过本文的研究，笔者期望达到的目的主要有以下几点。

首先，在焦点小组访谈和深度访谈的基础上对阿奈特教授开发的成人标准问卷和成人初显期特征问卷进行本土化操作，使之符合中国文化背景。成人初显期研究虽然在国外经过近 10 年的发展，已成为一个学术热点话题，但在中国的研究尚属起步阶段，目前关注成人初显期的华人学者也屈指可数。目前国内虽然零星有一些翻译成中文的量表，但是还没有形成适合中国文化语境的测量工具，所以为了确保后续研究的科学性，获得的数据更有可信度、更能反映真实情况，所以本研究的一个重要目标是要在英文原版的基础上进行测量工具的本土化操作，保证其在中国文化背景下具备较高信度和效度。

其次，以石家庄信息工程职业学院在校生为主，通过实证调查了解高等职业学校学生对成年的界定标准及其在人口学变量上的差异。了解他们对成年的界定标准可以使我们更清楚的看到处于成人初显期的年轻人的自身定位。本研究希望通过实证调查了解是否在不同年级、不同性别、不同家庭背景的高等职业学校学生中，成人的界定标准是不同的，其差异在哪里，并由此挖掘差异背后的深层次原因。

再次，分析高等职业学校学生在成人初显期的同一性探索特征，并与国内外已有研究成果进行对照，探讨成人初显期的跨文化差异。成人初显期的特征存在跨文化差异，这在已有的学术研究中已经得到了证明，每个地区由于文化和社会制度的差别，成人初显期的特征都会存在差异。本次研究希望结合成人初显期特征问卷，分析得出中国高等职业学校学生的成人初显期特征，并与国外相关研究进行比较对照。

最后，在定性和定量研究的基础上提出适合中国高等职业学校学生发展的成人初显期年龄界限。阿奈特教授依据他本人在美国的研究得出了美国的成人初显期年龄阶段为 18～25 岁，但这仅仅是在美国文化背景中的成人初显期年龄划分，后来通过在欧洲的调查也发现欧洲一些国家的成人初显期年限与美国存在差异（Arnett，2006）。由此可见，由于跨文化的差异，成人初显期年龄阶段的划分并不是唯一的。再则，以往的研究多以四年制本科教育学生为研究对象，但是由于学制及高等职业教育的教育目标与同龄的全日制本科教育（4～5 年）不同，一般高职教育的学制为 3 年，且相比较而言，继续深造的途径和渠道没有本科学生那么便利，大部分高职院校学生一毕业即进入社会，所以现今的制度设计为高职院校学生所提供的制度化延缓时间相对来说要短。综合多种因素，笔者认为在成人初显期的年龄跨度上，高职院校学校学生应该与本科院校学生有所不同。所以本次研究的一个重要目的是希望通过实证调查能大致划分出适合中国高等职业学校学生发展的成人初显期年龄阶段。

2 文献回顾

2.1 成人初显期概念的提出

2.1.1 什么是成人初显期

一直以来，从青少年期向成年期的过渡都是学术界非常关注的一个话题，关于过渡的标准，历来存在两种不同的观点，一种认为完成向成年的过渡是通过一些标志性事件来判断的，最具代表性的就是完成学业、参加工作、结婚生子，或者是达到能够承担这些事情的年龄。而另一种观点则认为，成年是一个过程，不单纯是生物性或是年龄上的转变，而是一种社会性、文化性的转换，成年也是社会制度和文化在个体身上的一种映射。成人初显期理论就属于后者。

成人初显期（Emerging Adulthood）指青少年晚期到 20 多岁这一阶段，根据阿奈特教授在美国的研究，他将成人初显期的年龄界限大致划分在 18 ~ 25 岁。这是人生的一个独立阶段，个体已经脱离青少年阶段，但是还未完全成为一名成年人，而是处在向成人转变的过程中。这一阶段的年轻人在恋爱、职业和世界观上处于同一性探索时期，直到探索出真正适合自己的道路，年轻人们才算是为成年做好了准备，这时个体的生活将会进入一个稳定的发展阶段，也就是成年阶段。成人初显期的出现也与社会制度的发展是分不开的，高等教育的普及使得大学阶段成了年轻人心理发展的合法延缓期，经过成人初显期的探索，最终形成成熟的自我同一性。

如果将成人初显期纳入到人的生命历程的发展链中，它应该是始于青春期后期，而结束于成年早期，但是成人初显期与青春期和成年早期之间并不是点对点的衔接，青春期和成人初显期、成人初显期和成年早期之间都有一段互相交叉的时间。阿奈特教授用图示（见图 2 - 1）来表示其之间的关系（J. J. Arnett，2007）。

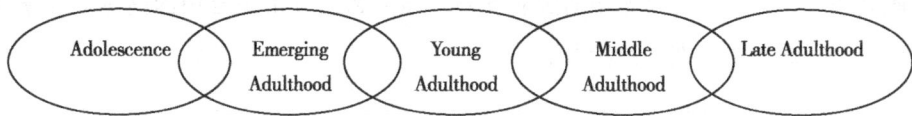

Adolescence   Emerging Adulthood   Young Adulthood   Middle Adulthood   Late Adulthood

图 2 - 1　青春期、成人初显期、成年期的衔接示意图

2.1.2　成人初显期与相关概念的区别

在"成人初显期"理论提出之前，关于个体从青春期向成年转换的研究有很多，并且对这一阶段赋予了很多种名称，例如"青春期后期""成人转折期""成年初期""青年期"等。但阿奈特经过研究发现这些名称都不及"成人初显期"对这一阶段描述的准确。

首先，如果把这一阶段称为"青春期后期"的话，那么意味着这一阶段还属于青春期的范围，只不过是青春期发展的末端，但是，18~25岁的年轻人明显与青春期的个体有很大差别：青春期的个体一般和父母住在一起，但大多数成人初显期的个体在这个时候已经因为求学或者工作离开了父母而独自居住；青春期的个体面临的是中学的学习环境，而成人初显期的个体大多面临的是大学的学习环境或者工作环境，后两种环境对个体的独立性、责任意识等方面的锻炼与前者存在很大差别；另外，二者在个体的生理发育上也存在差异，青春期个体的生理和心理处于急剧变化之中，而成人初显期的生理发育基本已经成熟。

如果把这一时期称为"成人转折期"呢？阿奈特在 *Emerging Adulthood-The Winding Road from the Late Teens through the Twenties*（J. J. Arnett，2004）一书中有这样的解释："社会学家们对'成人转折期'有大量研究，但所有的研究都集中在学者预设出来的转变上，这些转变被认为是进入成年的标志性事件——包括离家、完成学业、结婚、为人父母。社会学者对影响转变的因素进行检验，并按照时间顺序的变化来预测他们未来的发展趋势。很多类似研究包含了不少有意义的信息，但是却没有告诉我们18~25岁的人究竟是怎样一种生活状况。"并且，"转折期"似乎暗含着这一时期仅仅是连接青春期和成年之间的一个短暂的"过渡时期"，而不是一个独立的发展阶段，但是研究发现在现代社会这个"过渡"却往往要花费7~8年来完成，所以，将这一阶段仅仅作为一个短暂的过渡期来理解未免有故意轻视之嫌。

有的人将这一阶段称为"成年初期"，那意味着这一时期的个体已经是成年人了，然而，这一结论被阿奈特主持的"美国青年对向成年人过渡的认识"（J. J. Arnett，2001）调查结果否定，调查对象为18~28岁的年轻人，当被问到"你认为你已经成年了吗"时，10%的被试回答了"不是"，63%的被试回答了"有些方面是，有些方面不是"，仅有27%的被试给予了肯定的回答，其中还有很大一部分是年龄较大的一组（21~28岁组）的。这说明在年轻人在对自己是否成年这个问题的上是模糊的，仅有少量在18~25岁的被试把自己归入到成人行列。阿奈特认为，"成年初期"更适合用来描述30岁左右的人，那时才是真正意义上的长大成人，但18~25岁的人则是长大未成人。

在"成人初显期"之前，学术界对18~20多岁这一阶段的最普遍的称呼是肯尼斯·凯尼斯顿（Keniston，1971）所提出的"青年期"，但是凯尼斯顿提出这个概念的时候正值美国在开展轰轰烈烈的"青年运动"，而反对美国参加越南战争是青年运动的直接原因，所以凯尼斯顿把"青年期"的特征描述为"自身与社会的对立""拒绝社会化"，因而，这一特征明显是带有历史性的，与当时的社会历史环境有莫大联系，只是特殊历史时期的特殊产物。

对比"成人初显期"与这些相关术语，能让我们对成人初显期有一个更深刻的认识，同时，这些曾经，甚至现在都在学术界有广泛影响的术语，对"成人初显期"理论的形成和发展都提供了很多值得借鉴和思考的方向。

2.1.3 成人初显期概念的理论来源

在阿奈特提出"成人初显期"这个概念的过程中，有很多理论对其提供了非常有价值的指导和参考，比较重要的理论包括：埃里克森（Erikson）的同一性理论和心理社会的合法延缓期理论，还有丹尼尔·莱文森（Daniel Levinson）的人生四季理论，以及肯尼斯·凯尼斯顿（Kenneth Keniston）的青年期理论。

2.1.3.1 埃里克森的相关理论

20世纪中期以前，研究者们普遍认为人的发展止于成人时期，婴儿和儿童期是人生发展最快的时期，到成人期即进入了所谓的发展的"高原期"。随着对人的发展认识的越来越深刻，"生命历程"（Life Span）理论逐渐兴盛，对人生发展的关注点也不仅仅局限于成年之前，而延伸到人生的各个阶段。在众多研究人的发展的理论家中，埃里克森独特的提出了心理社会发展阶段理论，他在《童年与社会》（Erik Erikson，1950）一书中提出生命是由出生到死亡8个阶段所组成的，分别为：婴儿期（0~1.5岁）、儿童期（1.5~3岁）、学龄初期（3~5岁）、学龄期（6~12岁）、青春期（12~18岁）、成年早期（18~25岁）、成年期（25~65岁）、成熟期（65岁以上）。并在综合生理和社会历史因素的基础上提出了每个发展阶段所要解决的心理任务。其中青春期的任务是探索并建立自我同一性并防止同一性混乱，成年早期的任务则是获得亲密感，避免孤独，即探索并确立恋爱关系。同时，埃里克森也认识到个体在进入社会之前个体必须要具备一段时间来为进入社会做好心理上的准备，避免同一性提前终结，不同的社会文化也考虑到这一需要，所以在不同程度上为本社会的青年提供制度上的支持来保证这一段

"心理社会延缓期"（psychosocial moratorium），最明显的是在教育年限上。阿奈特教授在 *Emerging Adulthood—A Theory of Development From the Late Teens Through the Twenties*（J J Arnett, 2000）中写道：埃里克森似乎已经区别出了这么一个阶段——始于青春期的角色实验得到加强，成人的义务和责任可以被推迟并且可以进行各种角色实验的阶段。这一阶段也即后来经过阿奈特的验证发展而来的成人初显期阶段。与埃里克森不同的是，阿奈特认为自我同一性的确立开始于青春期，但在成人初显期得到确立和加强，虽然学术界对同一性的研究重点一直是集中在青春期，但大量事实证明，成人初显期对同一性的探索可能比青春期的探索对人的未来发展轨迹影响更大，因为成人初显期的探索直接影响了个体对许多关键问题的决策。

2.1.3.2 丹尼尔·莱文森的人生四季理论

莱文森沿用了埃里克森的研究思路，重视生命的每一个阶段，并在埃里克森的理论基础上发展出了"人生四季"的理论。在其代表作 *The Seasons of A Man's Life*（Levinson, 1978）中，他提出了"成年初期（early adult）"的概念，将这一阶段界定在 17～40 岁。其中 17～22 岁为成人转折期（transition to adulthood），22～28 岁界定为进入成人世界，28～33 岁为"30 岁转折"（age 30 transition），33～40 为成年生活结构顶峰。在莱文森的实证调查中，他访谈了一些中年人，并让被访者用回溯的方式描述他们的早年时期。通过调查他发现，17～33 岁期间最重要的任务就是进入成年期并建立一种稳定的生活结构（life structure），但是这一过程非常不稳定，青年人将经历一系列的变故，尤其在恋爱和工作方面存在各种可能性，据此，莱文森将 17～30 岁成为"发展的实习阶段"（novice phase of development）。力图强调这一阶段的探索性。与埃里克森的"角色实验"阶段相类似，莱文森提出的"发展的实习阶段"都强调了在青春期和成年期之间存在这样一个角色探索的阶段。阿奈特认为，成人初显期（18～25 岁）的年轻人还没有进入真正意义上的成年阶段，如果将 17 岁就纳入到成年范围的话，这一结论起码无法得到 17 岁的年轻人的认同，相反，阿奈特认为"成年初期"更适用于 30 岁左右的人。

2.1.3.3 肯尼斯·凯尼斯顿的青年理论

20 世纪 70 年代初，耶鲁大学的心理学家肯尼斯·凯尼斯顿在《美国学者》上发表了一篇题为 *Youth as a stage of life* 的文章，提出在未成年与成年早期之间存在一个"新的人生阶段"——青年期（youth）。这篇文章问世的时间刚好是美国著名的"二战"后"婴儿潮"（1946~1964 年）时期出生的人到了 20 多岁的年纪，到了传统意义上该成年的时期了，但是当时的年轻人似乎无法安定下来。于是，凯尼斯顿将"青年期"的个体的显著特征概括为"时时刻刻对自我和社会态度摇摆不定""想要绝对的自由，想要生活在一个拥有无限可能的世界里"以及"对改变、变化和潮流分外看重"。前文中在对"青年期"和"成人初显期"进行区分的时候已经提到过，凯尼斯顿的"青年期"理论带有特殊的社会历史背景，并不能代表常态社会环境中成人初显期阶段。并且，"青年期"并不是凯尼斯顿提出的一个新词汇，过去的很长一段时间中，"青年期"在社会学领域是童年的另一种叫法，后来也被用来称呼过青少年。因此，界限模糊不清并且易混淆使得凯尼斯顿的"青年期"理论并未被大多数发展心理学家所接受。凯尼斯顿关于"青年期"的定义和特质的描述都对阿奈特发现和发展"成人初显期"理论具有很大启发意义。

2.2 成人初显期的特征

在长达数 10 年的研究中，阿奈特和他的研究团队先后访谈了 300 多名 18~25 岁的美国年轻人，最终归纳出了成人初显期的 5 个主要特征，并在 *Emerging Adulthood-The Winding Road from the Late Teens through the Twenties*（J J Arnett，2004）一书中详细地描述了这 5 个特征。

特征一：成人初显期是探索并形成自我同一性的时期。

"自我同一性（self-identity）"由埃里克森最先提出。埃里克森认为，在人格发展的整个阶段中，自我意识的形成是其核心问题，青春期主要是获得同一感而克服同一性混乱的阶段，在这个阶段里，个体最主要的任务是选择和确定自己的社会角色，即解决诸如"我是谁""我想要的是什么"这一类的问题，这是达到自我同一性的关键（Erik Erikson，1968）。但阿奈特认为，仅仅将同一性的重点放在青春期是不够的，同一性的探索起源于青春期，但真正得到强化并最终确立应该是在成人初显期（J J Arnett，2004）。

在成人初显期阶段，年轻人为了自己的人生，在各自不同的领域探索各种可能性，成人初显期为这些探索提供了最好的机遇和可能性。例如在恋爱方面，青春期的个体会更多的受到来自父母和老师的干涉，而成人初显期个体则拥有更多的自主性，他们可以自主选择约会对象。青春期的恋爱关系大多具有试探性和短暂性，更多的只是考虑"此时此地我想和谁在一起"。而成人初显期的个体在恋爱中还隐含了自我确认的问题，即"从恋人眼里能让我知道我是一个什么样的人"。在工作上，调查发现大部分美国人在高中时期从事过兼职工作，但持续时间较短并且这些工作与他们成年期从事的工作没有必然联系。成人初显期的部分个体业已毕业走上了工作岗位，这一阶段的探索性体现在不断变换工作上。随着社会经济的发展，工业化社会的年轻人并不像他们的父辈那样需要过早的担起养家糊口的重担，因此工资不再是唯一的标准，更多的因素例如兴趣也是衡量的标准。在变换工作的同时，其实也是个体在进行自我确认，即"我适合什么样的工作"。

特征二：成人初显期是不稳定的时期。

与探索性相伴生的是成人初显期的不稳定性，既然这一阶段是人生的探索阶段，那必然存在很多的尝试和改变。据调查，美国的年轻人在 20～29 岁期间平均要更换 7 次工作，而搬迁频率最高的年龄段也集中在 20～29 岁（J J Arnett，2000）。成人初显期的个体在不断进行同一性探索的过程中变换自己的位置，以此来一再的进行自我确认，最终找到适合自己的位置并稳定下来进入成年阶段。阿奈特认为，很多年轻人在青春期时就开始对自己将来会选择什么样的生活有一些规划，但几乎所有的这些规划都在成人初显期得到较大幅度的修正和调整，甚至被颠覆。比如一个人进入大学后发现所学的专业并不是自己喜爱的，于是更换专业；同样的，在一个工作岗位上工作一段时间后渐渐发现自己并不适合，于是更换工作；在恋爱方面更是如此。频繁的变换恋人、工作、专业和住所，似乎就像凯尼斯顿所描述的那样，初显期成人似乎无法安定下来，根源就在于这一时期是同一性探索的关键时）。

特征三：成人初显期是自我关注（self-focused）的时期。

阿奈特认为，成人初显期是人生中关注自我程度最高的时期。有学者将这里所指的自我关注错误的理解为自私（selfish）或者自我中心（egocentric），对此阿奈特在 2006 年专门发表了一篇文章来纠正人们对初显期成人的一些误读。（J. J. Arnett，2006）相比较而言，儿童和青春期的个体比成人初显期的个体更加以自我为中心。之所以说成人初显期是自我关注的时期仅仅是因为它比人生其他阶段拥有更多的自由选择的机会。儿童和青少年时期的个体往往受到来自家长和老师的约束，生活都是被成人设计好的，并严格结构化的，独立决策的机会相当少。一旦成年后，个体的生活又会被其所担负的社会角色所结构化，做决策时不仅要考虑自己的需要，更多的是要考虑家庭和公司的需要。只有在成人初显期，个体对他们有相对较少的义务和承诺，拥有更多的自由，而自我同一性的探索也需要他们更多的关注自己的需要。自我关注使初显期成人集中精力去获得进入成人世界所需要的经验，从而能更好地做出影响日后成年生活的重大决定。

特征四：成人初显期是一段"夹缝感"（feeling in-between）时期。

大多数处在 18～25 岁的年轻人既不认为自己还处在青春期，也不认为自己已经成为了完完全全的成年人，他们只是在"去往"成年的路上，但是还没到达。1997 年，阿奈特在对 346 名大学生（18～28 岁）进行调查时发现，在被问到"你觉得你成年了吗"时，10% 的大学生直接否定，63% 的大学生回答的是"在某些方面是，在某些方面不是"（J. J. Arnett，1997）。同样地，在一次大学课堂上，阿奈特在讲述人生发展理论时，他用社会科学的术语告诉学生他们处在"青春期后期"时，学生们表现出了愤慨，这说明他们也不赞同被归入到青春期范围（J. J. Arnett，2000）。阿奈特认为，与受限制的青春期和承担各种责任的成年初期相比，存在于其中的成人初显期可以探索各种可能性，他们有一种上不着天、下不着地的漂浮感，但恰恰是这种"夹缝感"给予他们探索人生各种可能性的机遇。

特征五：成人初显期是充满各种可能性的时期。

成人初显期的探索性、不稳定性必然意味着它也是一个充满着各种可能性的时期。与儿童和青少年相比，初显期成人离开了原生家庭环境，对于那些来自问题家庭的年轻人来说这种"逃离"是一个绝佳的摆脱过去的机会，他们可能会因改变命运，由此走上一条完全不同于他们父母的道路。相对成年人而言，初显期成人还没有建立新的稳固的社会关系，在爱情和工作方面做出长久的承诺和责任之前，成人初显期给年轻人提供了一个改变自身的机会，他们可以不仅仅按照父母规划好的路线去发展，还可以"我的未来我做主"，成人初显期为他们做出自我决定提供了宽广的视野和各种实验的机会。在阿奈特看来，成人初显期是一个人能够改变人生道路的最后也是最佳的机遇期，因为一旦步入成年，各种责任和义务使每一个重大改变都相当困难。在2000年的一项关于初显期成人对自身未来的看法的调查中，91%的初显期成人认为他们将来的生活质量不会低于父母的，78%的人认为他们的经济状况不会比父母糟糕，88%的人认为主观幸福感不会比父母差，而96%的人认为他们将不会拥有比父母逊色的人际关系（J. J. Arnett，2000）。另外一项调查也显示，96%的18～24岁美国年轻人"确信有一天我会过上我想要的生活"（J. J. Arnett，2000），说明初显期成人大多具有远大理想和较高的期望。

2.3 成人初显期的研究成果

对成人初显期的研究，经过20多年的发展，目前已经形成了一个比较完整的体系，几乎涵盖了与青年研究相关的各个方面，不仅在心理学、社会学上有很多研究成果，在医学、教育学等方面也有了很多研究成果。比较有代表性的成果都在历届成人初显期大会上提出并讨论，下面我们就对四次成人初显期大会的主要参与者及主要讨论问题进行列表分析（见表2-1）。

成人初显期的研究起源于美国，目前的大多数相关研究数据也都是来自于对美国的初显期成人的调查，其中既包括代表主流文化的美国白人社会，也包括少数族群社会，例如非裔、亚裔和拉丁裔。在后续的研究中，阿奈特逐渐丰富了成人初显期的理论，详细分析了初显期成人的同一性探索问题、社会化问题，以及意识形态观点。另外，阿奈特也利用成人初显期理论来解释一些社会现象，例如药物滥用问题。

表 2 - 1 历届成人初显期大会资料汇总

名称	时间	主要与会人员	主要讨论问题
第一届成人初显期大会	2003 年	Jeffrey J. Arnett Jennifer L. Tanner James E. Côté William S. Aquilino	成人初显期的理论基础；成人初显期的个性特征；成人初显期身份认同的形成；成人初显期的民族认同；成人初显期的社会支持系统，家庭支持，同辈群体支持；成人初显期的学习和工作状况；成人初显期与媒体
第二届成人初显期大会	2005 年	Jeffrey J. Arnett Bill Damon James E. Côté Michelle Hospital	主题发言：青春期晚期的发展目标和意义；成人初显期的干预措施；成人初显期的同一性探索，如道德同一性，身份建构；成人初显期的异质性和多样化发展道路；成人初显期的性别差异；成人初显期的生物性发展
第三届成人初显期大会	2007 年	Jeffrey J. Arnett Jennifer L. Tanner C. Douglass J. Bynner James E. Côté 段鑫星	主题发言：欧洲的成人初显期与低出生率；成人初显期的跨文化研究，土耳其、中国、捷克等；社会学、人类学的研究方法在成人初显期研究中的运用；成人初显期的心理健康问题；成人初显期的恋爱和性；成人初显期的偏差行为；成人初显期的心理干预和医疗保健政策
第四届成人初显期大会	2009 年	Jeffrey J. Arnett Jennifer L. Tanner Kathleen Harris Michael Kimmel 段鑫星	主题发言：成人初显期的健康与成长轨迹；成人初显期的生理健康问题；成人初显期的幸福感；成人初显期的亲子关系，如父母和子女对"离家"的看法，亲子隔阂等；成人初显期的工作状况和闲暇时光；成人初显期的信仰、价值观和认知发展；成人初显期的性观念；成人初显期的药物滥用和高危性行为

　　成人初显期在国内的研究起步较晚，目前国内仅有少数几位学者在关注这一理论，其中中国矿业大学的段鑫星教授 2007 年在《中国青年研究》上发表了一篇有关成人初显期的理论综述文章（段鑫星，2007），后来又在其博士论文（段鑫星，2008 年）中研究了成人初显期的特征、生活目标及其与人格、幸福感的关系，属于国内关注成人初显期的早期学者之一。近几年，国内也有少量新闻媒体开始关注成人初显期。同国外一样，国内关于成人初显期的研究也都集中在本科教育阶段，还未出现对高职院校学生的研究，本文也希望通过实证调查和分析，审视高职生的成人初显期与本科生的成人初显期之间有哪些异同点。

3 研究设计

3.1 定量调查的设计与施测

3.1.1 量表的本土化操作

对于成人初显标准和成人初显期特征的测量，目前通用的测量工具是由阿奈特教授开发的《成人标准问卷》和《成人初显期特征问卷》。由于原版的测量工具是英文的，所以对问卷的本土化操作就显得尤为重要，不仅要扫除语言的障碍，还要尽量化解文化差异，将英文的测量工具转化为能被中国被试所理解的测量工具。首先，由本人和其他几位青年研究方向的研究生同学每人独立将英文问卷翻译成中文，然后再集体讨论比对形成一份意见较为一致的中文版问卷。然后，通过导师将中文版的问卷交由加拿大渥太华大学社工学院的华裔学者对中文问卷进行回译。回译者是一位在加拿大居住了15年以上的华人学者，无论是语言还是文化背景上都具备回译资格。后来笔者又将回译后的英文量表与原版的英文量表进行比对，大部分问题都能还原，对其中少量有一些差异的问题再次进行讨论和翻译，最终形成了一份比较符合中国文化背景的中文版测量工具，也即是我在本次研究中所用到的问卷初稿。

为了进一步提高问卷的科学性和可靠性，笔者围绕问卷的一些主要问题，于2010年12月在石家庄信息工程学院随机抽取了10名同学进行了一次焦点小组访谈。结合焦点小组访谈的结果，笔者再次对问卷初稿进行修订，使之更能被调查对象所理解。另外，笔者通过访谈发现了一些在原版问卷中未提及的却被调查对象多次提到的一些问题，所以，在后来的问卷修订过程中，笔者将这些问题也加入到了问卷末尾，作为补充。

最后，笔者对修订的问卷进行试测，试测的调查对象选择的是北京的一所高职院校的在校生，接受试测的是来自4个班级的115名同学，在试测的过程中，笔者都会亲自到场提醒每一位被试将自己不懂的地方标记出来，这也为后来笔者修订问卷提供了一个依据。通过SPSS18.0统计软件对成人标准量表和成人初显期特征量表进行信度检验，成人标准量表的 Cronbach's Alpha 值和基于标准化的 Cronbach's Alpha 值分别为 0.936 和 0.942，成人初显期特征量表的 Cronbach's Alpha 值和基于标准化的 Cronbach's Alpha 值分别为 0.908 和 0.924，说明两个量表都具有很高的内在一致性，信度较高。试测结果表明问卷的本土化操作比较成功，在此基础上形成了本课题的正式调查问卷。

3.1.2　样本量的确定、抽样设计及样本分布

笔者假设在简单随机抽样的情况下，在 95% 的置信水平下允许抽样误差控制在 4%，假设应答率为 80% 的情况下，样本规模 $N = 715$。再考虑到可能在发放过程中还会有其他一些情况可能导致问卷缺失，所以笔者最终实际发放问卷 850 份，实际回收有效问卷 792 份。

2011 年 6 月，笔者带着经过数次修订最终定稿的问卷赴石家庄信息工程职业学院进行正式调查。到达该校后，笔者先通过学校有关部门取得了在校生的人数信息，包括总人数、男女生比例、各专业人数等。在抽样方法上，笔者采用的是分层抽样。被访者的填答时间多为课余，或在学生宿舍填答，为了更多地保证问卷填答的真实有效，尽量避免社会赞许性等因素对学生答题的影响，问卷的发放者也是该校的学生，并不是由老师发放或笔者直接发放。

样本的基本分布如表 3-1 所示，从表中数据可以看出，大部分学生在 19～22 岁，正处于成人初显期阶段，非独生子女比例远高于独生子女，可能和大部分学生来自农村地区有关。另外，非独生子女中，在兄弟姐妹中排行老大的占了 34.1%。

表 3-1　样本基本分布

自变量	分类	百分比	累计（%）
性别	男	38.1	100
	女	62.9	
年龄（周岁）	19	12.8	95.5
	20	40.9	
	21	30.6	
	22	11.2	

续表

自变量	分类	百分比	累计（％）
专业	理科	57.6	99.3
	文科	42.4	
家庭所在地	农村	63.9	100
	乡镇	17.3	
	城市	18.8	
是否独生子女	是	22.9	100
	否	77.0	
家庭结构	核心家庭	54.3	99.3
	主干家庭	34.6	
	单亲家庭	6.3	

3.2 定性调查的设计与施测

3.2.1 预调查与焦点小组访谈

前面已经提到，为了确保问卷的有效性，在正式调研之前笔者于 2010 年 12 月在调查对象中作了一次焦点小组访谈，访谈的对象是分别来自不同专业群的大一和大二年级的 10 名学生，其中男女生各 5 名。焦点小组访谈采用开放式讨论，但是主要问题还是围绕成人标准和他们所处这一阶段的特征。

3.2.2 访谈提纲的设计

通过对以往研究的总结和归纳，以及结合焦点小组访谈结果的分析，围绕大家比较关注的一些与成人有关的话题，笔者确定了进行一对一深度访谈的访谈提纲（见附录一），主要问题包括：有关于成人的基本问题，如成人标准、成人自我知觉；还有对一些成人标准的看法，如独立性、责任等；还包括大学阶段（成人初显期阶段）的人际关系，如亲子关系、朋友关系，以及亲密关系等；还包括一些他们在现阶段对人生道路的一些探索，如对未来的规划；另外还有他们在现阶段对自我同一性的探索，如自我定位、自我认识等。

3.2.3 深度访谈

2011 年 6 月，笔者在进行问卷调查的同时，也对石家庄信息工程职业学院的

10 名在校生进行了一对一的深度访谈。本次访谈的对象还是焦点小组访谈的参与者，但不同之处是本次访谈采用的形式与上一次有较大差别，另外，本次访谈采用的是结构式访谈，有一份细致而全面的访谈提纲。笔者之所以选取这些同学进行二次访谈，另外一个原因是希望在这半年的时间跨度上（2010 年 12 月至 2011年 6 月）对他们的成人标准和成人初显期特征作一些历时性比较，而且由于访谈对象与访谈者之间是第二次面对面交谈，所以访谈对象和访谈者之间相对比较熟悉，访谈对象在接受访谈的过程中也表现得很放松，利于访谈的展开和深入。下面表 3 - 2 是参加深度访谈的同学的基本信息。

表 3 - 2　访谈对象基本信息

编号	性别	年级	专业/专业群
1	女	2009 级	会计/管理专业群
2	男	2010 级	物流/管理专业群
3	女	2010 级	财政金融/商贸专业群
4	男	2009 级	国贸/商贸专业群
5	女	2009 级	通信工程/电子信息专业群
6	男	2010 级	网络工程/电子信息专业群
7	女	2010 级	酒店管理/酒店管理学院
8	男	2009 级	酒店管理/酒店管理学院
9	女	2009 级	印刷技术/印刷技术专业群
10	男	2010 级	包装印刷/印刷技术专业群

4　研究的主要发现及分析

4.1　成人标准量表的描述性统计与跨文化比较

最初对成人初显期的研究，是从考察大学生的成人标准开始的，年轻人对成年标准的自我知觉一直是成人初显期研究的主要内容之一。在成人初显期的研究中，目前对成人标准的测量通用的测量工具就是阿奈特教授开发的《成人标准量表》，该量表最初共有 40 项，分为角色转变、认知、情感、行为、生理、年龄、责任感 7 个维度。在本次研究中，笔者根据焦点小组访谈结果以及结合中国文化背景，在原量表的基础上增加了 4 项，分别是：不违反法律；独立做出决定；可以有选举权和被选举权；参加"成人礼"或进行过"成人宣誓"。在量表的维度划分上，问卷设计时的预设维度也变为了独立性、依赖性、角色转变、服从规范、生物性转变、年龄过渡、照顾家庭的能力。1997 年阿奈特教授用《成人标准量表》在美国做了一次调查，目的就是考察年轻人关于向成人转折的看法（J. J. Arnett，1997），下面我们来比较一下两次调查结果的异同。

首先，关于成人标准的排序异同。在笔者所进行的调查中，得分最高的是"对自己的行为负责"，同样在美国的调查中支持率最高的也是"对自己的行为负责"。在本次调查中，其他得分较高的（本量表采用的是五点量表，所以将平均分在 4.0 以上的视为得分较高者）依次包括：不违反法律；作为一个成年男性，要有能力保障家人的健康和安全；避免轻微犯罪，例如故意毁坏他人财物和入室行窃；避免酒后驾车；作为一名男性，经济上有能力支撑家庭；能够在经济上支持父母；完成学业；安全驾驶，不超速驾驶；独立做出决定；能很好的控制自己的情绪；可以有选举权和被选举权；经济上独立；拥有长期的固定工作；作为一名女性，具备照顾孩子的能力；更少的以自我为中心，多为他人考虑；只有一个性伴侣。从这些高分值的分布领域来看，主要集中在三个领域：独立性、服从规范、照顾家庭的能力。其中均分最高的维度是服从规范。得分最低的则是：不再住在父母的家里；有过性行为；已婚；至少有一个孩子。得分较低的选项主要集中在角色转变、生物性转变和年龄过渡维度上。其中均分最低的维度是年龄过渡。从这些数据可以看出，本次调查中的大学生眼中，重要的成人标准是个体的独立、对家庭的责任和对社会规范的服从。而传统社会所看重的标志性事件，如结婚、生子等则不再是大家判断成年与否的标准。这一结果与在美国的调查相一致。

其次，单个变量上的跨文化比较。笔者在比较本次调查结果和阿奈特教授的调查结果时，发现中美大学生虽然对于成年标准的界定维度上有很多一致，都集中在独立性、照顾家庭能力上，但是在一些单个的变量上，还存在一些差异。例如，在美国的调查中，在所有标准中，支持率排在第二位的是"不受父母及其他人的影响，独自确立自己的信仰和价值观念"，而在笔者的调查中，这一标准得分的排名则处于中等。这也说明了一个问题，同样都是属于独立性维度中，美国大学生对思想意识独立的重视要高于中国大学生。同样地，美国学生认为第三重要的标准"与父母建立平等的关系"，在笔者的调查中得分也并不是很高。这也和中美传统文化中对亲子关系的不同态度有关，中国传统文化强调的是子辈对父辈的尊敬和顺从，美国更强调亲子之间的平等对话。在依赖性维度中，"承诺长久的爱情关系"变量在美国的调查中支持率非常低，而在笔者的调查中，这一标准却得到了一个较高的分数。说明中国的大学生们将爱情的忠诚度也当作判断是否成人的一个重要标准。在传统社会学中，完成学业踏入社会也是一个成人的标志性事件。在美国的调查中支持率偏低的"完成学业"和"拥有长期的固定工作"在笔者的调查中却得到了较高的分数，这是否就说明了中国大学生在成人标准上比美国大学生更倾向传统呢？笔者认为，这两个变量之所以得分较高是因为在中国社会中，毕业参加工作背后代表的是经济独立。但是在美国，很多年轻人一般从 15 岁起就会找各种兼职工作，18 岁以上的时候，大部分学生毕业了会去上大学，一般的父母会告诉他们的孩子，你是一个成年人，你必须自己来想办法，所以大部分 18～22 岁的大学生只能贷款、获取奖学金或者兼职工作，所以他们的经济独立可能并不是从毕业才开始的。在中国，大多年轻人只有在正式参加工作之后才开始慢慢实现经济独立，在校期间真正能做到经济上不需要父母支持的人非常少，甚至研究期间经济独立的学生也是占很少一部分，在本次调查中，大学期间能做到经济独立的学生仅占 5%。在中国，经济独立一般是与毕业直接联系的，但在美国，经济独立则与学生身份无关（见表 4-1）。

通过访谈发现高职院校学生的成人标准是多种多样的，例如他们把是否参加工作当作一个标准，但是这个标准折射的是经济独立。除了问卷中列出的这些成年标准，通过访谈我们发现其实在中国的高职学院学生心目中，还有一些我们没有提到的标准，而且这些标准都是非常具体的。例如，帮父母做家务、关心自己的身体、不违法、面对挫折的态度以及关心父母等。

表 4 - 1　成人标准问卷的描述性统计

维度	变量	均值	均值
独立性	5. 对自己的行为负责	4.55	3.82
	42. 独立做出决定	4.17	
	1. 经济上独立	4.16	
	4. 不受父母及其他人的影响，独自确立自己的信仰和价值观念	3.81	
	6. 与父母建立平等的关系	3.73	
	3. 情感上不过度依赖父母	3.57	
	2. 不再住在父母的家里	2.75	
依赖性	9. 能很好的控制自己的情绪	4.17	3.83
	10. 更少的以自我为中心，多为他人考虑	4.05	
	7. 承诺长久的爱情关系	3.8	
	8. 对他人做出终身许诺	3.3	
角色转变	11. 完成学业	4.27	3.63
	14. 拥有长期的固定工作	4.07	
	15. 买房	3.84	
	16. 拥有全职工作	3.83	
	13. 至少有一个孩子	2.95	
	12. 已婚	2.84	
服从规范	41. 不违反法律	4.42	4.08
	24. 避免轻微犯罪，例如故意毁坏他人财物和入室行窃	4.36	
	23. 避免酒后驾车	4.34	
服从规范	20. 安全驾驶，不超速驾驶	4.2	4.08
	43. 可以有选举权和被选举权	4.17	
	19. 只有一个性伴侣	4	
	18. 不违纪	3.98	
	22. 如果不想要孩子，性生活时会采取避孕措施	3.86	
	21. 避免使用脏话	3.83	
	17. 不酗酒	3.66	
生物性转变	26. 作为一名成年女性，生理上具备生育孩子的能力	3.95	3.46
	27. 作为一名成年男性，生理上具备繁衍孩子的能力	3.89	
	25. 身高达到成人标准（不再长高）	3.23	
	28. 有过性行为	2.77	

续表

维度	变量	均值	均值
年龄过渡	31. 获得执照，可以驾驶汽车	3.57	3.42
	29. 达到 18 岁	3.42	
	30. 男性达到 22 岁，女性达到 20 岁	3.36	
	44. 参加"成人礼"，或进行过"成人宣誓"	3.32	
照顾家庭的能力	38. 作为一个成年男性，要有能力保障家人的健康和安全	4.37	3.97
	32. 作为一名男性，经济上有能力支撑家庭	4.32	
	40. 能够在经济上支持父母	4.31	
	33. 作为一名女性，具备照顾孩子的能力	4.07	
	36. 作为一个成年女性，要有能力操持家务	3.95	
	39. 作为一个成年女性，要有能力保障家人的健康和安全	3.95	
	35. 作为一名成年男性，具备照顾孩子的能力	3.9	
	34. 作为一名成年女性，经济上有能力支撑家庭	3.71	
	37. 作为一个成年男性，要有能力操持家务	3.65	

4.2 成人初显期特征量表的描述性统计

青春期是以生理上的性成熟为标准而划分出来的一个阶段，而成人初显期是以人的社会心理发展为标准来划分的，故青春期最大的特征是个体的第二性特征发育并成熟，而成人初显期的特征则是集中反映在个体心理变化上。阿奈特教授经过研究得出成人初显期主要有 5 个特征，分别是多种可能性的时期、不稳定的时期、自我关注的时期、同一性探索的时期、"夹缝感"时期。下面我们来看一下这 5 个维度在笔者的调查中是如何体现的。

成人初显期特征量表分为 5 个维度共 31 个变量，每个变量后的选项采用"非常不同意"到"非常同意"5 点计分，分数越高，说明某一特征越明显。在笔者的调查中，平均分最高的变量是"'夹缝感'时期"这一特征（3.90），得分最低的是"不稳定的时期"这一特征（3.58）。总体来看，调查对象对 5 个特征的态度大多集中在"同意"或"非常同意"两个选项上，不赞同的占少数，说明这 5 个特征普遍得到了调查对象的认同，能够表达调查对象在成人初显期的生活状态（见表4-2）。

表4-2　成人初显期特征量表的描述性统计

维度	变量	均值	均值
多种可能性的时期	1. 有很多可能性的时期	3.80	3.84
	2. 探索的时期	3.92	
	16. 更多选择的时期	3.93	
	21. 不断尝试新事物的时期	3.92	
	4. 实验期	3.65	
不稳定的时期	20. 充满很多担忧的时期	3.48	3.58
	13. 安定下来的时期	3.23	
	3. 困惑的时期	3.81	
	6. 感觉受限制的时期	3.11	
	8. 感觉到压力的时期	3.80	
	9. 不稳定的时期	3.81	
	11. 高度紧张的时期	3.24	
	17. 不可预知的时期	3.77	
自我关注的时期	5. 拥有个人自由的时期	3.52	3.66
	7. 对自己负责任的时期	3.84	
	10. 积极乐观的时期	3.86	
	15. 独立自主的时期	3.90	
	19. 经济独立的时期	3.39	
	22. 自我关注的时期	3.75	
	14. 对他人负责的时期	3.66	
	18. 对他人做出承诺的时期	3.34	
同一性探索的时期	12. 探寻"我是一个什么样的人""我能成为怎样的人"	4.02	3.88
	23. 与父母分开的时期	3.40	
	24. 自我定位的时期	3.94	
	25. 规划未来的时期	4.08	
	26. 探寻生活意义的时期	3.96	
	27. 确定个人信仰和价值观的时期	3.96	
	28. 学着为自己着想的时期	3.81	
"夹缝感"时期	30. 逐渐成人的时期	3.95	3.90
	31. 不确定是否已经成为了一个完完全全的成年人的时期	4.06	
	29. 感觉在某些方面已经成人、但是某些方面还没有的时期	3.70	

在访谈中，我们也发现处于这一阶段的年轻人确实对自身所处的这一阶段定位很模糊，"夹缝感"很明显，既不认为自己已经成年，但又很难界定自己到底是属于哪一阶段（见表4-3）。

表4-3 受访者的对自身所处阶段的定位

受访者	对目前所处阶段的定位
B1	没有（成人），我觉得就是您刚才说的那个（成人初显期）阶段
B3	是一个过渡阶段，从心理上更适应社会、更容易接受这个社会的一些心理
B5	我觉得我目前还没有个明确的概念
G1	我觉得我思想很成熟，但是有些做法很幼稚
G2	觉得现在自己是有一部分成年有一部分没有成年

同时也从访谈中证实了阿奈特教授的观点："成人初显期最为主要的特征是：年轻人为了他们的人生，在各种不同的领域探索各种可能性，尤其是在恋爱和职业这两大领域。在探索恋爱和职业面的各种可能性过程中，成人初显期个体进行自我确认，他们更深刻的认识到'我是谁'以及在生活中'我想要什么'"（J. J. Arnett，2000）。这些来自高职院校的受访者们都表现出一种在不断进行自我探索的过程，说明自我同一性探索是这一时期的主要任务（见表4-4）。

表4-4 同一性探索特征体现

受访者	同一性探索特征
B3	我有一段时间心情比较低落，感觉很茫然，不知道自己将来要做什么……通过和老师的沟通，我基本确定了一个自己的发展方向
G1	以前可能是需要老师或者父母去跟你说你这个事是做的对还是不对，但我觉得因为你已经成年了，你应该已经能够判断你自己做的是好还是坏，应该也算是自我反省、自我思考吧，这也算是思想方面的独立
B2	"我是一个怎样的人，我能成为怎样的人？"这是我去年在考虑的问题……因为毕竟是18到25岁的时候，是一个渐渐在变成自己的路的时期，有一个自我定位问题，还有一个"规划未来的时期"，"探寻生活的意义的价值"就是个人信仰和价值观，这些都是我考虑过的问题。这些方面都跟我现在的阶段很相似
B1	现在已经能判断我需要什么样的人，哪方面对我有利……我从小就想创业。现在我明确自己的目标，搜集资料，了解相关信息，等毕业之后再去实行
G3	假如我现在谈朋友的话，一方面那个男生应该是我对他有好感的，另一方面他应该是比较成熟，我们要有共同点，有共同的目标
B4	我觉得我找女朋友的话她应该要知道我在想什么

4.3 成人标准与成人初显期特征的群组差异

4.3.1 成人标准的群组差异

上一节中我们已经比较了成人标准的跨文化差异，下面我们再来看看在本次调查中，不同调查对象在对"成人标准"的界定中是否存在差异，存在何种差异。在这一部分的比较中，每个维度的计分方式采用的是将维度内部各个指标得分进行加总平均。

4.3.1.1 成人标准的性别差异

通过对男女生在独立性、依赖性、角色转变、服从规范、生物性转变、年龄过渡、照顾家庭的能力7个维度的T检验（见表4-5），结果发现：在95%的置信水平下，男女生在相互依赖性维度上差异显著，显著性达到0.002（$P < 0.05$），并且男生显著高于女生；男女生在服从规范维度上也达到显著差异，显著性达到0.000（$P < 0.05$），女生比男生更支持服从规范；另外，在照顾家庭的能力维度上，二者也存在显著差异，显著性达到0.000（$P < 0.05$），女生得分显著高于男生。此外，在独立性维度上，两者虽然都有较高得分，但是并未达到显著差异。而角色转变、生物性转变、年龄过渡三个维度则都得分较低，且不存在性别差异。

表4-5 成人标准的性别差异

类别	独立性（平均分）	T检验/Sig.（双侧）	依赖性（平均分）	T检验/Sig.（双侧）	角色转变（平均分）	T检验/Sig.（双侧）	服从规范（平均分）	T检验/Sig.（双侧）	生物性转变（平均分）	T检验/Sig.（双侧）	年龄过渡（平均分）	T检验/Sig.（双侧）	照顾家庭的能力（平均分）	T检验/Sig.（双侧）
男	3.81	0.386	3.96	0.002	3.69	0.127	3.98	0.000	3.50	0.183	3.45	0.352	3.86	0.000
女	3.85		3.78		3.61		4.16		3.40		3.39		4.12	

通过访谈资料也可以看出，女孩子在衡量自己是否成熟的时候，往往会加入家庭的因素，比如体谅父母、照顾家人等。

4.3.1.2 成人标准的年级、年龄差异

在前面的样本分布（见表3-1）中可以看出，本次调查对象的年龄的集中在19～22岁，占总样本量的95.5%，那么成人标准是否和年龄之间是否存在相关性

呢？笔者对年龄和成人标准的各个维度之间进行了相关性的检验，结果如表4-6所示。

表4-6　年龄、年级与成人标准相关性分析

	独立性	依赖性	角色转变	服从规范	生物性转变	年龄过渡	照顾家庭的能力
年龄	0.017	0.005	0.119＊＊	-0.007	0.078	0.049	-0.040
年级	-0.002	-0.018	0.084＊	-0.005	0.050	0.015	-0.055

由于样本量较大，所以 SPSS 统计软件计算出来的相关系数较小。从表中数据可以看出，无论是年龄还是年级变量，都只和角色转变维度之间的相关性达到了显著水平。另外，从其他维度的系数可以看出，年龄、年级与服从规范维度、照顾家庭的能力维度呈负相关，也就是说年龄越小的、低年级的同学比年龄大的、高年级的同学在这两个维度上打分高，也就是越赞成这两个维度。

4.3.1.3　独生子女和非独生子女关于成人标准界定的差异性

通过对独生子女和非独生子女在成人标准的各个维度上进行均值的独立样本 T 检验（见表4-7），发现二者只在照顾家庭的能力这一维度上存在显著性差异，非独生子女比独生子女更加支持照顾家庭能力这一维度。此外，在其他6个维度上，独生子女和非独生子女之间均没有达到显著性差异。

表4-7　独生子女与非独生子女成人标准的差异

是否独生子女	独立性（平均分）	T检验/Sig.（双侧）	依赖性（平均分）	T检验/Sig.（双侧）	角色转变（平均分）	T检验/Sig.（双侧）	服从规范（平均分）	T检验/Sig.（双侧）	生物性转变（平均分）	T检验/Sig.（双侧）	年龄过渡（平均分）	T检验/Sig.（双侧）	照顾家庭的能力（平均分）	T检验/Sig.（双侧）
是	3.83	0.830	3.84	0.843	3.64	0.995	4.07	0.544	3.43	0.930	3.43	0.776	3.91	0.035
否	3.84		3.85		3.64		4.10		3.41		3.41		4.07	

统计还发现，在非独生子女中，家中排行"老大"的人在独立性维度和照顾家庭的维度上的打分要高于其他人，说明"长子"更注重独立和对家庭的照顾。

4.3.1.4　父母受教育水平对子女的成人标准的影响

在本次调查中，调查对象的父亲的年龄在37～67岁，平均年龄为46.59岁。

调查对象的母亲的年龄在 36~65 岁，平均年龄为 45.92 岁。也就是说大部分的父母都是属于我国大学教育扩招之前的一代人，他们中能达到高等教育水平的人生活状况普遍比其他受教育层次的人要好很多。所以为了更加直观地分析出父母受教育水平对子女成人标准是否存在影响，笔者在分析时将父母的受教育水平分为了两组，一组是未接受过高等教育的，即父母受教育水平在高中及以下的，另一组是父亲或母亲接受过高等教育的，即父亲或母亲受教育水平在大学专科以上。通过对两组数据进行独立样本的 T 检验发现（见表 4-8）：父母的受教育水平不同，子女对服从规范这一维度的判断也不同，并且达到显著差异。并且，通过相关性分析发现父母的受教育水平和规范行为度得分呈负相关，即父母未受高等教育的家庭的孩子更强调成人应该服从规范。

表 4-8 父母受教育水平对成人标准的影响

类别	独立性（平均分）	T检验/Sig.（双侧）	依赖性（平均分）	T检验/Sig.（双侧）	角色转变（平均分）	T检验/Sig.（双侧）	服从规范（平均分）	T检验/Sig.（双侧）	生物性转变（平均分）	T检验/Sig.（双侧）	年龄过渡（平均分）	T检验/Sig.（双侧）	照顾家庭的能力（平均分）	T检验/Sig.（双侧）
低知父亲	3.83	0.711	3.84	0.937	3.64	0.458	4.12	0.035	3.42	0.309	3.50	0.291	4.03	0.602
高知父亲	3.86		3.85		3.59		3.97		3.52		3.50		3.99	
低知母亲	3.84	0.619	3.84	0.841	3.65	0.415	4.11	0.026	3.42	0.252	3.40	0.262	4.05	0.148
高知母亲	3.80		3.83		3.57		3.94		3.56		3.52		3.90	

通过对父母的受教育水平和成人标准的规范性维度之间进行回归分析（见表 4-9），进一步证实了上述结论。自变量"父亲的学历"的非标准化回归系数为 -0.148，标准误差为 0.07，标准回归系数的绝对值为 0.08，T 检验的显著性 $P = 0.035 < 0.05$，达到显著性。自变量"母亲的学历"的非标准化回归系数为 -0.177，标准误差为 0.08，标准回归系数的绝对值为 0.084，T 检验的显著性 $P = 0.026 < 0.05$，达到显著性。

表 4 - 9 父母受教育水平对规范性维度的回归系数

	非标准化系数		标准系数	t	$Sig.$
	β	标准误差			
父亲的学历	- 0.148	0.070	- 0.080	- 2.116	0.035
母亲的学历	- 0.177	0.080	- 0.084	- 2.225	0.026

4.3.1.5 大学期间的经济独立状况以及兼职经历对成人标准的影响

为了考察大学期间个人的经济状况对成人标准是否存在影响，笔者将经济状况按照是否能做到独立分为三组：一组是完全不独立的，即经济来源主要是父母或其他人；另一类是部分独立的，即父母或其他人提供一部分，自己解决一部分；第三组是完全能做到经济独立的。在本次调查中，经济上能完全独立的学生占极少数，仅占 5% 左右，大部分学生属于第一组，即经济完全不能独立。对大学期间的经济来源与成人标准之间进行相关性分析（见表 4 - 10），从表中的数据可以看出，经济来源不同的学生界定成人标准时，在独立性、对规范的服从以及照顾家庭的维度上都存在显著性差异，在独立性上 $P = 0.005 < 0.01$，在服从规范上 $P = 0.011 < 0.01$，在照顾家庭的能力上 $P = 0.000 < 0.01$。通过事后检验结果可知：在独立性和照顾家庭的能力维度上，经济部分独立的学生得分显著高于经济不独立和经济完全独立的学生；在服从规范维度上，经济部分独立的学生得分显著高于经济不独立和经济完全独立的学生。

表 4 - 10 各种经济独立状况下成人标准的差异性

（A：不独立；B：部分独立；C 完全独立）

经济独立状况	独立性		依赖性		角色转变		服从规范		生物性转变		年龄过渡		照顾家庭的能力	
	M	单因素方差分析/$Sig.$（双侧）	M	单因素方差分析/$Sig.$（双侧）	M	单因素方差分析/$Sig.$（双侧）	M	单因素方差分析/$Sig.$（双侧）	M	单因素方差分析/$Sig.$（双侧）	M	单因素方差分析/$Sig.$（双侧）	M	单因素方差分析/$Sig.$（双侧）
A	3.82		3.83		3.63		4.07		3.40		3.37		4.02	
B	3.93	0.005	3.89	0.562	3.65	0.937	4.20	0.011	3.49	0.423	3.51	0.233	4.18	0.000
C	3.46		3.74		3.59		3.76		3.62		3.52		3.33	
多重比较结果	$M_B > M_A > M_C$						$M_B > M_A, M_C$						$M_B > M_A > M_C$	

　　大学社会实践已经成为素质教育的一个重要组成部分，而兼职是其中一个主要方面。对于高职院校学生来说，因其学习定位的特殊性——大多属技术型人才且在校学习时间短暂，大多数都有兼职经历。在本次调查中，有过兼职经历的同学占78.4%。通过对有兼职经历的同学与没有兼职经历的同学在独立性、依赖性、角色转变、服从规范、生物性转变、年龄过渡、照顾家庭的能力7个因素上的差异检验（见表4-11），结果发现：有兼职经历的同学和没有兼职经历的同学在独立性（$P=0.023<0.05$）和照顾家庭的能力（$P=0.02<0.05$）方面存在显著性差异，在其他5个因素上差异不显著。其中有兼职经历的同学认为独立性和照顾家庭的能力对长大成人更重要。这也和经济独立状况对成人标准的影响不谋而合（见表4-10）。另外，在依赖性、角色转变、服从规范3个因素上，虽然二者未达到显著性差异，但是通过调查结果的均值比较，发现有兼职经历的同学在这3个维度上打分均高于没有兼职经历的同学。而在生物性转变和年龄过渡这两个维度上，则不存在上面的差别。

表4-11　兼职经历对成人标准的影响

有无兼职经历	独立性（平均分）	T检验/Sig.（双侧）	依赖性（平均分）	T检验/Sig.（双侧）	角色转变（平均分）	T检验/Sig.（双侧）	服从规范（平均分）	T检验/Sig.（双侧）	生物性转变（平均分）	T检验/Sig.（双侧）	年龄过渡（平均分）	T检验/Sig.（双侧）	照顾家庭的能力（平均分）	T检验/Sig.（双侧）
有	3.86	0.023	3.86	0.222	3.65	0.661	4.11	0.065	3.43	0.760	3.41	0.916	4.09	0.002
无	3.72		3.78		3.62		4.00		3.46		3.41		3.81	

　　通过上一章对成人标准的描述性分析，可以看出，经济独立是一个非常重要的标准，可以说直接影响到年轻人对成人的自我知觉。在访谈中，当受访者被问到"你认为自己是否是成年人？"大多数受访者都会觉得自己目前还不能做到经济独立，因此还没有完全长大成人。我们的受访者习惯将成人标准分为两类：一类是心理上的，另一类是行为上的。心理上的主要是是否能做到独立思考、独立决策，而行为上的主要是经济独立。他们认为经济独立会影响到独立决策，觉得只有经济独立了，才能完全掌握自己的决定权。

4.3.1.6 学生干部经历对成人标准的影响

在所有的调查对象中，大学期间担任过学生干部的占 67.9%。有过一年以上学生干部经历的占 55.5%。在担任学生干部时，担任过部门以上领导职务的占 23.6%。可以看出，学生干部经历在大学生中是一个较为普遍的经历。研究发现：早期学生干部职务的获得对于青年或成年阶段掌握管理和领导技能十分必要，并且早期的领导经验使青年领袖在青年后期或成年早期有更多机会和更大潜力去获得领导职务（卢德平，2008）。可见学生干部经历对个体领导力的开发有很大影响。另外，从积极的青少年发展理论的角度来看，无论在学术界，还是在政府的青少年事务相关领域，领导力均被视为青少年能力的核心部分，且对青少年其余重要能力的形成构成重要的贡献（卢德平，2008）。可以看出，学生干部经历对个体的成长和发展有着十分重要的作用。究竟这种作用是不是同样适用于对成人标准的界定呢？为了解决这个问题，笔者对二者进行了独立样本 T 检验，结果发现（见表 4 – 12）：有过学生干部经历的学生和没有学生干部经历的学生对依赖性（$P = 0.012 < 0.05$）的态度存在显著性差异，其中有过学生干部经历的学生对依赖性维度的打分比没有学生干部经历的学生要高。有过学生干部经历的同学比较重视依赖性维度的原因，可以通过人际交往在领导力培养过程中的重要作用来解释。以往的调查结果显示人际交往能力既是青少年获得学生干部职务的优势，也有益于成年之后处理工作中的人际关系以及在社会中和其他人建立良好的合作关系。因此，有过学生干部经历的同学比其他同学更能体会到人际依赖对自身发展的益处，也更重视这一点。

表 4 – 12　有无学生干部经历对成人标准的影响

有无学生干部经历	独立性（平均分）	T检验/Sig.（双侧）	依赖性（平均分）	T检验/Sig.（双侧）	角色转变（平均分）	T检验/Sig.（双侧）	服从规范（平均分）	T检验/Sig.（双侧）	生物性转变（平均分）	T检验/Sig.（双侧）	年龄过渡（平均分）	T检验/Sig.（双侧）	照顾家庭的能力（平均分）	T检验/Sig.（双侧）
有	3.84	0.700	3.89	0.012	3.66	0.462	4.10	0.428	3.37	0.009	3.42	0.506	4.02	0.535
无	3.82		3.74		3.61		4.06		3.58		3.38		4.06	

4.3.1.7 住校经历对成人标准的影响

根据教育部的门户网站公布的数据显示，截至 2007 年 4 月全国中小学寄宿生达到 2960[1] 多万，比 2006 年增加了 68 万人左右，增长了 2.3%，寄宿生的比例达到 18.4%，其中西部初中的寄宿生比例达到 53.6%[2]，超过了一半。通过数据可以看出，住校经历已经成为国内大部分地区中小学生的"必修课"了。在本次调查中，有过住校经历的同学比例达到了 82.1%，有 3~6 年住校经历的同学占到了总样本量的 65.2%。根据以往研究，住校经历对独立性和服从规范等方面都有影响，例如有调查发现：住校生在自我意识方面更加自立，学会自我管理和心理调适，对学校的规范、集体活动的规则等形成了自觉遵守的意识（王旭坤，2009）。那么在有住校经历和没有住校经历的同学之间，成人标准的各个维度上是否存在差异呢？通过对这两类人群在成人标准的各个维度上的差异检验发现（见表 4-13）：两者在依赖性（$P=0.033<0.05$）、服从规范（$P=0.040<0.05$）和照顾家庭能力（$P=0.008<0.01$）3 个维度上达到显著性差异水平，但在独立性这一维度上并没有达到显著差异（见表 4-13）。

表 4-13 住校经历对成人标准的影响

有无住校经历	独立性（平均分）	T检验/Sig.（双侧）	依赖性（平均分）	T检验/Sig.（双侧）	角色转变（平均分）	T检验/Sig.（双侧）	服从规范（平均分）	T检验/Sig.（双侧）	生物性转变（平均分）	T检验/Sig.（双侧）	年龄过渡（平均分）	T检验/Sig.（双侧）	照顾家庭的能力（平均分）	T检验/Sig.（双侧）
有	3.84	0.352	3.87	0.033	3.65	0.410	4.11	0.040	3.46	0.292	3.42	0.396	4.08	0.008
无	3.78		3.71		3.59		3.99		3.36		3.35		3.83	

4.3.1.8 交友和恋爱状况对成人标准的影响

同辈影响历来是青少年研究的一个重要考虑因素，在本次调查中，为了考虑交友状况对成人标准的影响，笔者考察了调查对象的交友类型（同龄、低龄还是年长）及交友范围（校内、校外）。通过对各个因素进行单因素方差分析，发现（见

---

[1] 教育部门户网站：http://www.moe.gov.cn/publicfiles/business/htmlfiles/moe/s3038/201001/xxgk_78311.html.

[2] 新华网：http://news.xinhuanet.com/video/2008-02/25/content_7667106.htm.

表 4 – 14）：交友类型不同的调查对象之间在成人标准的 4 个维度上存在显著差异，分别是独立性（$P = 0.004 < 0.01$）、依赖性（$P = 0.022 < 0.05$）、服从规范（$P = 0.016 < 0.05$）和照顾家庭的能力（$P = 0.001 \leqslant 0.001$）。多重比较之后发现，在这 4 个维度上，喜欢与低年级的人交朋友的调查对象得分显著比其他两类调查对象低。

表 4 – 14 交友状况对成人标准的影响（A：低年级；B：同年级；C：高年级）

类别	独立性（平均分）	T检验/Sig.（双侧）	依赖性（平均分）	T检验/Sig.（双侧）	角色转变（平均分）	T检验/Sig.（双侧）	服从规范（平均分）	T检验/Sig.（双侧）	生物性转变（平均分）	T检验/Sig.（双侧）	年龄过渡（平均分）	T检验/Sig.（双侧）	照顾家庭的能力（平均分）	T检验/Sig.（双侧）
A	3.41		3.39		3.46		3.71		3.43		3.35		3.44	
B	3.83	0.004	3.84	0.022	3.63	0.380	4.11	0.016	3.42	0.252	3.40	0.870	4.05	0.001
C	3.87		3.85		3.70		4.05		3.60		3.45		4.01	
多重比较	$M_C, M_B > M_A$		$M_C, M_B > M_A$				$M_C, M_B > M_A$						$M_C, M_B > M_A$	

除了考察朋友的年龄因素外，在本次调查中，还考察了交友范围（校内、校外）的影响。分析发现，校内交往较多与校外交往较多的同学之间，只在依赖性维度上存在显著差异（$P = 0.000 < 0.01$）。

通过对恋爱经历和成人标准各维度之间的差异性检验分析，发现有恋爱经历的学生和没有过恋爱经历的学生在成人标准的所有维度上均不存在显著差异。而分析目前处在恋爱状态下的调查对象与其他调查对象之间的差异时，发现处于目前处在恋爱状态中的人和目前恋爱的人在照顾家庭的能力维度上态度存在显著性差异（$P = 0.021 < 0.05$）。

4.3.2 成人初显期特征的群组差异

前面我们已经对成人初显期特征作了描述性统计分析，总体来看，在国内高职院校学生心目中，对 5 个方面的打分都在中等偏上，其中这一时期的"夹缝感"最明显，而"不稳定"的感觉较弱。那在高职院校学生内部的各个群体之间对这 5 个方面的特征是否存在不一样的感受呢？下面我们就对成人初显期的 5 个特征进行群组比较分析。

4.3.2.1 成人初显期特征的性别差异

通过对男生和女生在成人初显期特征 5 个维度上进行独立样本的 T 检验，结果发现（见表 4 - 15）：男生和女生在"多种可能性的时期"这一维度上差异显著，$P = 0.034 < 0.05$，女生得分明显高于男生；而在"不稳定的时期""自我关注的时期""同一性探索的时期"和"夹缝感时期"3 个维度上不存在显著的性别差异。

表 4 - 15　成人标准的性别差异

类别	多种可能性			不稳定			自我关注			同一性探索			夹缝感		
	M	SD	T 检验/Sig.（双侧）	M	SD	T 检验/Sig.（双侧）	M	SD	T 检验/Sig.（双侧）	M	SD	T 检验/Sig.（双侧）	M	SD	T 检验/Sig.（双侧）
男	3.79	0.67	0.034	3.55	0.65	0.659	3.66	0.65	0.778	3.89	0.63	0.944	3.87	0.72	0.354
女	3.90	0.61		3.53	0.60		3.67	0.60		3.89	0.60		3.92	0.69	

4.3.2.2 成人标准的年级差异

通过对成人初显期特征的年级差异检验结果显示（见表 4 - 16）：不同年级的学生在"不稳定性"维度上存在显著差异（$P = 0.037 < 0.05$）；而在"多重可能性""自我关注""同一性探索"和"夹缝感"上则不存在显著差异。通过事后检验（LSD）的多重比较结果发现：在"不稳定性"维度上，大一学生得分与大二、大三学生得分差异显著，大一学生得分显著低于大三、大四学生。另外，在"自我关注"维度上，大三年级分别与大一、大二存在显著差异，大三学生得分显著高于大一和大二的学生，但在大一和大二学生中间则不存在显著差异。

4.3.2.3 独生子女和非独生子女成人初显期特征的差异性

前面我们考察了成人独生子女和非独生子女在成人标准上的差异，发现二者只在照顾家庭这一维度上存在显著性差异，可以看出二者在成人标准上一致性较高。我们利用同样的方法检验了二者在成人初显期特征上的差异，发现独生子女与非独生子在两个特征上存在差异（见表 4 - 17）：一是自我关注（$P = 0.027 < 0.05$），一是同一性探索（$P = 0.043 < 0.05$）。非独生子女比独生子自我关注度更

高。非独生子女的统一性探索特征得分也显著高于独生子女。此外，通过分析数据可以看出在"夹缝感"维度上，P 值为 0.053，虽未达到显著差异水平，但达到边缘显著水平（$P < 0.1$）。在"多种可能性"和"不确定"上，虽然二者未达到显著差异，但从得分上看，非独生子女也比独生子女感觉要强烈。

表 4 – 16　成人标准的年级差异

类别	多种可能性			不稳定			自我关注			同一性探索			夹缝感		
	M	SD	T检验/Sig.（双侧）	M	SD	T检验/Sig.（双侧）	M	SD	T检验/Sig.（双侧）	M	SD	T检验/Sig.（双侧）	M	SD	T检验/Sig.（双侧）
大一	3.85	0.64		3.49	0.63		3.64	0.65		3.88	0.63		3.92	0.71	
大二	3.87	0.62	0.714	3.58	0.61	0.037	3.69	0.58	0.286	3.88	0.57	0.135	3.88	0.69	0.777
大三	4.03	0.91		3.98	0.62		4.13	0.83		4.38	0.75		4.00	0.84	
多重比较				大二，大三 > 大一			大三 > 大二，大一								

表 4 – 17　成人标准的独生子女与非独生子女差异

是否独生子女	多种可能性			不稳定			自我关注			同一性探索			夹缝感		
	M	SD	T检验/Sig.（双侧）	M	SD	T检验/Sig.（双侧）	M	SD	T检验/Sig.（双侧）	M	SD	T检验/Sig.（双侧）	M	SD	T检验/Sig.（双侧）
是	3.84	0.69	0.602	3.51	0.64	0.506	3.57	0.63	0.027	3.80	0.66	0.043	3.81	0.80	0.053 +
否	3.87	0.61		3.54	0.62		3.69	0.61		3.91	0.59		3.94	0.67	

4.3.2.4　家庭经济水平对子女成人初显期特征的影响

通过前面的分析发现，家庭地域、家庭结构和父母受教育水平对子女的成人初显期特征的影响并不明显，下面我们再看看家庭经济因素对子女受成人初显期特征的影响。分析发现（见表 4 – 18）：来自不同经济水平家庭的子女，在不稳定性维度上存在显著差异，$P = 0.005 < 0.01$。在多种可能性维度上，达到了边缘显著水平（$P < 0.1$）。家庭经济在当地处于较低水平的学生对这一时期的"不稳定性"比其他

家庭更加明显，并且从均值的比较来看，不稳定感与家庭经济水平成反比。

表 4-18　家庭经济水平对子女成人初显期特征的影响

家庭积极水平	多种可能性			不稳定			自我关注			同一性探索			夹缝感		
	M	SD	T检验/Sig.（双侧）	M	SD	T检验/Sig.（双侧）	M	SD	T检验/Sig.（双侧）	M	SD	T检验/Sig.（双侧）	M	SD	T检验/Sig.（双侧）
高	3.80	0.66		3.46	0.63		3.62	0.61		3.86	0.60		3.85	0.72	
中	3.91	0.59	0.074 +	3.57	0.60	0.005	3.69	0.60	0.166	3.90	0.59	0.404	3.92	0.69	0.066 +
低	3.88	0.69		3.70	0.58		3.75	0.67		3.95	0.65		4.06	0.65	
多重比较	中>高			中，低>高									低>高		

4.3.2.5　经济独立状况及兼职经历对成人初显期特征的影响

通过前面关于成人标准量表的描述性统计结果看出，在所有的成人标准中，"经济独立"得分为 4.16（5 = "非常同意"），属于得分较高的标准，说明被试认为经济独立对"长大成人"非常重要。为了考察经济独立对成人初显期特征的影响，我们按经济来源对被调查者进行了分类，分别是经济不独立、经济部分独立和经济完全独立。通过对 3 组人群进行单因素方差分析发现，三者在多个特征上都有显著差异（见表 4-19），分别是：多种可能性（$P = 0.010 < 0.05$）、不稳定（$P = 0.007 < 0.01$）、自我关注（$P = 0.002 < 0.01$）、同一性探索（$P = 0.008 < 0.01$）。通过事后检验（LSD）的多重比较结果发现：在多种可能性的特征上，经济完全独立的学生得分明显低于经济部分独立和经济不独立的学生；在不稳定特征上，经济部分独立的学生得分最高，经济部分独立的学生和经济不独立的学生得分明显高于经济完全独立的学生；在自我关注特征上，也是经济完全独立的学生明显低于其他两组；在同一性探索特征上，经济完全独立的学生明显低于其他两组。在"夹缝感"特征上，3 组人群未达到显著性差异。

表 4 - 19 大学期间经济来源对成人初显期特征的影响

（A：不独立；B：部分独立；C：完全独立）

类别	多种可能性			不稳定			自我关注			同一性探索			夹缝感		
	M	SD	T检验/Sig.（双侧）	M	SD	T检验/Sig.（双侧）	M	SD	T检验/Sig.（双侧）	M	SD	T检验/Sig.（双侧）	M	SD	T检验/Sig.（双侧）
A	3.86	0.63		3.52	0.61		3.67	0.60		3.88	0.60		3.92	0.69	
B	3.91	0.55	0.010	3.61	0.55	0.007	3.71	0.59	0.002	3.96	0.53	0.008	3.91	0.68	0.089
C	3.43	1.26		3.13	1.10		3.15	1.03		3.50	1.02		3.57	0.95	
多重比较	M_A，$M_B > M_C$			M_A，$M_B > M_C$			M_A，$M_B > M_C$			M_A，$M_B > M_C$			M_A，$M_B > M_C$		

前面分析了经济独立对成人初显期特征的影响，在大学中经济独立的主要途径是通过兼职，但是兼职作为一种重要的社会实践经历，对一个未踏足社会的学生来说参加兼职不仅仅能带来金钱收入，更多的是一种对个人能力的锻炼和心理素质的训练。兼职经历也对人的成人感有重要影响，调查对象中仅有18%有兼职经历的学生认为自己还不是一个成年人。大部分学生认为自己已经成年或是部分成人。通过对比是否有兼职经历的学生在成人初显期各个特征上的得分发现（见表 4 - 20）：有兼职经历的同学和没有兼职经历的同学在"多种可能性"（$P = 0.041 < 0.05$）、"自我关注"（$P = 0.012 < 0.05$）、"同一性探索"（$P = 0.012 < 0.05$）上都存在显著差异。通过均值可以看出，在所有特征上，有兼职经历的同学都比没有兼职经历的同学感受强烈。有兼职经历的同学更强烈的感受到成人初显期阶段是一个多种可能性的时期、是一个自我关注度较高的时期、也是一个同一性探索较为频繁的时期。

表 4 - 20 兼职经历对成人初显期特征的影响

有无兼职经历	多种可能性			不稳定			自我关注			同一性探索			夹缝感		
	M	SD	T检验/Sig.（双侧）	M	SD	T检验/Sig.（双侧）	M	SD	T检验/Sig.（双侧）	M	SD	T检验/Sig.（双侧）	M	SD	T检验/Sig.（双侧）
有	3.89	0.59	0.041	3.55	0.60	0.164	3.69	0.60	0.012	3.92	0.58	0.012	3.92	0.68	0.312
无	3.75	0.76		3.47	0.68		3.55	0.68		3.77	0.67		3.85	0.78	

4.3.2.6 学生干部经历对成人初显期特征的影响

经过对比有学生干部经历的群组和没有学生干部经历的群组在成人初显期特征五个因素上得分，结果发现（见表 4 – 21）：两组人群在"夹缝感"特征上存在显著差异（$P = 0.002 < 0.01$），在其他 4 个特征上均不存在显著差异。有学生干部经历的学生"夹缝感"比没有学生干部经历的学生显著强烈。

表 4 – 21 学生干部经历对成人初显期特征的影响

有无学生干部经历	多种可能性			不稳定			自我关注			同一性探索			夹缝感		
	M	SD	T检验/Sig.（双侧）	M	SD	T检验/Sig.（双侧）	M	SD	T检验/Sig.（双侧）	M	SD	T检验/Sig.（双侧）	M	SD	T检验/Sig.（双侧）
有	3.87	0.64	0.457	3.53	0.63	0.866	3.67	0.61	0.651	3.90	0.60	0.268	3.96	0.68	0.002
无	3.83	0.62		3.54	0.60		3.65	0.64		3.85	0.62		3.79	0.74	

4.3.2.7 住校经历对成人初显期特征的影响

住校经历是对个体生活自理能力的很好锻炼，集体宿舍的生活也对一个人的心理发展有较大影响。鉴于大学里住校学生占很高比例，几乎所有学生都是住校，为了差异比较，所以在本次调查中考察的是大学以前的住校经历。在前面分析成人标准的群组差异时，在有住校经历的人群和没有住校经历的人群中，在多个维度上显示出了差异，是否这种差异也存在于成人初显期特征中呢？通过均分比较发现（见表 4 – 22）：有住校经历的学生和没有住校经历的学生在 4 个特征上均呈现出了显著差异，分别是多种可能性时期（$P = 0.012 < 0.05$）、不稳定时期（$P = 0.008 < 0.01$）、自我关注时期（$P = 0.000 < 0.001$）、和同一性探索时期（$P = 0.001 \leqslant 0.001$），二者在"夹缝感"上无显著差异。有住校经历的学生对上述 4 个特征的感觉明显比没有住校经历的学生强烈。

4.3.2.8 交友及恋爱状况对成人初显期特征的影响

进一步考察交友状况对成人初显期特征的影响，通过对比分析发现：喜欢和同级的人交友、喜欢与低年级的人交友与喜欢和高年级的人交友 3 组人群之间在 4 个特征上存在显著差异（见表 4 – 23），分别是不稳定特征、自我关注特征、同一性探索特征和"夹缝感"特征。在不稳定特征上，喜欢和同级或高年级交友的人得分高于喜欢与低年级交友的人。在自我关注特征上，喜欢与同级交友的人得分显著高于喜欢与低年级交友的人。在同一性探索特征上，喜欢和同级或高年级交友的人得分高于喜欢与低年级交友的人。在"夹缝感"上，也是喜欢和同级或高年级交友的人得分高于喜欢与低年级交友的人。在多种可能性特征上，虽然三者未达到显著性差异，但是 P 值达到了边缘显著水平，经过 T 检验发现在喜欢和同级交友的人群与喜欢和低年级交友的人群之间达到了显著差异。一般来说，年级差异在一定程度上反映的是年龄差异，大部分同年级的人代表的是同龄人，所以从这一点来看，在本次调查中，喜欢与同龄人或是年龄比自己大的人交往的高职学生，成人初显期的特征要比喜欢与比自己年龄小的人交往的高职学生更加强烈。

表 4 – 22　住校经历对成人初显期特征的影响

有无住校经历	多种可能性			不稳定			自我关注			同一性探索			夹缝感		
	M	SD	T检验/Sig.（双侧）	M	SD	T检验/Sig.（双侧）	M	SD	T检验/Sig.（双侧）	M	SD	T检验/Sig.（双侧）	M	SD	T检验/Sig.（双侧）
有	3.89	0.60	0.012	3.56	0.61	0.008	3.70	0.60	0.000	3.93	0.58	0.001	3.92	0.03	0.283
无	3.70	0.77		3.40	0.64		3.46	0.66		3.70	0.68		3.84	0.07	

表 4 – 23　交友状况对成人初显期特征的影响

（A：同年级；B 低年级；C：高年级）

类别	多种可能性			不稳定			自我关注			同一性探索			夹缝感		
	M	SD	T检验/Sig.（双侧）	M	SD	T检验/Sig.（双侧）	M	SD	T检验/Sig.（双侧）	M	SD	T检验/Sig.（双侧）	M	SD	T检验/Sig.（双侧）
A	3.87	0.62	0.062 +	3.55	0.59	0.007	3.69	0.58	0.009	3.90	0.56	0.044	3.91	0.66	0.037
B	3.56	0.83		3.14	0.79		3.33	0.80		3.42	0.89		3.54	0.93	
C	3.82	0.64		3.55	0.64		3.59	0.66		3.87	0.63		3.89	0.73	
多重比较	$M_A > M_B$			M_A, $M_C > M_B$			$M_A > M_B$			M_A, $M_C > M_B$			M_A, $M_C > M_B$		

经过对恋爱经历与成人初显期各个特征进行独立样本的 T 检验发现，有恋爱经历的人和无恋爱经历的人在成人初显期的各个特征上都不存在显著差异。进一步考

察目前的恋爱状况与成人初显期的各个维度之间的关系发现，目前有恋人的高职学生与目前没有恋人的高职学生在成人初显期的各个特征上也不存在显著差异。

4.3.3 高职院校学生成人感的自我知觉及跨文化差异

4.3.3.1 高职院校学生成人感的自我知觉

以往关于青年的研究中，许多研究都注重用理论范式去解释年轻人的思维和行动。在最初关于成人初显期的研究中，阿奈特教授就提出他的调查结果与传统的社会学观点存在很大差异，传统的社会学研究认为的长大成人的标志性事件，如结婚、生子等，并没有得到年轻人自己的认可，在对长大成人的界定中，年轻人的自我知觉与学者的观点存在很大差异。由此可见，重视年轻人的自我知觉是成人初显期研究的一大特点。

在本次调查中，问卷的第二部分最后一题是考察被调查者的成人自我知觉，当被问到"你是否觉得自己已经长大成人"时，被调查者中回答"是"的学生占25.5%，回答"否"的占20.3%，而54.2%的学生回答"在一定程度上是，在一定程度上不是"，这部分学生处于成人初显期的探索时期。访谈过程中，也有一半左右的学生回答"在一定程度上是，在一定程度上不是"。

那么究竟哪些因素会导致成人感的自我知觉产生差异呢，经过对所有自变量与高职院校学生成人自我知觉之间进行回归分析得出，对成人自我知觉产生影响的因素有性别、年龄、家庭结构、兼职经历、经济来源和恋爱经历（$P < 0.05$）（见表4-24）。

表4-24 影响成人自我知觉的变量（回归分析结果）

	非标准化系数		标准化系数	T	Sig.
	B	标准误差	Beta		
性别	0.364	0.068	0.209	5.333	0.000
年龄	-0.075	0.028	-0.102	-2.618	0.009
家庭结构	0.116	0.055	0.082	2.102	0.036
兼职经历	-0.167	0.081	-0.081	-2.071	0.039
恋爱经历	0.176	0.066	0.104	2.643	0.008
经济来源	-0.144	0.067	-0.082	-2.131	0.033

通过独立样本 T 检验，结果显示男生和女生在成人自我知觉的判断上存在显著性差异（$P = 0.000 < 0.001$）。下面我们来对比一下男生和女生对自身成人感的判断。当被问到"你是否觉得自己已经长大成人"时：35.1% 的男生选择了"是"，23.9% 的男生选择了"否"，40.9% 的男生选择了"在某些情况下是，在某些情况下不是"；19.7% 的女生选择了"是"，18.2% 的女生选择了"否"，62.1% 的女生选择了"在某些情况下是，在某些情况下不是"。可以看出，女生的"夹缝感"比男生更明显，男生中认为自己已经成年的比例要比女生高。

分析发现，19～22 岁的学生中，成人感与年龄成正比，认为自己已经成年的学生比例随着年龄的增加而升高。相对应的，"夹缝感"的比例随着年龄的增长而减少。

统计分析发现，不同经济状况下的学生对成人的自我知觉存在显著性差异（$P = 0.05 \leqslant 0.05$）。因为高职院校学生将"经济独立"作为一个非常重要的成人标准，所以在能够做到经济独立的学生中，认为自己已经成年的比例高达 42.1%，而经济不独立的学生中认为自己已经成人的比例只有 23.5%。经济不独立的学生存在"夹缝感"的比率要比经济独立的学生高出将近 40%。

同样的，比较有恋爱经历的高职学生和没有恋爱经历的高职学生的成人自我知觉，发现二者存在显著性差异（$P = 0.011 < 0.001$）。有过恋爱经历的高职学生认为自己已经成年的比例要高于没有恋爱经历的学生，而"夹缝感"也要少于没有恋爱经历的学生。

4.3.3.2 成人感的跨文化比较

对美国初显期成人而言，从十八九岁到二十四五岁是令人尴尬的时期，他们感觉自己既不处于青少年期也不是成人。他们感觉自己正在迈入成人世界，并且希望别人拿他们当成年人来对待，但同时又对自己目前的处境十分不确定，似乎已经成年又似乎还未成年，好像正处在长大成人的过程中。回顾美国的成人初显期研究历程，分别有两位学者在 1997 年和 2007 年分别进行过实证调查。其中，阿奈特教授 1997 年在大学生中进行了问卷调查，结果显示：有 27% 的大学生认为自己已经长大成人了，10% 的大学生认为自己还没有成年，而 63% 的大学生则认为"在某些方面已经成年、在某些方面还没有成年"（Arnett，1997）。第二次调查在 2006 年，由美国杨百翰大学（Brigham Young University）的学者尼尔森（Larry J. Nelson）所主持的，分别在美国的马里兰大学和中国的北京师范大学进行调查，这次调查的结果显示：在中国大学生中，59% 的学生认为自己已经成年，6% 的学生认为自己还未成年，35% 的学生认为"某些方面已成年，某些方面未成年"；在美国的大学生中，28% 的学生认为自己已经成年，6% 的学生认为自己还未成年，66% 的学生认为"某些方面已成年，某些方面未成年"（Nelson，Badger & Barry，2006）。大部分的美国初显期成人面对"你是否感觉自己已经长大成人"这个问题时，有着和我们的高职学生一样的困惑，他们没有给出"是"与"否"的明确回答，而是用"似是而非、模棱两可"的方式：即"在一定程度上是成人而在一定程度上又不是成人"作为他们的回答。因此，无论是东方还是西方的调查结果都表明：这个时期的个体普遍存在对自身所处地位的模糊感与不确定性。我们将几次调查的结果进行一下对比，如表 4 – 25 所示。

表 4 – 25　中美大学生成人感对比分析

"你是否觉得自己已经长大成人"		回答"是"的比例（%）	回答"否"的比例（%）	回答"某些方面是，某些方面不是"的比例（%）
中国	中国高职院校学生	25.5	20.3	54.2
	中国本科院校学生	59	6	35
美国	Arnett 的调查（1997）	27	10	63
	Nelson 的调查（2007）	28	6	66

对比发现：美国学生的"夹缝感"要比中国学生强烈，因此尼尔森、巴杰（Badger）和巴里（Barry）认为中国大学生的成人初显期可能要比美国大学生短，并且他们认为这需要放到中国文化背景中去解释（Nelson，2007）。并且通过历时比较，发现美国大学生的这种"夹缝感"在过去 10 多年中逐渐加强。数据对比可以看出，中国的高职院校学生"夹缝感"要比本科院校学生强烈。中国本科院校学生对自己的成人地位最笃定，回答"是"的比例超过一半。

正如阿奈特所言：成人初显期理论具有相对性。成人初显期并非每一个个体和每一种文化的必经之路，这个时期的形成与文化相关，存在于特定的文化背景中。在农业社会就不存在成人初显期的探索，但在工业化社会和后工业社会，对大部分年轻人而言，都要经历成人初显期的探索（J. J. Arnett，2000，2003）。总体来看，成人初显期主要出现在高等教育普及率较高、平均初婚年龄较高（28 岁或 29 岁，甚至更大的年纪）的社会中。毕业年龄、初婚年龄和初育年龄推迟，使得 18 ~ 20 多岁成为自我同一性探索时期、不确定的时期，成为自我关注的时期，以及成为存在各种可能的时期。

5 结论与研究不足

在本次研究中，笔者主要考察的问题包括：中国高职院校学生成人标准和成人初显期特征的独特性，成人标准和成人初显期特征的影响因素，高职院校学生成人感的自我知觉，并与美国的相关研究结果进行了跨文化比较。得出的主要结论如下：

①成人标准的 7 个维度"独立性、依赖性、角色转变、服从规范、生物性转变、年龄过渡、照顾家庭的能力"适合中国大学生。通过跨文化比较，中美大学生虽然对于成年标准的界定维度上有很多相似性，都集中在独立性、照顾家庭能力上，美国大学生对思想意识独立的重视要高于中国大学生。但在相互依赖性维度上，中国大学生的支持率要高于美国。另外，中国大学生比美国大学生更强调对规范的服从。中国大学生所看重的一些成年标准带有明显的中国文化特色，如"能够在经济上支持父母""完成学业""可以有选举权和被选举权"。

②对独立性维度有影响的因素有经济独立状况、兼职经历以及交友状况；对依赖性维度有影响的因素有性别、学生干部经历、住校经历以及交友状况；对服从规范维度产生影响的因素包括性别、父母受教育水平、经济独立状况、住校经历及交友状况；对照顾家庭能力维度产生影响的因素有性别、是否独生子女、经济独立状况、兼职经历、住校经历以及交友状况。由此可以看出，与个体有关的经济因素对成人标准的影响较明显，例如大学期间的经济来源、兼职经历等，而家庭经济因素的影响并不是很明显，如家庭经济状况及父母职业均未呈现出显著

性差异。交友状况对成人标准有影响，尤其是交友对象的年龄层次。恋爱状况及地域差异对成人标准的影响不明显。

③成人初显期的 5 个特征：多种可能性、不稳定性、自我关注、同一性探索、夹缝感，同样适用于中国大学生。其中，对国内高职院校学生来说，这一时期的"夹缝感"最明显，而"不稳定"的感觉较弱。另外，这一时期的统一性探索特征和多种可能性特征也得到了在国内高职学生身上得到了验证。通过跨文化比较，美国学生的"夹缝感"要比中国学生更强烈。

④对多种可能性特征影响较大的因素有性别、家庭经济状况、经济独立状况、兼职经历、住校经历和交友状况；对不稳定时期影响较大的因素有年级、家庭经济状况、经济独立状况、住校经历以及交友状况；对自我关注影响较大的包括是否独生子女、经济独立状况、兼职经历、住校经历以及交友状况；对同一性探索影响较大的有是否独生子女、经济独立状况、兼职经历、住校经历以及交友状况；对"夹缝感"特征影响较大的因素有是否独生子女、家庭经济状况、学生干部经历以及交友状况。总体来看，对成人初显期特征影响较大的是大学期间的经济独立状况、家庭经济状况、兼职经历、住校经历以及交友状况。其他因素如恋爱经历则影响不明显，性别差异在成人初显期特征上也不明显。

⑤对高职学生成人自我知觉产生影响的因素有性别、年龄、家庭结构、兼职经历、经济独立状况和恋爱经历。其中，男生的成人感比女生强烈，女生的"夹缝感"比男生更明显；年龄与成人感成正比，与"夹缝感"成反比；大学期间经济独立的学生成人感比不独立的学生强烈，经济不独立的学生"夹缝感"更明显；有恋爱经历的学生成人感更强烈，没有恋爱经历的学生"夹缝感"更强烈。

进过历时两年的探索和检验，达到了一些预期的研究目的，但还存在一些未能解决的疑问。

第一，对研究工具成功进行了本土化操作，经过翻译—回译—修订—试测—再修订，成人标准问卷和成人初显期问卷基本形成了符合中国文化背景的中文版本，并且在正式调查中通过了信效度检验，为以后国内成人初显期研究提供了可以信赖的研究工具。

第二，笔者在试访谈的基础上，结合以往研究经验，笔者充分挖掘出可能对成人初显期产生影响的各种自变量，除了常见的人口统计学变量外，笔者额外的加入了社会工作经验、兼职经历、交友状况和恋爱状况等自变量，并对这些变量进行细分，试图更准确深入地找到影响成人标准和成人初显期特征的因素。统计分析的结果也证实了这些变量对成标准和成人初显期特征存在影响。丰富了成人初显期研究的结论，开阔了成人初显期研究的视野。

第三，将本次研究结果与国内外已有研究成果进行比较，发现了一些成人初显期的跨文化差异。中国大学生的成人标准既与美国大学生在存在共性，但同时中国大学生的成人标准也带有明显的中国文化特征。从中国社会发展的不平衡性可以预见在中国成人初显期研究丰富性，本次研究以高职院校学生为研究对象，丰富和完善了中国大学生成人初显期研究，采集的研究数据和研究成果也可以为后人提供一些参考和借鉴。

第四，美国的成人初显期年龄阶段为 18～25 岁，由于跨文化的差异，成人初显期年龄阶段的划分并不是唯一的。现今的制度设计为高职院校学生所提供的制度化延缓时间比本科学生更短，那是否意味着高职院校学生的成人初显期会更短呢？这是笔者在研究之初就提出的疑问。遗憾的是，由于研究设计不够充分，对于这个问题并没有得到有力的证据去证明。这也是笔者在以后的研究中需要重点关注的问题，是希望通过进一步的实证调查能大致划分出适合中国高等职业学校学生发展的成人初显期年龄阶段。

第五，高等职业教育虽然是三年制居多，但是大部分高职院校采取的是两年校内知识学习、一年社会实践的教学模式，由于笔者的调查主要集中在校园内进行，因此毕业生的数据较少，因此未能充分的发掘高职院校学生职业同一性探索的完整过程。在下一步的研究中，笔者希望能通过对毕业生的深入访谈，探索出高职院校学生职业同一性探索路径，为高职院校职业生涯教育提供科学的参考依据。

参考文献

一、中文文献

[1]［美］J J Arnett. 长大成人——你所要经历的成人初显期［M］. 段鑫星，等，译. 北京：中国轻

工业出版社，2007.

［2］艾里克森．同一性：青少年与危机［M］．孙名之，译．杭州：浙江教育出版社，1998.

［3］麦可思研究院．2011 中国大学生就业报告［M］．北京：社会科学文献出版社，2011.

［4］麦可思研究院．2010 中国大学生就业报告［M］．北京：社会科学文献出版社，2010.

［5］麦可思研究院．2009 中国大学生就业报告［M］．北京：社会科学文献出版社，2009.

［6］邓燕飞．基于成人初显期自我同一性理论的大学生赏识教育［J］．科教导刊，2011（11）：（上）．

［7］段鑫星，程嘉．成人初显期理论及其评述［J］．当代青年研究，2007（2）．

［8］龚超，林宝虎．成人初显期大学生心理健康教育［J］．咸宁学院学报，2008（28）1 卷．

［9］李春玲，孟蕾，吕鹏，等．新时代的新主题：2007—2010 年青年研究综述［J］．中国青年研究，2011（3）．

［10］卢德平．青少年领导力的萌芽和形成——基于三个城市 26 名高中学生干部的深度访谈结果［J］．中国青年研究，2008（5）．

［11］王彬．全球化语境下青年研究的范式转换［J］．中国青年政治学院学报，2011（6）．

［12］王晓璐，雷德胜．成人初显期大学生的心理发展与教育［J］．教育与职业，2009（20）．

［13］段鑫星．成人初显期的特征、生活目标及其与人格、幸福感的关系［D］．北京：北京师范大学，2008.

［14］靳京．高职毕业生就业现状与对策研究——以甘肃省大学生就业数据为基础［D］．西北师范大学，2010.

［15］王旭坤．农村小学住校生的生活与成长［D］．北京：中国青年政治学院，2009.

二、外文文献

［1］ARNETT J J, TANNER J L. Emerging Adults in America［M］. Washington, D. C.：American Psychological Association, 2006.

［2］ERIKSON E H. Childhood and society（2nd ed.）［M］. New York：Norton, 1950.

［3］LEVINSON D J, DARROW C N, KLEIN E B, et al. The seasons of a man's life［M］. New York：Knopf, 1978.

［4］ARNETT J J. Oh, grow up！Generational grumbling and the new life stage of emerging adulthood［J］. Perspectives on Psychological Science, 5（1）：89－92.

［5］ARNETT J J. A fraught passage：The identity challenges of African American emerging adults［J］. Human Development, 51：291－293.

［6］ARNETT J J. Emerging Adulthood：What is it, and What is it Good for［J］. Child development perspectives, 1（2）：68－73.

［7］ARNETT J J. Suffering, Selfish, Slackers? Myths and Reality About Emerging Adults［J］. Youth Adolescence, 36：23－29.

［8］ARNETT J J. Emerging Adulthood in Europe：A Response to Bynncr［J］. Journal of Youth Studies, 9（1）：111－123.

［9］ARNETT J J. The Developmental Context of Substance Use in Emerging Adulthood［J］. Journal of Drug Issues, 5（2）：235－254.

［10］ARNETT J J. Conceptions of the transition to adulthood among emerging adults in American ethnic groups

[J]. New Directions in Child and Adolescent Development, 100: 63 – 75.

[11] ARNETT J J. Conceptions of the transition to adulthood: Perspectives from adolescence through midlife [J]. Journal of Adult Development, 18 (8): 133 – 143.

[12] ARNETT J J. High Hopes in A Grim World Emerging Adults' View of Their Futures and "Generation X" [J]. Youth & Society, 31 (3): 267 – 286.

[13] ARNETT J J. Emerging adulthood: A theory of development from the late teens through the twenties [J]. The American Psychologist, 55 (1): 469 – 473.

[14] ARNETT J J. Adolescent storm and stress, reconsidered [J]. The American Psychologist, 54 (2): 317 – 330.

[15] ARNETT J J. Young People's conceptions of The Transition to Adulthood [J]. Youth & Society, 29 (1) 1 – 23.

[16] BADGER S, NELSON L J, BARRY C M. Perception of the transition to adulthood among Chinese and American emerging adults [J]. International Journal of Behavioral Development, 30 (1): 84 – 93.

[17] KENISTON, KENNETH. Youth: a New Stage of Life [J]. American Scholar. 39: 631 – 653.

[18] NELSONLJ, BADGERS, Bo Wu. The influence of culture in emerging adulthood: Perspectives of Chinese college students [J]. International Journal of Behavioral Development, 28 (1): 26 – 36.

[19] SCHWARTZ S J, COTE J E, ARNETT J J. Identity and agency in emerging adulthood: Two developmental routes in the individualization process [J]. Youth and Society, 37 (2): 201 – 229.

附录一　高职院校成人初显期特征访谈提纲

访谈对象：在校生

1. 回忆一下你的高中生活，能跟我描述一下那时候的你是一个什么样的人？是一个什么状态？高考之后为什么要报考外地／本地学校？那时候是怎么想的？

2. 上大学之后呢？有什么变化吗？现在觉得报考外地／本地的学校有什么好处或坏处？

3. 上大学之后到目前为止学到的最重要的东西是什么？

4. 你以前设想过自己成年之后会是什么样子吗？你觉得自己是否算一个成年人？有哪些方面还不够？你认为作为一个成人，哪些是必须要达到的条件？

5. 你从小和父母是一种什么关系？属于比较独立的还是依赖父母的？现在多久和父母联系一次？联系时主要谈论什么？现在遇到问题你回去找别人帮忙还是自己解决？找别人帮忙主要找谁？你认为作为一个成人，在独立性方面有什么要求？

6. 你现在的经济来源是什么？学费？生活费？如果没有钱了你会主动跟父母要钱吗？跟父母打电话要钱时是一种什么心情？有过自己出去赚钱的经历吗？为什么想这样做？这些经历给你带来了什么？你觉得经济独立对长大成人重要吗？为什么？

7. 高考的志愿是你自己决定的吗？是经过深思熟虑的吗？现在遇到事情都是自己做决定吗？还有那些你自己决定不了的事情吗？上大学后思想观念和思维模式上和以前有什么不同吗？你觉得作为一个成人，在思想观念和思维方式上有什么要求？

8. 你现在会感觉到压力吗？会为哪些事情发愁？现在能帮家里做哪些事情？现在家里有什么事情会征求你的意见吗？能为父母分担什么事情吗？你认为作为一个成人，需要担起哪些责任？

9. 回忆一下你高中时候的人际关系状况？那时候与父母的关系怎样？与同学

的关系怎样？与老师的关系怎样？现在呢？现在交朋友会考虑哪些因素？你认为作为一个成人，应该怎么与父母相处？应该怎么与朋友相处？

10. 高中时候你与老师的关系怎么样？现在有什么变化吗？为什么会有这样的变化？

11. 大学期间谈过男／女朋友吗？找男／女朋友你一般会考虑哪些因素？家里人对这个事情是什么态度？理由是什么？自己的恋爱经历或周围的人的恋爱经历给你最大的感触是什么？你觉得自己在谈之前和之后在心理上有什么变化吗？你认为作为一个成人，应该怎么与男（女）朋友相处？

12. 有没有经常觉得自己不了解自己？知道自己是一个什么样的人吗？怎么发现的？

13. 有考虑过将来的工作吗？知道自己想做什么工作、适合做什么工作吗？理由？现在有为以后的工作做些什么准备吗？

14. 你认为自己成年了吗？为什么？

15. 你觉得你未来会过一种怎样的生活？

附录二 高职院校成人初显期调查问卷

亲爱的同学：

您好！这是一项关于高职院校学生心理发展的调查，主要希望了解大家怎样看待向成年过渡这一问题。您的回答既有利于了解当前高职院校学生的一些情况，同时也有助于大家更好地认识自我。在回答问卷以前，请先仔细阅读下列注意事项，谢谢合作！

注意：

★ 问卷是匿名的，回答的问题严格保密，资料仅供研究之用。

★ 问卷中所有问题均无对错之分，您只要根据自己的实际情况如实填答即可。

★ 请您独立填写问卷，不要与其他人讨论。

★ 本卷所有选择题均为单项选择。

中国青年政治学院

2011 年 6 月

第一部分

1. 你的院系和专业：_____学院（系）_____专业

2. 你的性别：（请在方框 □ 中划 "√"）

（1）男 □　　　　　（2）女 □

3. 你的年龄：（请填写周岁）_____

4. 政治面貌：（请在方框 □ 中划 "√"）

（1）党员 □　　　　（2）团员 □　　　　（3）群众 □

5. 你的年级是？（请在方框 □ 中划 "√"）

（1）一年级 □　　　（2）二年级 □　　　（3）三年级 □

6. 你来自于？（请在方框 □ 中划 "√"）

（1）农村 □　　　　　（2）乡镇 □　　　　　（3）城市 □

7. 你是不是独生子女？（请在方框 □ 中划"√"）

（1）独生子女 □

（2）非独生子女（你是：① 老大 □ ② 老二 □ ③ 老三 □ ④ 其他（请具体注明）＿＿＿＿＿）

8. 你的家庭属于下列那种情况？（请在方框 □ 中划"√"）

（1）父母 ＋ 自己 □

（2）父母 ＋ 爷爷奶奶（外公外婆）＋ 自己 □

（3）父亲或母亲一方 ＋ 自己 □

（4）父亲或母亲一方 ＋ 自己 ＋ 爷爷奶奶（外公外婆）□

（5）其他（请具体注明）＿＿＿＿＿

9. 父亲的年龄：＿＿＿＿＿母亲的年龄：＿＿＿＿＿

10. 父亲的受教育水平是？（请在方框 □ 中划"√"）

（1）不识字 □　　　（2）小学 □　　　　（3）初中 □

（4）高中 □　　　　（5）专科 □　　　　（6）本科 □

（7）研究生（及以上）□

11. 母亲的受教育水平是？（请在方框 □ 中划"√"）

（1）不识字 □　　　（2）小学 □　　　　（3）初中 □

（4）高中 □　　　　（5）专科 □　　　　（6）本科 □

（7）研究生（及以上）□

12. 父亲职业是＿＿＿＿＿？（请在方框 □ 中划"√"）

（1）公务员或事业单位工作人员 □　　　（2）企业管理人员 □

（3）私营企业主或个体商贩 □　　　　　（4）专业技术人员 □

（5）工人 □　　　　　　　　　　　　　（6）服务业人员 □

（7）农民 □　　　　　　　　　　　　　（8）离、退休人员 □

（9）其他（请具体注明）＿＿＿＿＿＿

13. 母亲职业是？（请在方框 □ 中划"√"）

（1）公务员或事业单位工作人员 □　　　　（2）企业管理人员 □

（3）私营企业主或个体商贩 □　　　　（4）专业技术人员 □

（5）工人 □　　　　　　　　　　　　（6）服务业人员 □

（7）农民 □　　　　　　　　　　　　（8）离、退休人员 □

（9）其他（请具体注明）＿＿＿＿＿＿＿

14. 你家收入水平在当地处于？（请在方框 □ 中划"√"）

（1）下等水平 □　　　（2）中等靠下水平 □　　　（3）中等水平 □

（4）中等靠上水平 □　　（5）上等水平 □

15. 大学期间你所需要的费用主要依靠谁解决？（请在方框 □ 中划"√"）

（1）父母 □　　　　　（2）自己 □　　　　　（3）父母和自己 □

（4）父母和亲戚 □　　（5）亲戚和自己 □　　（6）学校和自己 □

（7）其他（请具体注明）＿＿＿＿＿＿＿

16. 回忆你所担任过的校内学生干部职务（社团，团委学生会，年级，班级均可），请回答下面问题：

（一）是否曾担任学生干部？（请在方框 □ 中划"√"）

（1）是 □　　　　　　　　　　　　（2）否 □

（二）如果担任过学生干部，累积任职多久？（请在方框 □ 中划"√"）

（1）一学期 □　　　　（2）一学年 □　　　　（3）一学年以上 □

（三）是否担任过部门及以上的领导职务？（请在方框 □ 中划"√"）

（1）是 □　　　　　　　　　　　　（2）否 □

17. 回忆你所担任过的社会实践活动，请回答下面问题：

（一）你更经常参加下列哪种活动？（请在方框 □ 中划"√"）

（1）学校内的社会实践活动 □　　　（2）校外的社会实践活动 □

（3）两者都不参加 □

（二）你参加的社会实践活动常常是哪种活动？（请在方框 □ 中划"√"）

（1）无偿活动 □　　　（2）有偿活动 □　　　（3）两者都不参加 □

18. 大学期间你是否有兼职的经历？（请在方框 □ 中划"√"）

（1）是 □　　　　　　　　　　　　（2）否 □

19. 上大学以前是否有过住校的经历？（请在方框 □ 中划"√"）如有，请在横线上注明时间长短（按年计算）。

（1）有过（＿＿＿＿＿年）　　　　（2）没有过 □

20. 你更喜欢与下列哪一类人交朋友？（请在方框 □ 中划"√"）

（1）同辈（① 同年级 □ ② 低年级 □ ③ 高年级 □）　　　（2）长辈 □

21. 大学期间你的朋友大多属于：（请在方框 □ 中划"√"）

（1）学校内的同学 □　（2）外校的同学 □　　　（3）社会人员 □

22. 大学期间你是否有过恋爱经历？（请在方框 □ 中划"√"）

（1）有过 □　　　　　　　　　　（2）还没有 □

23. 目前是否有恋人？（请在方框 □ 中划"√"）

（1）是 □　　　　　　　　　　　（2）否 □

第二部分

指导语：在你看来，下面这些事情在你的长大成人中有多重要？请你根据自己的实际情况，在每题后面的数字 1、2、3、4、5 中选择一个数字划"√"。

1 = "非常不重要"，2 = "不重要"，3 = "一般重要"，4 = "重要"，5 = "非常重要"					
我认为，长大成人意味着……	1	2	3	4	5
1. 经济上独立					
2. 不再住在父母的家里					
3. 情感上不过度依赖父母					
4. 不受父母及其他人的影响，独自确立自己的信仰和价值观念					
5. 对自己的行为负责					
6. 与父母建立平等的关系					
7. 承诺长久的爱情关系					
8. 对他人做出终身许诺					
9. 能很好的控制自己的情绪					
10. 更少的以自我为中心，多为他人考虑					
11. 完成学业					
12. 已婚					
13. 至少有一个孩子					

1 = "非常不重要"，2 = "不重要"，3 = "一般重要"，4 = "重要"，5 = "非常重要"					
我认为，长大成人意味着……	1	2	3	4	5
14. 拥有长期的固定工作					
15. 买房					
16. 拥有全职工作					
17. 不酗酒					
18. 不违纪					
19. 只有一个性伴侣					
20. 安全驾驶，不超速驾驶					
21. 避免使用脏话					
22. 如果不想要孩子，性生活时会采取避孕措施					
23. 避免酒后驾车					
24. 避免轻微犯罪，例如故意毁坏他人财物和入室行窃					
25. 身高达到成人标准（不再长高）					
26. 作为一名成年女性，生理上具备生育孩子的能力					
27. 作为一名成年男性，生理上具备繁衍孩子的能力					
28. 有过性行为					
29. 达到 18 岁					
30. 男性达到 22 岁，女性达到 20 岁					
31. 获得执照，可以驾驶汽车					
32. 作为一名男性，经济上有能力支撑家庭					
33. 作为一名女性，具备照顾孩子的能力					
34. 作为一名成年女性，经济上有能力支撑家庭					
35. 作为一名成年男性，具备照顾孩子的能力					
36. 作为一个成年女性，要有能力操持家务					
37. 作为一个成年男性，要有能力操持家务					
38. 作为一个成年男性，要有能力保障家人的健康和安全					
39. 作为一个成年女性，要有能力保障家人的健康和安全					
40. 能够在经济上支持父母					
41. 不违反法律					
42. 独立做出决定					
43. 可以有选举权和被选举权					
44. 参加"成人礼"，或进行过"成人宣誓"					

24. 你认为使一个人成人的最重要的标志是什么？你可以在上面的表格中选择一条在这里注明（写序号即可），或者用自己的话概括一下：＿＿＿＿＿＿＿

25. 总的说来，你是否认为自己已经长大成人？（请在方框 □ 中划"√"）

（1）是 □ 　　　（2）否 □ 　　　　（3）在某些情况下是，某些情况下不是 □

第三部分

指导语：人生当中，从 18～25 岁这段时间是一个重要时期。你如何描述自己的这段时光呢？下表列出了对这段时期的一些描述，请根据你的个人理解，请你根据自己的实际情况，在每题后面的数字 1、2、3、4、5 中选择一个数字划"√"。

1 = "非常不同意"，2 = "不同意"，3 = "没有意见"，4 = "同意"，5 = "非常同意"					
你生命中的这段时期是……	1	2	3	4	5
1. 有很多可能性的时期					
2. 探索的时期					
3. 困惑的时期					
4. 实验期					
5. 感觉自己很自由的时期					
6. 感觉受限制的时期					
7. 能对自己负责任的时期					
8. 感觉到压力的时期					
9. 不稳定的时期					
10. 积极乐观的时期					
11. 高度紧张的时期					
12. 探寻"我是一个什么样的人""我能成为怎样的人"					
13. 安定下来的时期					
14. 对他人负责的时期					
15. 独立自主的时期					
16. 更多选择的时期					
17. 不可预知的时期					

1 = "非常不同意"，2 = "不同意"，3 = "没有意见"，4 = "同意"，5 = "非常同意"					
你生命中的这段时期是……	1	2	3	4	5
18. 对他人做出承诺的时期					
19. 自给自足的时期					
20. 充满很多担忧的时期					
21. 不断尝试新事物的时期					
22. 自我关注的时期					
23. 与父母分开的时期					
24. 自我定位的时期					
25. 规划未来的时期					
26. 探寻生活意义的时期					
27. 确定个人信仰和价值观的时期					
28. 学着为自己着想的时期					
29. 感觉在某些方面已经成人但是某些方面还没有的时期					
30. 逐渐成人的时期					
31. 不确定是否已经成为了一个完完全全的成年人的时期					

再次感谢您接受本次调查！

双胞胎长幼次序社会化机制研究

——基于对双胞胎与非双胞胎家庭社会化过程的比较

□ 阎　微

摘要：双胞胎在生理属性上本无长幼次序，但是，在社会属性上有长幼次序，因而研究双胞胎长幼次序的社会化机制具有重要的意义。本研究以双胞胎与非双胞胎家庭社会化过程的比较为切入点，研究双胞胎长幼次序是如何形成的，即社会化过程，这不仅开拓了社会化研究的新视角，同时也丰富了关于双胞胎的研究。本文通过"滚雪球方法"找到适合的访谈对象，采用半结构式访谈，辅以非正式访谈和参与型观察的方法收集资料。以非双胞胎作为对照组，论述分析了双胞胎与非双胞胎多子女的长幼次序社会化机制的异同。

本研究发现：双胞胎与非双胞胎固化的行为及态度模式具有高度的同质性，"长的一方"倾向于责任取向、家庭取向、利他取向、劳动取向，"幼的一方"倾向于权力取向、个人发展取向、利己取向、享受取向。不同点：就方式或者形式来看，非双胞胎侧重于通过重要他人的话语来建构长幼身份，双胞胎侧重通过实物介质将"长幼"概念操作化；就过程或者轨迹来看，非双胞胎认同并信任其长幼身份，双胞胎却并非如此。

实物介质是双胞胎父母标定并构建双胞胎子女长幼次序所特有的媒介。双胞胎长幼次序社会化的实物介质在双胞胎边界内可以析出特定的含义，虽然每个家庭的实物略有不同，但其实物介质承载的意义趋于一致。这些实物介质可以划分为"责任—劳动取向"与"权利—享受取向"两种取向符号系统。

生理属性无长幼次序，造成双胞胎对自我长幼次序认同的天生脆弱性。本文在探索双胞胎内化心理机制中，提取出前期断裂因素、中期趋同因素以及后期"系统默认优化权"这些本土概念。双胞胎这种非持续的心理过程，究其原因是双胞胎系统内"小生境"与系统外"差序格局"的压力差所致。

关键词：双胞胎；长幼次序；社会化

1 导论

1.1 问题的缘起

近 10 年来，我国各地双胞胎出生率大幅增加，❶ 双胞胎吸引了社会的广泛关注，❷ 查阅双胞胎相关研究资料，双胞胎在生理属性上本无长幼次序，但是，在社会属性上有长幼次序，因而研究双胞胎长幼次序的社会化机制具有重大的意义。❸ 综观目前国内外社会化研究，主要涉及以下几种类型：按内容划分，有政治社会化研究（是社会化研究的热点）、道德社会化研究、性别社会化研究；按方向划分，集中在反向社会化研究；按社会化阶段划分，有再社会化研究；按照施化者的性质划分，有虚假（拟）社会化研究。但无论采取哪一种标准分类，不难发现，关于长幼次序社会化的研究尚未涉及。在导师的指导与帮助之下，确定以双胞胎与非双胞胎家庭社会化过程的比较为切入点，研究双胞胎长幼次序是如何形成的，即社会化过程，这不仅开拓了社会化研究的新视角，同时也丰富了关于双胞胎的

---

❶ 据江西省妇幼保健院、昌大一附院、昌大二附院、南昌市第一医院和南昌市第三医院这 5 家医院产科的不完全统计，2005 年，这 5 家医院接生的双胞胎仅有 60 余对，2010 年飙升到 200 多对，仅这些大医院，双胞胎数量 5 年增长了 3 倍多；江苏省妇幼保健院出生的双胞胎数量从 2005 年的 31 例增长到 2009 年的 86 例；山东省济南市妇幼保健院近 10 年多胞胎出生率统计显示，出生率最高的年（2008 年），住院分娩多胎率达到 2.04%，为自然出生率（双胞胎自然出生率约为 1/88）的两倍。新华社：《各地双胞胎出生率增大多为吃药造成》，2013 年 2 月 17 日，http://baobao.sohu.com/20130217/n366147653.shtml，2013 年 4 月 9 日。

❷ 媒体上经常有关于双胞胎大聚会的报道，我国每年"五一"期间有云南墨江国际双胞胎节，每年"十一"期间有北京朝阳红领巾双胞胎文化节，双胞胎吸引了民众与媒体的广泛关注。2013 年 4 月 9 日，在维基百科中输入"双胞胎"，检索到约 7060000 条结果；输入"多子女""二胎"，检索到共约 2630000 条结果。在 Google 搜索中，输入"双胞胎"，检索到 35100000 条结果；输入"非双胞胎"，检索到 8040000 条结果。百度搜索"双胞胎"约 84000000 个结果，百度搜索"非双胞胎"约 140000 个结果。

❸ 在对妇产科接生的双胞胎护士（S13、S14）的访谈中，证实了双胞胎父母界定双胞胎的长幼是依据先后出生的顺序，但现实中，剖宫产与自然顺产不同，可能导致出生顺序的颠倒。所以，对于同时受孕的同卵双胞胎，理论上其年龄一样大，为了方便区分，才人为地划分长幼；对于异卵双胞胎，由于难以确认异卵受孕时间，现实中也视为年龄一样大，需人为划分长幼。在与父母的交流中，父母坦言也有分不清孩子长幼的时候，给一个孩子喂了两次奶，一个撑得哭，另一个饿得哭；一个洗了两次澡，一个没洗；等等。可见，双胞胎的长幼身份并非是"先赋的"，而是在种种不确定因素、事件影响下，确定的一个"后致的"长幼身份。

研究。

在多子女家庭中，兄弟姐妹之间的言语、非言语符号、受父母宠爱程度、家庭中的权利与义务分配等是导致兄弟姐妹之间冲突的主要来源，而且年龄差越小的兄弟姐妹，彼此从父母那里获得权利的竞争性更明显，冲突也更为严重。双胞胎较之非双胞胎，在生理属性上无长幼次序，加之同卵双胞胎在外貌上又具有高度的相似性，因而在物品、衣服等占有方面发生冲突的可能性更大。从个人层面来说，次序意识的养成，对于个人的规则、规范意识，是最基本的。尤其是对于双胞胎个体来说，更有特别意义。

长期以来，笔者对双胞胎群体很感兴趣，与同学（非双胞胎多子女）及师兄（双胞胎）的聊天中，发现双胞胎与非双胞胎在语言称谓、长幼观念上存在诸多不同。与此同时，开始初步试访，不断缩小可以涉及的研究对象的范围，发现双胞胎几乎互相不叫"哥哥""姐姐""弟弟""妹妹"，却也实现了社会属性的长幼社会化。双胞胎"长的一方"脖子上挂钥匙而"幼的一方"没有，"零花钱"多是"长的一方"拿着，这样的情况并非偶然，在与其他双胞胎的交谈中，结果也类似。作为双胞胎之一的笔者，在春游踏青之时，得到了导师沈杰教授的启发：解答双胞胎如何实现长幼次序社会化的问题，可以到日常生活的具体情境中去寻找答案。

2012 年 1 月至 3 月初，笔者通过"滚雪球方法"找到 20 余名双胞胎进行了访谈，并利用春节走亲访友的机会，对其中两户的家庭生活进行了观察。发现双胞胎在长幼次序观念与行为层面有着自我独特的界定，日常生活中部分的实物介质不仅具有物象意义，更是承载着某种取向的特定意义；双胞胎对父母标定的长幼次序并非确信认同，与非双胞胎长幼次序认同轨迹不同，双胞胎充满着不稳定性与矛盾性。

1.2 研究对象及重要性

借鉴国外遗传学、生物学界研究的分类标准，并结合国外研究者对同卵双胞胎、异卵双胞胎、非双胞胎兄弟姐妹之间在理解力（understanding）上的比较调查结果基础上，本研究采用如下的分类标准来选取双胞胎访谈对象。[1]

根据研究问题，选取的双胞胎与非双胞胎尽量选择同一时代背景，减少时代因素带来的差异，同时，考虑对本研究可能具有重要意义的因素，如性别、年龄差[2]。

父母组2人[3]。子女组共30余人，其中双胞胎23人。根据信息来源，笔者将被访者信息分为两类：私域谈话和公域谈话。私域谈话的信息来源于一对一的深度访谈或者一对一的QQ聊天；公域谈话主要是通过QQ群、论坛来获取消息，因而被访者的职业、地域、年龄在某种程度上具有隐蔽性，笔者通过浏览论坛中回帖者的个人主页，并结合回帖详细的内容，谨慎地筛选目标对象。详见表1-1、表1-2。

1.3 研究内容与方法

1.3.1 研究内容

最初对本论文提出的研究问题是："双胞胎是如何定义和理解'姐/妹/兄/弟'的？形成长幼社会角色的机制如何？"在这个问题下又设计了6组子问题以进一步说明该研究问题所包含的内容。

表1-1 双胞胎样本选取维度

		分类	数量
the twins 双胞胎	identical twins/ monozygotic twins 同卵双胞胎	twin brothers 孪生兄弟	5
		twin sisters 孪生姐妹	5
	fraternal twins/ dizygotictwins 异卵双胞胎	twin brother and sister 孪生兄妹	5
		elder sister and younger brother 孪生姐弟	5
		twin brothers 孪生兄弟	5
		twin sisters 孪生姐妹	5

---

[1] 科学或医学意义的双胞胎分为同卵双胞胎（简称MZ）与异卵双胞胎（简称DZ），在同卵双胞胎研究中MZAs代表分开抚养的同卵双胞胎，MZTs代表一起抚养的同卵双胞胎。本文的双胞胎是指一起抚养的同卵双胞胎与异卵双胞胎。

[2] 考虑年龄差是针对对比组非双胞胎被访者而言，年龄差越大，兄弟姐妹之间发生冲突的可能越小，反之亦然。选取年龄差较小的非双胞胎，与核心组双胞胎对照，解释力更强。

[3] 父母组被访者：一位为街道办公室人员（女），育有一对双胞胎女儿（即被访者S13和S14）。一位为某国企员工（男），育有一对双胞胎女儿（即S02和S04）。

表 1 - 2　访谈对象情况汇总

序号	年龄（周岁）	职业	性别	兄弟姐妹情况	所在地	备注
S01	20	学生	女	有一双胞胎姐姐	内蒙古	非面访（双胞胎论坛）
S02	25	学生	女	有一双胞胎妹妹	河北	面访
S03	26	教师	男	有一双胞胎弟弟	湖南	已认识，被访时为应届毕业，现已工作（先面访，后QQ）
S04	25	学生	女	有一双胞胎姐姐	河北	面访
S05	保密	学生	男	有一双胞胎哥哥	天津	非面访，双胞胎哥哥（体弱），母亲一人抚养长大
S06	22	保密	女	有一双胞胎姐姐	西藏	非面访（双胞胎论坛）
S07	22	保密	男	有一双胞胎哥哥	保密	非面访（双胞胎论坛）
S08	保密	保密	保密	双胞胎	辽宁	非面访（双胞胎论坛）
S09	20	保密	女	有一双胞胎姐姐	河南	QQ群
S10	25	保密	女	有一双胞胎姐姐	未知	QQ群
S11	21	学生	女	有一双胞胎妹妹	新疆	已认识，QQ联系
S12	保密	保密	男	双胞胎	福建	QQ群
S13	27	护士	女	有一双胞胎姐姐	河南	已认识，QQ联系
S14	27	护士	女	有一双胞胎妹妹	河南	已认识，QQ联系
S15	20	学生	男	有一双胞胎哥哥	未知	QQ群
S16	保密	保密	女	有一双胞胎姐姐	江苏	QQ群
S17	21	学生	女	有一双胞胎妹妹	浙江	QQ群
S18	保密	学生	男	有一双胞胎哥哥	未知	非面访（双胞胎论坛）
S19	保密	学生	男	有一双胞胎哥哥	山东	非面访（双胞胎论坛）
S20	21	学生	女	有一双胞胎妹妹	新疆	已认识，QQ联系
S21	保密	学生	女	有一双胞胎姐姐	未知	非面访（双胞胎论坛）
S22	保密	学生	女	有一双胞胎妹妹	河北	小时候寄养别人家几年
S23	25	学生	女	有一双胞胎姐姐	河北	面访
F01	24	学生	男	有一大3岁姐姐	黑龙江	面访
F02	24	学生	女	有一姐姐	陕西	面访
F03	26	金融业	男	有一妹妹	陕西	面访
F04	25	学生	男	有一妹妹	福建	面访
F05	25	学生	女	有一哥哥	黑龙江	非面访
F06	24	学生	男	有一小1岁弟弟	浙江	面访，小学前分开抚养
F07	25	学生	男	有一弟弟	天津	面访
F08	27	民营	女	有一妹妹	陕西	非面访

前 3 组是涉及子女的，笔者称之为"子女组"子问题。❶

①你是如何定义"姐/妹/兄/弟"这一概念？"姐/妹/兄/弟"对你意味着什么？你所理解的与"姐/妹/兄/弟"称谓相符的行为表现有哪些？

②日常生活中长辈（特别是父母）对你的影响有多大？哪些话语或者行为对你形成这种长幼观念作用最大？具体表现在哪些方面？

③这种行为或者话语方式对你们的（长幼）身份认同有何影响？何时产生对原有角色的动摇或者质疑？当时的心理有何感受？

后 3 组问题主要是从父母的角度出发，了解他们如何建构子女的长幼次序角色，笔者称之为"父母组"子问题。

④您是如何理解"姐/妹/兄/弟"的？您的这种观念如何形成的？您所预期或者要求您的子女与其称谓（指：姐/妹/兄/弟）相符的行为表现有哪些？

⑤您在家庭教育中怎样建构子女的长幼角色？通过哪些言语或者行为方式？具体表现在哪些方面？

⑥您认为这种方式会对子女产生哪些影响？当您预期的与子女实际角色的产生很大差异时，您会怎么做？

上述问题是在研究开始时的初步构想，随着访谈深入与研究的推进，笔者适时地调整并修改可研究的问题。最后，在初步收集材料和分析的基础上，基本确定研究的中心问题："双胞胎长幼次序社会化机制，即双胞胎相互认同哪一个是长、哪一个是幼，尤其是在家庭社会化过程中，这种长幼认同是如何形成的？"

与此同时，逐步聚焦本课题的研究内容，目前拟研究的内容有三点。第一点，双胞胎与非双胞胎多子女的长幼次序社会化机制的异同。第二点，在异同比较中，不同点是：非双胞胎侧重于通过重要他人的话语来建构长幼，双胞胎侧重实物介质（是其独特性）来将抽象的"长幼"意义概念操作化。其中，实物介质是什么？承载的意义是什么？进而引出本课题第二个拟重点研究的内容，即双胞胎"责任劳动取向"与"权利享受取向"的实物介质符号。第三点，每个双胞胎

---

❶ 需要注意的是，子女组问题，是针对双胞胎与非双胞胎的；父母组问题，是在发现双胞胎与非双胞胎长幼机制差异后，对于未能解释的部分，对双胞胎父母的补充提问。

家庭的实物介质有所不同，但是实物介质符号所承载的意义是趋于一致的。在双胞胎与非双胞胎对照比较中，又发现双胞胎与非双胞胎角色认同轨迹不同，由此引发出了本课题第三个拟重点研究的内容——双胞胎内化心理机制。

可见，本研究是依据对30余名访谈者所做的第一手访谈资料，通过日常生活的具体情境，以及在自然情境下变化着的细节，尽可能详尽地、真实地还原双胞胎长幼次序社会化的机制，重点寻找两个取向上的实物介质符号体系，进一步分析符号意义；同时，探寻双胞胎在社会属性上长幼次序内化的心理机制。

1.3.2　研究方法

本研究采取质的研究方法。采用这种方法是因为它可以满足本文所研究的问题，尽可能真实地还原日常生活的具体情境，以及在自然情境下变化着的细节，寻找两个取向上的实物介质符号体系，而不是勾勒轮廓或者停滞在某一特定时间点上。正如社会心理学家米德（G. H. Mead）所言，"从个体互动着的日常环境去研究人类群体生活……对于诸种社会现象的解释只能从这种互动中找寻"[1]，因而质的研究更适合做机制过程研究分析。

其一，资料收集的主要方法是半结构式访谈，并辅以非正式访谈和参与式观察。在研究后期，采用深度访谈法，因为双胞胎在生理属性上无长幼次序，但是，在生活中却形成了长幼次序，这种长幼次序是如何形成的必须在访谈者与被访者在比较自由、充分、深入地交谈下才能够挖掘出来。从2011年12月，根据初步试访，调整访谈提纲。2012年1月至3月初，笔者通过"滚雪球方法"找到20余名双胞胎进行了访谈，并利用春节走亲访友的机会，对其中两户的家庭生活进行了观察。从2012年6月到8月底，对重点关注的双胞胎进行了深入的访谈，还通过验证进入某双胞胎QQ群，通过QQ与远程的双胞胎取得联系，捕捉群内日常聊天内容，同时定期抛出一些拟了解的问题。此外，通过双胞胎论坛，了解双胞胎的日常生活情况。自开题以来，被访者与笔者也经常在QQ上、路上偶遇时随意的聊天。通过以上方式，收集到了较为丰富的原始资料。

其二，分析的技术方法主要包括两种。一为叙/论述分析（discourse analy-

---

[1]　卢勤. 个人成长与社会化 [M]. 成都：四川大学出版社，2010：24.

sis），透过对资料相同与相异的比较、对照过程，找出了双胞胎与非双胞胎多子女的长幼次序社会化机制的异同。选用叙述分析技术方法的理由是：为了避免研究受限，笔者根据文本资料，在提出的中心问题后辅以多个辅助问题，在缩小研究范围的同时留出较广阔的空间，因而，出现多个可以预测的具体问题，每个问题各具特色，不是某一种单一的资料分析方式可以完成的。叙述分析涉及的并非单一的资料分析方式，其基本理念是，语言是一种对人类生活世界的反应或描述最中性的工具❶，根据文本资料及研究具体问题而定。二为扎根理论（grounded theory）法，通过归纳、演绎、提设等方法的交互运用，建立双胞胎内化心理机制图式。

质的研究也很重视研究的视角，根据本文的研究问题及初步试访结果，有必要从以下两个视角来了解与分析双胞胎长幼次序社会化的形成机制：视角1——双胞胎与非双胞胎多子女的比较。在双胞胎与非双胞胎的对比中，访谈资料中出现了一些看似矛盾、难以解释的问题，这可能与父母有关，于是促成第二个研究视角。视角2——父母的视角。与双胞胎父母的对话，未能实现子女组与父母组的完全匹配，相比较于双胞胎访谈对象，只有两对双胞胎的父母愿意并有时间配合访谈，在一定程度上为双胞胎长幼次序社会化提供新的解释。

1.4 研究综述
1.4.1 双胞胎相关研究

从 20 世纪 20 年代开始，有关双胞胎的研究开始成为人类学家、社会学家关注的新焦点，60 年代末 70 年代初，人类学、社会学在关于双胞胎的研究中取得较大的成果，主要集中在双胞胎的宗教意义、仪式过程的分析。❷ 鉴于本文意在研究双胞胎长幼次序社会化，因而在此主要借鉴与这方面相关的研究。

特纳在对恩丹布人的双胞胎研究中指出，"双胞胎在亲属关系中具有重要的结构意义，并且为整合社会关系和社会地位提供框架，双胞胎的出生导致亲属结

---

❶ 潘淑满. 质性研究：理论与应用 [M]. 台北：心理出版社股份公司，2003：336.
❷ 王瑞静. 双胞胎在阿卡社会——以云南普洱市孟连县新寨为例 [D]. 中国政法大学，2010.

构中的分类尴尬，社会位置只有一个，而人却有两个"，● 因此，采取射杀双胞胎中的一人的方式来保障另一人位置。

双胞胎不仅关系社会秩序，还涉及宇宙秩序。埃文斯·普里查德曾记叙道，努尔人认为双胞胎是一个人，而且他们属于鸟类，在日常生活中，他们会被当作独立的个体来看，但在某些仪式情况下，他们会以象征的形式表现为统一体，将双胞胎的单一人格与神圣秩序相联系，把他们的相异体格与世俗秩序相联系。●

王瑞静以我国云南普洱市新寨为例，在《双胞胎在阿卡社会》一文中指出，双胞胎在阿卡社会是被排斥的，双胞胎的出生给族群带来不洁，被驱逐出寨。● 可见，确定双胞胎处于何种社会关系和社会框架中显得尤为重要，即使是在我国，56 个民族对双胞胎的态度并非一致认可，本文研究的双胞胎是同一时代背景下（1985～1990 年出生的双胞胎），非少数民族的、非排斥性的、认可双胞胎的社会。

登录 EBSCO 数据库，分别输入 twin（双胞胎）、siblings（兄弟姐妹）、socialization（社会化）检索外文资料，发现近 20 年国外双胞胎研究多集中在医学、遗传学及心理领域，且多在病理障碍等实验室研究，更偏向心理学取向的微观分析。其中，*False belief and emotion understanding in monozygotic twins，dizygotic twins and non-twin children* 论文启发在双胞胎长幼次序社会化机制研究中，引入"核心组"与"对照组"的对比研究，"核心组"指双胞胎，"对照组"指非双胞胎多子女，为确保对比研究的说服力，将非双胞胎多子女限定为两个孩子的非双胞胎。其次，根据医学、遗传学和生物学分类，把双胞胎划分为同卵双胞胎和异卵双胞胎。

1.4.2 长幼次序相关研究

1.4.2.1 啄食顺序理论（pecking order theory）

pecking order，从词源上分析，有"优序、支配"的意思，多用于经济学理

● ［英］维克多·特纳. 仪式过程——结构与反结构［M］. 黄剑波，柳博赟，译. 北京：中国人民大学出版社，2006：44.

● ［英］维克多·特纳. 仪式过程——结构与反结构［M］. 黄剑波，柳博赟，译. 北京：中国人民大学出版社，2006：47.

● 王瑞静. 双胞胎在阿卡社会——以云南普洱市孟连县新寨为例［D］. 北京：中国政法大学，2010.

论中。美国经济学家梅耶（Mayer）最早提出啄食顺序理论，即融资时对不同性质的资本排序方式不同，决策者应当遵循相应的行为模式。广义上的"啄食顺序"指任何团体中的长幼强弱次序，可以借用到社会学，尤其是社会化理论研究之中。需要注意的是"双胞胎胎内吞噬现象"为本文借用 pecking order 的广义意义到双胞胎长幼次序研究中提供了支持与依据。

此外，梅耶的啄食顺序理论在美国与中国得到不同结果，中美企业的融资啄食顺序是相反的，因而结合我国国情，创造了适合我国企业融资顺序的新理论——"倒啄食顺序理论"。笔者反思，长幼次序（"孝悌"）是中国传统文化所特有的，在西方社会化研究中，尚未检索到长幼次序社会化研究的相关文献，因而在本论文研究中更要持一种审慎的态度，尽量抛除预设前提，特别是避免照搬西方理论。

1.4.2.2　出生顺序研究/家庭排行（family constellation）

人的社会化贯穿一生，社会化早期除了受父母影响外，还受家庭结构（如有无兄弟姐妹以及自己在兄弟姐妹中的排行等）的影响。阿德勒（Alfred Adler）指出，家庭结构影响孩子的成就动机、职业选择、人际技能。第一个出生的孩子易于充当父母的角色，倾向于高责任但相对服从分配的职业，第二个出生的孩子倾向于社交、高竞争性的职业。法兰克·萨洛在《天生反骨》中提出，第一个出生的孩子更易于接受社会情境下的责任，第二个出生的孩子或最小的孩子倾向于成功。

关于家庭中子女的出生顺序与其社会化发展的关系研究则众说纷纭。有学者认为，出生顺序本身对子女个体发展的影响不具有差异性，而出生顺序所导致的父母差别对待，以及子女在家庭中所处的不同位置，对子女个体的差异性发展具有一定的解释力。

阿德勒出生顺序及法兰克·萨洛的理论和相关研究的局限性是：其研究对象是有自然生理年龄差（至少 10 个月）的孩子，对于双胞胎的解释力大大减弱。正如双胞胎在生理属性上不存在长幼次序，但是在社会属性上有长幼次序，其社会长幼次序主要是由父母建构的；同时，阿德勒和萨洛理论中"第一个孩子倾向于责任"对笔者在试访后建构双胞胎与非双胞胎的长幼取向模型具有一定的借鉴意义。

1.4.3 家庭社会化

1.4.3.1 原生家庭与社会化

人类学家 L. 沃纳特别关注亲属关系和家庭关系，并由此产生对儿童社会化问题的研究兴趣。他认为，社会化过程始于家庭，在有些社会中，人们一辈子都在家庭中接受社会化，而在另一些社会中，人们一生中有相当长的时间接受家庭中的社会化。因此，可以通过家庭把心理学和社会心理学的某些理论与结构人类学的理论相联系。

C. 库利在 *Social organization：a study of the larger mind* 一书中提出"首属群体"的概念❶，即那些具有亲密的面对面的联系和合作特征的群体（those characterized by intimate face-to-face association and cooperation）。他认为，首属群体是充满和谐与爱的联合，也始终是一个具有差异并通常有竞争的联合。家庭、游戏场所、街坊邻居都属于首属群体，最主要的领域是家庭。威斯特马克（Westermarck）和霍华德（Howard）的研究表明，家庭不仅是一种普遍的制度，更是人们真正生活的世界。

可见，人出生到世界上，开始时对社会一无所知，是一个自然人。从自然人成长为一个被某一社会群体所需要的社会人，就得学习社会或群体的规范，知道社会或群体对他的期待。在首属群体中，家庭、邻里、游戏伙伴都有重要的作用，而家庭在儿童早期社会化进程中影响更大。家庭社会化从家长、子女两个维度，又可分为家庭教化与自我内化。

（1）家庭教化。家庭教化是儿童社会化的重要因素，缪小春在其英文译著《儿童发展与个性》中，首次采用了"父母教养"（parenting pattern）的说法。从字面分析，"教养"既有抚养之意，又兼具教育职能，恰当反映了家长在儿童社会化进程中应该充当的角色。

20 世纪 70 年代，关于父母教养方式的研究出现了新的进展，社会化进程双向模式的兴起和人类发展生态学模型的提出，使学者们走出教养方式对儿童社会

---

❶ COOLEY C H. Social organization：A study of the larger mind ［M］. New York：Charles Scribner's Sons, 1909：23 – 24.

性发展的单向研究的圈子，尝试将父母特征和儿童特征都纳入教养方式体系，并将教养方式放入更大的背景中加以考察。

综观 20 世纪 70 年代国外研究和 80 年代以来国内学者研究，不难发现：第一，以往研究多集中在共享性影响上，诸如离婚、过度拥挤、父母嗜酒、社会等级等共享环境，忽视非共享环境，如父母的差别待遇（掌上明珠还是眼中钉）。因而，对社会化的研究亟须转变，不应把家庭看作是统一的作用力，而要深入家庭内部，审视孩子在同一个家庭中的不同体验。第二，以往研究多采用类型学模式，探讨教养方式与对儿童社会化发展的影响。西蒙兹（Symonds P. M.）将维度划分为接受—拒绝、支配—服从；鲍德温（Baldwin A. L.）从情感温暖—敌意、依恋—干涉两个维度来研究；鲍姆林德（Baumrind D.）将父母的教养方式分为 3 种：权威型、宽容型和专制型；马克比（Maccoby）和马丁（Martin）在鲍姆林德的研究基础上，将父母教养方式划分为四种基本类型：权威型、专制型、溺爱型、忽视型。但是，以往倾向采用类型学的研究模式，缺少过程事件分析模式。本文倾向于采用过程事件分析模式来说明家庭教养，特别是父母构建双胞胎长幼次序的过程。

（2）自我内化。自我，包含两个方面，"主体我"与"客体我"。"主体我"，是未经社会化的、有创造性的、容易冲动的方面；"客体我"是经过社会化的、遵从常规的方面。米德认为，这两个方面不一定是相互冲突的。内化，是一个发展过程，指个体习得他人的标准和价值观念，并将其转化为自身标准和价值观的过程。在这个过程中，个体的行为调控逐步由外源性发展为内源性。古德纳奥认为内化是外控到内控的一个转变过程。维果茨基曾在解释孩子的学习能力习得时使用了"内化"概念，他也承认"我们只不过知道这个过程的一点皮毛而已"。因此，考察内化心理机制成为了本研究的一个焦点。

同时，本研究有必要明确内化与早期顺从之间的关系。顺从指的是养护者在场时所引发的遵从，而内化则是没有任何形式的监督之下的自觉遵从。笔者在明确概念后，试提出本研究双胞胎内化心理机制是无意识感知—被动顺从—主动顺从—认同。

1.4.3.2 社会化的心理机制

总的来说，社会化的心理机制主要有以下 4 种❶：角色引导机制；社会比较机制；社会学习机制；亚群体认同机制。

（1）角色引导机制。角色是社会对群体或社会中具有某一特定身份的人的行为的期待。美国社会学家拉尔夫·林顿（Ralph Linton）认为，角色是围绕社会地位而产生的，是社会对处在一定地位上的人应具有的权利、义务的行为规范和行为模式的期望集合。角色就是要领会某一特定身份被期待的或是必须的行为，即把握好对某种身份的人应具有的"规范"。角色是社会期待的产物，身处社会的个体都很看重社会对自己的接纳与承认程度，也必然会受角色的影响和引导。如果个体行为偏离社会期待，就会被社会抛弃，由此产生焦虑与恐惧。这成为人们隶属和认同社会的心理动力，使得个体的行为表现自觉或不自觉地受角色所引导，并尽量保持与社会角色相一致的行为表现。从个人层面来说，次序意识的养成，对于个人的规则意识、规范意识，是最基本的，尤其是对于生理属性无长幼次序的双胞胎个体来说，社会属性长幼角色的形成更有特别意义。

（2）社会比较机制。社会比较是一种普遍存在的社会心理现象，由费斯廷格（Festinger）提出的社会比较理论被称为"经典的社会比较理论"。该理论认为，人类体内存在一种评价自己观点和能力的内驱力，这种把自己的观点和能力与他人进行比较的过程，即社会比较。通过社会比较机制的引领，个体在社会化历程中获得自我评价、自我完善和自我满足。在与他人进行比较的过程中，个体获得对自己的观点和能力的评价，促进个体更好地认识自我。个体会在不同情况下与不同的人进行比较，其背后动机各不相同。一方面，个体会通过与比自己优秀的人进行比较，鼓舞自己，提升自己；另一方面，当个体处于压力之时，会选择比自己差的人进行比较，通过这种方式来调整自己对压力的适应情况，维护自尊和主观幸福感，以达到自我满足的目的。在现实生活中，双胞胎在相貌、身高、学习成绩等方面，不可避免地被别人比较，这种比较对双胞胎认同长幼次序身份有何种影响，也是值得期待的。

---

❶ 卢勤. 个人成长与社会化 [M]. 成都：四川大学出版社，2010：14 – 16.

（3）社会学习机制。社会化是个体不断适应并吸收社会文化的过程，其本身就是学习的过程。美国斯坦福大学班杜拉（Albert Bandura）继承和发展了传统的行为主义理论，提出社会学习理论。该理论认为，人的行为既受遗传因素和生理因素的制约，又受后天经验环境的影响，人们的行为，特别是人的复杂行为主要是后天习得的。但是，明尼苏达大学双生子和收养研究中心托马斯·布查德教授的双生子研究表明，双生子行为更强调基因因素。"同卵双生子的个性特征有50%相关，异卵双生子有25%的相关，非双生子兄弟姐妹之间的个性特征只有11%的相关"❶，理查德和特勒根（Auke Tellegen）1969年开始合作双生子研究，试图通过异地抚养、一起抚养的同卵双生研究，来解释遗传和环境因素对外显差异的独立影响的解释。虽然其研究解释更倾向于遗传因素，但也不可否认环境的影响，其研究带来的启示是：考虑到分开抚养与一起抚养两类情况。

（4）亚群体认同机制。人们在亚群体中具有共同的生活方式、共同的价值观，并形成了一种团队认同，即亚群体认同。个体在社会化过程中首先需要得到自己直接生活在其中的亚群体的认同。个体在这个生活环境中学习怎样才能符合外部社会的要求和期待、奖励与惩罚。只有良好地适应了亚群体，个体才能以亚群体为出发点，适应大的社会环境。没有亚群体的引导，个体就难以在大的社会环境中顺利成长和发展。在个体社会化的过程中，个体化往往来源于不同的亚群体生活经验。双胞胎群体是类似于"亚群体"的一种，在双胞胎亚群体的长幼次序认同与双胞胎外部的传统长幼次序存在较大差异。

1.4.3.3 中介

维果茨基（L. S. Vygotsky）开创性地揭示了心理发展的两条基本规律。①人所特有的被中介的心理机能不是从内部自发产生的，它们只能产生于人们的协同活动和人与人的交往之中。②人所特有的新的心理过程结构最初必须在人的外部活动中形成，随后才可能转移至内部，成为人的内部心理过程的结构，也即内化的过程。成人在与儿童互动过程中，将这些心理学工具（如语言、符号、记号

---

❶ 陈心想. 从"龙生龙，凤生凤"说起——布查德和他的双生子研究 [J]. 社会学家茶座，2004(3).

等）传授给儿童，儿童再将它们内化并作为中介因素在其高级心理过程中发挥调节作用。● 他提出元认知中介（metacognitive mediation）概念，元认知中介是指自我调节的符号工具的获得，并且元认知中介源自人际互动交往过程，如成人通过语言符号工具来影响儿童行为，强调传递中符号功能的重要性。

但是，维果茨基并未具体分析元认知中介的形态有哪些，儿童认知是通过哪种具体形态的中介获得的，结合人际沟通理论及初步试访结果，本文试提出父母子女互动的三种媒介：①主体间言语；②主体间身势语（主要包括面部表情、身体运动和姿势、目光接触、说话的音调、响度、速度、人际距离等）；③实物介质，更接近于一种符号，不仅是一种工具，而且承载着意义（实物介质是本文的创新）。

2 双胞胎与非双胞胎多子女长幼次序社会化机制的异同

2.1 同质性：固化●的观念及行为模式具有高度的同质性

2.1.1 "长"——责任取向；"幼"——权利取向

双胞胎与非双胞胎个体经历或许不同，但访谈中呈现了某种取向上的同质性。在问及姐姐哥哥一词的理解时，双胞胎与给双胞胎回答的高频词语是"责任""照顾"，也有形象的表述为"太阳、温暖""老姐比我大 3 岁，姐姐让我想到温暖、太阳。"（F01 非双胞胎弟弟）"双胞胎很幸福，至少我是这样觉得，我和姐姐就只差 5 分钟，我很少叫姐姐，但是她从来不计较，别人欺负我她就保护我，说真的感觉就像妈妈一样。有她真的很幸福！"（S01 双胞胎妹妹）展现了"长的一方"在观念层面的含义；在行为层面，哥哥姐姐分担的较多。非双胞胎多子女中，已经工作或者在读大学的哥哥姐姐，都自觉地分担弟弟妹妹的学费，

● 张智. 维果茨基中介概念的发展及其对教育的影响 [J]. 云南师范大学学报（哲社版），2001 (1).
● 传统长幼固化了双胞胎的长幼角色扮演和日常行为的模式，双胞胎未经社会化、倾向平等的"主我"与社会化、遵从常规的"客我"产生矛盾，家庭情境及传统共识要求"主我"让位于"客我"，观念、行为在某种取向上与非双胞胎呈现趋同性。

"家里有什么事情，姐姐打电话给我，说不要我管，不让我和父母说，要钱什么的事情向她说。"（F02 非双胞胎妹妹）"到今年工作快 3 年了，作为一个男生，要有责任，爸妈老了也不容易，这么大抹不开面子向家里要钱，工作起每个月给我妹寄点钱，过年过节、开学啥的买个电脑都是我弄。"（F03 非双胞胎哥哥）"我就这么一个妹妹，不疼她疼谁，女孩子买衣服、打扮都要花钱，不想妹妹过得太辛苦。"（F04 非双胞胎哥哥）作为非双胞胎的弟弟妹妹，能体会哥哥姐姐的良苦用心，坦然接受哥哥姐姐的行为，"寝室同学老羡慕我了，那么远的地还寄穿的、生活费，那心里贼高兴。"（F05 非双胞胎妹妹）"比我细心、能体谅父母，更顾家。爸妈说生她那会条件不好，生我那会，我们家从县城搬到市里，生意也越来越好，好吃的全让我吃了，我虽然是小的，我比我姐高好多。"（F02 非双胞胎妹妹）在一起长大、未分开抚养的双胞胎中，"长的一方"被父母授权拿钥匙或者管控零花钱，并认为自己不应该或不自愿地为"幼的一方"负责。"我们家的钥匙都是我拿，他们没给过她钥匙，她不靠谱，他们可能也不放心。零花钱也是我拿着，她花钱大手大脚的，现在也是，我父母给我们银行卡的钱一样，她总说没钱，不好意思问父母要就向我要。之前她透支银行卡，银行天天打电话催，过期就要翻倍，她求着我，我觉得她挺可怜，就拿压岁钱给她还账了，她说会还我钱，但一直没还，她花钱总是大手大脚，好像钱应该给她花一样，凭什么啊，反正很气愤。"（S02 双胞胎姐姐）"他和别人在外面打架，'好家伙'跑回来躲屋里，我不知道，正好我出门，噼里啪啦被揍了一顿。"（S03 双胞胎哥哥）

2.1.2 "长"——家庭取向；"幼"——个人发展

问及以后在哪里发展，父母照顾问题时，双胞胎与非双胞胎均表示，共同赡养是理想状态，如果照顾父母与个人发展发生矛盾与冲突，"长的一方"表示会考虑父母因素，选择距离父母近的省市工作，方便照顾老人，呈现家庭取向，"幼的一方"则更关照个人发展，因为有"长的一方"照顾父母，相对的可以安心工作。"我姐姐结婚那会爸妈就说了，远的不让去，姐夫家还成，坐火车 15 个小时（就受访者相对而言算近的），现在我也有男朋友，他们不反对也不支持，他在北京工作，最近我妈还说能留京就在北京先闯荡闯荡，不像我姐那会那么反对。"（F02 非双胞胎妹妹）"我们以前有说过谁来养父母，最好是一起，如果没办法，那就我留在他们身边，他就好好闯荡，得有人稳定大后方吧。"（S02 双胞胎姐姐）"年年工作不好找，可能回家教书吧，我们专业（哲学）不好找工作，回到小地方还能在大学教书，在这面研究生一抓一大把……现在结婚结不起，丈母娘开口就是房，把家里的房卖了也买不起北京的一套小户型，再说把家里房卖了爸妈住哪里，回去工作守着父母近些，可以照顾他们。"（S03 双胞胎哥哥）虽然，回家找工作是多种因素共同作用的结果，但是我们必须承认照顾父母因素的存在。"不想回去原因很简单，一是这边气候好，养人；二是生活节奏不快也不慢，深圳本来就是移民城市，经济比较发达，我正好是学经济的，等以后赚钱了把父母接过来。"（S04 双胞胎妹妹）笔者追问"在把父母接过来之前谁照顾父母?"她回答道："自古忠孝两难全，为了以后，亲戚可以……姐姐先多付出点，我是为了创造更大的幸福，到时候一家人住在这面。"可见，"幼的一方"不是没有赡养父母的心，更倾向于开辟新的生活区域，在稳定的生活区域外，开拓自己的一片新天地。"我觉得我现在还没有经济能力，以后物质稳定了才能谈得上'尊老爱幼'，父母生大病，你没钱出手术费和住院费，你一万句我爱我的父母也没用啊。物质有了保证，精神上的嘘寒问暖才是锦上添花，否则我自己都觉得过意不去。"（S23 双胞胎妹妹）本文的"家庭取向"是指在职业与赡养父母不能协调统一时，采取的倾向照顾父母的这一取向。

2.1.3 "长"——利他取向；"幼"——利己取向

在笔者接触的非双胞胎中，"长的一方"呈现出利他取向，更多地为弟弟妹妹考虑。"以后结婚不会找独生子女，也不会找多子女中年龄小的，独生子女不理解我的行为，以前的女朋友因为这些吵过。"（F03 非双胞胎哥哥）笔者追问"不理解的行为""这些"指的是什么，受访者补充道："她不喜欢我照顾妹妹，觉得在一起很累，以后结婚照顾父母都已经够了，妹妹的生活还要管，她不理解我，也不能理解这种感情。"笔者了解到，受访者的现任女朋友并非独生，虽然是多子女中"小的一方"，可能在相互照应对方的兄弟姐妹上多了一些共同语言与共情理解。"我弟弟交女朋友以后，联系变得更少了，他说过一句让我挺伤心的话'将来都是各过各的'，我明白我们以后会有各自的家庭，但会更多地替他着想，在未来的规划中有弟弟这一份，但他没有，男生间不善表达，现在联系更少了。"（F06 非双胞胎哥哥）弟弟作为"幼的一方"，更关注自己，呈现出利己取向。在双胞胎中，也存在"长的一方"倾向利他取向，"幼的一方"倾向利己取向，"父母把买来的新衣服往桌上一放，我俩就开始抢，谁先抢到好的，因为小时候的衣服都是一模一样的，父母会在衣服领标那儿做记号，便于区分，也防止我们为抢衣服打架。摔个跟头膝盖位置破了一个大洞，大人边唠叨边补破洞。我妹她最贼了，如果破的、带油点的衣服是她的，她拿彩笔在白线上涂颜色，或者用油笔把领表那改了，再用水泡，就变得很模糊，把好的那件拿走穿。"（S02 双胞胎姐姐）在"给父母买过礼物吗？如果有一笔钱，会如何支配？"这一假设性问题中，已经工作的双胞胎与非双胞胎表示出会考虑在过年时给父母买礼物，在上学的非双胞胎有过和已经工作的哥哥姐姐合计挑选礼物的经历。"还没有给父母买过礼物，基本上都是衣服，也是和我姐一起买的。"（F02 非双胞胎妹妹）上学的双胞胎没有给父母的买礼物的经历，从中可以推测的原因是：双胞胎一样大，衣食住行等各方面的花销是双份的，父母经济负担较同一家庭水平而言比较大，但从回答中可以看到，"长的一方"的支出分配更多考量利他因素，"幼的一方"的支出分配更多考量利己因素，如学雅思托福出国留学，个人更好地发展。

2.1.4　"长"——劳动取向；"幼"——享受取向

在双胞胎与非双胞胎中，"长的一方"相对"幼的一方"，要承担多一些的家务，"在家干活多的是我姐，她有时候会使唤使唤我，比较少，有时候还是会主动帮她下。"（F01 非双胞胎弟弟）特别是在过年、过节等重大的中国传统节日中，"长的一方"要扮演"哥哥姐姐"的角色，起到表率作用。"我们一个大家族 20多口人，大人负责做菜、做饭，我们负责传菜、洗酒杯，年三十下午一大家子开始忙活包饺子，我们也不能闲着，负责传递饺子、拿篦帘，我是大的，要负责带领小的们动起来""饭后不做也得做，先打扫了饭厅的地，然后分给妹妹打扫客厅的地面，他们总说大的起个带头作用。"（S02 双胞胎姐姐，既是双胞胎中大的，又是父母上辈人所生育孩子中较"长的一方"。）"幼的一方"享受取向表现在多方面："我那屋比较小，我弟那屋朝阳，向阳面，房间比我的大，但我那屋是'东宫太子'，大的，作为哥哥，我住'东宫'。"（F07 非双胞胎哥哥）"如果发一笔钱，我会先存着，他肯定比我先花完，钱还没捂热就没了。而且他老问我要钱，得备点。"（S03 双胞胎哥哥）"我那屋比她的小，开门直对着厕所，床也比她的小，我是单人床，她是双人床，我永远睡在外边，她靠着墙，高中时候用电脑还要去她那屋，很不方便。"（S02 双胞胎姐姐）

小结：无论是双胞胎还是非双胞胎多子女，固化的观念或行为具有高度的同质性，笔者将"长"归纳为"责任—劳动取向"，"幼"归纳为"权利—享受取向"。但也有特殊情况存在，并非所有的双胞胎中"长的一方"是责任劳动取向的，"幼的一方"是权利享受取向的。详见第三章。

2.2 异质性：固化长幼次序过程具有较大异质性

双胞胎与非双胞胎多子女在如何固化长幼次序的过程具有较大异质性，体现在以下两方面。

2.2.1 方式或形式不同

2.2.1.1 非双胞胎——侧重重要他人的话语称谓

非双胞胎多子女平时日常称呼多使用哥哥姐姐弟弟妹妹指代对方，侧重重要他人的话语来建构长幼次序，在非双胞胎发生冲突时，重要他人强调"长的一方"要谦让、爱护"幼的一方"。"我有时候叫妹妹，有时候叫名字，一半一半，可能叫妹妹的时候更多，生气发火或者逗她的时候会喊她名字，得看情况。"（F08 非双胞姐姐）"我的姐姐比我大 5 岁，我小时候很听话，如果直呼姐姐的名字，父母如果听见了有时还训我……我妈经常说我姐，大的要让着小的。"（F01 非双胞胎弟弟）通过面对面访谈、QQ 聊天、贴吧内容，双胞胎日常称呼多是使用名字称呼对方。"当他面直呼其名，背后才称兄。""嚣张一点，直呼其名。"（S07 双胞胎弟弟）"叫名。"（S08）"叫名字比较顺吧。"（S09 双胞胎妹妹）"我和我姐是直接叫名字。"（S10 双胞胎妹妹）"叫名字，小名。"（S11 双胞胎姐姐）"各自直呼其名。"（S12）"叫名。"（S13 双胞胎妹妹）双胞胎不称呼对方"哥哥""姐姐""弟弟""妹妹"，可能与双胞胎生理无年龄差有关，进而不认可对方长幼。"我们之间，他不叫我哥哥，我不叫他弟弟，感觉叫哥哥弟弟挺别扭的，我爸妈在我们俩面前也没有强调说谁是哥哥谁是弟弟，他们也是直接叫我们的名字。"（S03 双胞胎哥哥）"叫哥我一点也不习惯……其实是周围的人都叫他名字，我也就跟着叫他名字了。"（S15 双胞胎弟弟）"都叫名字，不习惯叫姐，多别扭！"（S16 双胞胎妹妹）。少数表示会姐妹相称，"我和妹妹都是叫姐叫妹的，蛮好的嗯。"（S17 双胞胎姐姐）或者衍化为另一种称谓"大双、小双"。

"称谓"是"人们由于亲属和别方面的相互联系，以及身份、职业等而得来的名称"。[1] 亲属称谓，从某种层面说是人际关系的表征，称谓的变化体现了人际关系的变化。"兄弟姐妹"作为一种日常语言，体现着自我与他人的某种关系，具有象征意义。"哥哥""姐姐"带有尊他性意义，象征着"照顾""帮助"，"弟弟""妹妹"带有"亲切""被照顾"等含义。在双胞胎与非双胞胎的对比中，非双胞胎之间常用兄弟姐妹的称谓来称呼对方，有助于确认"长幼"身份，双胞胎大多不使用兄弟姐妹称谓称呼对方。

2.2.1.2 双胞胎——实物介质来意义概念操作化

由于一起抚养的双胞胎具有早期共同经验与记忆，加之同龄的独特性，不愿或不常叫兄弟姐妹，那什么是双胞胎群体中独有的、传递长幼讯号的介质呢？在文本资料反复阅读思考中，日常生活中看似琐碎的、不起眼的实物时时印入脑中，通过核心组与对照组对比，发现某些实物介质在特定群体内不再是实物本身所呈现的物象意义，其析出意义更值得进一步深思探究。如钥匙等。"我感觉挺奇怪的，从小学到高中，我们的家的钥匙都是我拿，他们（父母）没给过她钥匙，可能不放心吧。""我感觉自己挺小大人的，我管着她，零花钱也是我拿着，她想吃什么都得问我要，现在也是，她花钱得向我报告。"（S02 双胞胎姐姐）双胞胎的长幼次序社会化侧重通过实物介质来意义概念操作化，且双胞胎长幼次序社会化的实物介质有两个取向，即"责任劳动取向"和"权利享受取向"。"责任劳动取向"的实物介质有"钥匙"等，"权利享受取向"的实物介质有"水果"等。详见第二章。

2.2.2 过程或轨迹不同

对比核心组与对照组，非双胞胎多子女认同被赋予的自我，信任其长幼身

---

[1] 中国社会科学院语言研究所词典编辑室. 现代汉语词典［M］. 3 版. 北京：商务印书馆，2002：157.

份，从本质上来说，其长幼次序是先赋的，至少有 10 个月的生理年龄差，从出生起已经确认了长幼身份。"还是妹妹好当，如果可能下辈子吧。"（F02 非双胞胎妹妹）"从没想过我是大的，有个姐姐好，总让着我，我妈经常说我姐，大的要让着小的。有个姐多好。"（F01 非双胞胎弟弟）双胞胎由于生理无年龄差，在"认真"与"玩世不恭"之间游走❶，兄弟姐妹等长幼称谓较少使用，在某种程度上长幼意识较弱。"小时候看电视不是有抱错孩子的嘛，我有想过我们俩反了，护士弄错了，我也有可能是小的……我们经常吵架，但第二天又好了，她说我活该，在肚子里那会她一脚把我先踹出来，就是先探探风，给她探路的。"（S02 双胞胎姐姐）"我不喜欢别人说，我是姐姐就该让着她，在医学上说，先出生的才是妹妹！"（S17 双胞胎姐姐）"我就被我妹欺负，她还不觉得在欺负我，我去！我就比她大 1 分钟，真是的，谁规定当姐姐就得照顾妹妹的，她要比我小个几年也就算了。"（S22 双胞胎姐姐）❷

双胞胎通过参照特定人（父母等）身上学习的既定规则，扮演"被概化的他人"。"我们兄弟俩一般大，没有必要我叫他弟弟，他叫我哥哥，我们都是直接叫名字，爸妈也是直接叫我们的名字。"（S03 双胞胎哥哥）"吃饭时候父母总是先喊我的名字，让我摆筷子，拿碗盛饭；但是每次有好吃的就不一定先喊我了。"（S02 双胞胎姐姐）在日常行为中，双胞胎从既定的人（父母等）身上学习既定的规则，这些规则被一般化并延伸至所有处于相似情况的人，特别是在出现不公平的情景时，"长的一方"易对自己的身份产生质疑。在此次访谈中，父母均有兄弟姐妹（非双胞胎），父母所承载的长幼规则对双胞胎赋予了一定的规则，哪些是长子/女合适的行为或不合适的行为，对双胞胎的行为形成一种有效参照。"比如说有两个苹果，大的苹果我不是不想要，我也想吃啊，可是想想，最后还是给她了。"（S02 双胞胎姐姐）

---

❶ 认真：信任并自我认同角色身份；玩世不恭：为自己利益或者创造迎合他人舒适习以为常的角色或氛围。

❷ 关于双胞胎生理年龄谁大谁小的问题，被访者中存在 3 种观点：①一样大，因为胎儿成熟后不再吸取母体养分，不存在生理年龄差；②先从母体分离出来的是"大的"，后出来的是"小的"；③后从母体分离出来的是"大的"，在母体内存留时间长，通过脐带获取养分多，先出来的反而是"小的"。笔者未能从科学的角度求证，但可以确定，双胞胎生理长幼具有模糊性，但社会属性上的具有明确性。

综上所述，可以得出图 2-1。

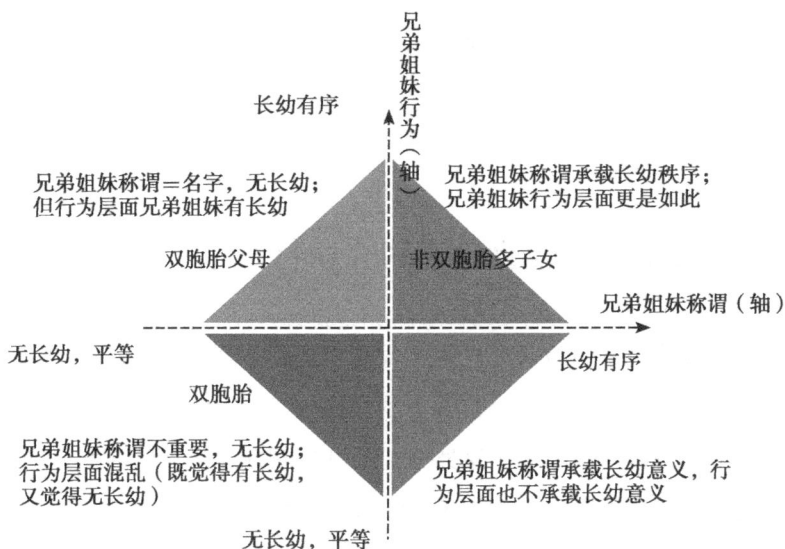

图 2-1　四象限分析图

第Ⅰ象限：非双胞胎多子女，存在至少 10 个月以上的生理年龄差（先赋的长幼身份），双方对自己"长"或"幼"的身份没有怀疑过，"哥哥""姐姐"的称呼含有尊他性，并且在行为层面，"长的一方"确信应该照顾弟弟妹妹。

第Ⅱ象限：在父母组访谈中，需要注意的是，此次研究访谈到的双胞胎父母，没有一方是双胞胎，受上一代生育政策影响，父母均有兄弟姐妹。在双胞胎父母看来，双胞胎两人一样大，没有生理年龄差，他们认为，双胞胎喊"姐姐""妹妹"或者"哥哥""弟弟"的称呼没有承载长幼意义，这种称呼等同于名字，并且强调不会教孩子互叫对方"哥哥弟弟""姐姐妹妹"，"双胞胎称呼上的姐妹不带有'照顾'的含义，就像名字一样。"（父母组受访者）父母受本人是多子女的影响，他们认为双胞胎在行为层面有长幼，"长的一方"要照顾"幼的一方"。

第Ⅲ象限：双胞胎没有生理年龄差，认为两人一样大，没有必要喊对方，而且很难说服自己叫对方"哥哥""姐姐""弟弟""妹妹"。兄弟姐妹称谓失去原有的意义，近似于名字或者代号。访谈中发现：双胞胎不叫对方尊他性的称谓与非双胞胎不同，前者是因为双方一样大，很难说服自己喊对方；后者不叫对方尊他性称谓或是因为从小分开抚养，人际距离疏远，没有形成相互依恋。此外，在父母"一碗水没有端平"时，受委屈一方会质疑父母后天赋予其"长幼"身份。

第Ⅳ象限：未知。

3　双胞胎长幼次序社会化实物介质符号

根据试访谈结果及经验研究，本文发现双胞胎长幼次序社会化的 3 种媒介：①主体间言语；②主体间身势语；③实物介质（双胞胎特有的）。非双胞胎侧重于通过重要他人的话语来建构长幼身份，双胞胎侧重经由实物介质来实现父母标定的长幼次序。其中，实物介质是什么？承载的意义是什么？本研究归纳出双胞胎长幼次序社会化两种取向的实物介质："责任—劳动取向"和"权利—享受取向"的实物介质。

列维·施特劳斯指出，文化领域中如亲属、食物、烹饪等都可以看作是一种巨大的语言符号系统。霍克斯也指出："人类也借助非语词的手段进行交流，所使用的方式因而可以说或是非言语的，或是能够'扩展'我们关于语言的概念，直到这一概念包括非言语的领域为止。"❶ 双胞胎系统内用不同的实物传递着某种特别的信息，有着鲜活生动的事物和系统内固有的原则，而非机械的、任意的。分析双胞胎系统内的实物介质，首先要厘清边界。实物表象体只有在双胞胎内才能析出其特定的含义，脱离双胞胎系统内，含义将发生改变或者失去意义。

3.1　责任—劳动取向的实物符号体系

3.1.1　钥匙

本研究用"钥匙"来分析说明双胞胎系统内实物中介符号的结构和内在逻

---

❶　[英] 特伦斯·霍克斯. 结构主义和符号学 [M]. 瞿铁鹏，译. 上海：上海译文出版社，1997：128.

辑。钥匙—双胞胎—责任这一图式中，钥匙是有代表功能的实物，指代对象只能是双胞胎，在没有年龄差的、平等的双胞胎系统内，构建出对"长"的身份认同。"钥匙"是非言语领域中的一种，通过视觉形象或者以其他方式人们可以感觉到的具象的东西，"开门解锁"只是显示出符号所有密码中属于物象的那部分信息；在双胞胎群体内，"钥匙"承载着"责任、照顾"另一半信息。访谈发现，在上小学或者中学期间，双胞胎一方脖子上总会挂有一枚或者两枚钥匙，"放学时候和妹妹一起回家先做作业，父母下班做好饭，作业也写完了。"（S02 双胞胎姐姐）"我拿着钥匙，谁先放学就等等，回去他也没钥匙进不去屋。"（S03 双胞胎哥哥）"在我小的时候，我家钥匙给老大，每次她要晚下课，我就得等她好久，如果我们每个人一把钥匙，就会方便很多。"（S23 双胞胎妹妹）未分开抚养的双胞胎，所上的小学、中学几乎都是同一所学校，上学与回家的时间几乎一样，家长将钥匙给予他们所认为的"长的一方"，这时的"钥匙"不仅仅是"开门"的含义，还承载着"你是大的，放学要担负起看好弟弟或者妹妹的责任"。同时，家长将钥匙给双胞胎一方时，传递着父母对"长的一方"的"信任"，也赋予"长的一方"的权力。❶ "妈妈让我放学带着弟弟一起回来，防止他调皮捣蛋，偷跑出去踢球。"（S03 双胞胎哥哥）"钥匙绳在我这，她放学早了等我一会儿，给她不放心。"（S02 双胞胎姐姐）

3.1.2　碗筷

筷子，视觉上看，两根一模一样，长短齐同，若要发挥"夹"的功能，必须配对使用。碗，作为一种器皿，在某种程度上象征着"一碗水端平"，即公平、平等。在双胞胎群体内，碗筷这些餐具所承载的意义比较特殊，在某种意义上具有趋同性，即强调平等、公平。在中国传统新春佳节之时，年饭前摆碗筷似乎是家中"执事者"❷ 的权力，大人将摆碗筷的任务分配给"长的一方"，实质上是将权力与责任赋予"长的一方"，代理"执事者"部分权限。"就是传菜工，大人

---

❶ 教育目的和功能可能不一致：父母给孩子钥匙的目的是不让孩子放学以后在外面玩，从功能方面分析，对于双胞胎群体却有着长远的长幼社会化意义。

❷ 执事者：指父母辈分中年龄较大（一般为长子或长女）或年龄较大且分担家务较多、烹饪水平高的人（一般为长子的妻子）。

负责做菜，我们负责传菜、洗酒杯，还要传递饺子、拿笼帘，我是大的，要负责带领小的们动起来……饭后不做也得做，先打扫了饭厅的地，然后分给妹妹打扫客厅的地面，他们总说大的起个带头作用。"（S02 双胞胎姐姐）在大人看来，"长的一方"应该起到表率作用，但在强调内部公平、平等的双胞胎看来，"长的一方"形成"劳动的""负责的"意识。在"幼的一方"看来，父母建构的长幼行为未必是自己所期许的。"父母偏心小的多一点，可是他们的偏心不是我做老小想要的。我觉得是父母观念和教育的问题。我认识国外的有多个孩子的家庭子女，每个都是平等的，如果拿零花钱来说，多劳多得，每个人都应劳动，一起分担家务。"（S23 双胞胎妹妹）

3.1.3 零花钱/存储卡

零花钱，其物象信息是"可以买东西""消费"，在双胞胎特定对象研究中，钱还具有两个分析维度。其一，钱是权力与地位的象征，这一点在双胞胎系统内外都具有共通性——支配权力和主导地位。如在家庭中掌握财政大权往往意味着一家之主的地位，双胞胎中掌握财政权力，不仅意味着父母赋予其主导地位，还意味着享有分配的权力。[1] 其二，在双胞胎系统内，零花钱还暗含"分配权的公平性"，即平等的分配钱财并使用。"学校门口有小卖部，我买两个，给她一个，如果钱不够就买一个分着吃，她就是馋猫，后来上初中她开始有一部分零用钱，她总是'跟屁虫'一样跟在我后面。"（S02 双胞胎姐姐）钱—双胞胎—平等的分配权这一图式中，钱、信用卡是有代表功能的实物，指代对象是双胞胎，在没有年龄差的、平等的双胞胎系统内，"长的一方"自觉或者不自觉地代理家长身份，构建出对"长"的身份认同。随着社会发展与个体成长，存储卡逐渐成为一种工具载体，存储卡中实际额度的动态变化，体现出长幼的差异。"上大学以后有了信用卡，卡里的生活费都是一样的，我比较节俭一些，她卡上没钱不好意思向父母要，就向我借。"（S02 双胞胎姐姐）

---

[1] 在访谈中，发现大部分是"长的一方"掌握财政支配权；也有特殊情况，"长的一方"如果从小体弱多病，家里会更照顾"大的"。

3.2　权利—享受取向的实物符号体系

3.2.1　水果

苹果、梨、香蕉、橙子等都是视觉或者触觉可以感受到的具象的水果，"可以食用"，显示出符号中属于物象的那部分信息，仅完成符号传递的前半段任务，紧随其后符号的第二个元素便紧跟着与那个物象联系起来，构成一个个被推知、被理解的或被联想到的含义或概念。在日常生活中，"写作业时父母切好的橙子""打扫完家里卫生奖励的苹果""生病时剥好的香蕉"，在群体范围内形成一种共识：水果承载着"犒劳的""享受的""奖赏性的""鼓励的"的意义。在双胞胎中显得尤为突出，现实中水果大小不一样，水果的"新鲜""个头大"会凸显出"好""享受"的含义。如，苹果—双胞胎—责任这一图式中，苹果是有代表功能的实物，指代对象是双胞胎，双胞胎群体内的达成苹果承载着"享受"意义的普遍共识。"最感动的是写作业累了，妈妈拿削好苹果的给我，等他们老了，动不了了，我要能这么伺候他们，削个苹果就好了。"（S01双胞胎妹妹）这些实物与过往经历密切相连，正是有了过往经历、情境，逐渐形成内部的共识，双胞胎"长的一方"将"个头大""新鲜"等水果无偿让渡给"幼的一方"。"比如说有两个苹果，大的苹果我不是不想要，我也想吃啊，可是想想，最后还是给她了。"（S02双胞胎姐姐）

3.2.2　大房间

美国社会学家A.英克尔斯在其《社会、社会结构和儿童社会化》一文中归纳了影响人的社会化过程四因素❶，即社会组织、社会分层、生态因素和角色模式。英克尔斯所说的"生态"指家庭内部和周围环境中的人口密度、社区住宅的形式和布局、个人及其家庭可以共享的空间大小和类型。每户家庭住宅的平方面积在入住前已经预设，卧室、书房面积平均分配很少，因而双胞胎个体共享的空间大小、采光照明、布置也不可能一致。"我的房间还没妹妹一半大，床是1米2的单人床，屋子也没有电脑，出门直对着厕所，晚上上厕所冲水声很吵，有时下

---

❶　黄育馥.人与社会——社会化问题在美国［M］.沈阳：辽宁人民出版社，1986：230.

水道反味，她那屋是 1.8 米的大床，还有电脑……有时候躺在小床上，望着窗外的月亮，孑然一身，孤独的影子映在墙上，挺孤独的，我就跑到妹妹那屋和她挤着一起睡。"（S02 双胞胎姐姐）"从小到大挤在一起睡，家里条件不好，用木头铺成床，我睡在床外边，妹妹睡里边，外边用凳子挡上，防止人掉下去……"（S17 双胞胎姐姐）在共享物品中，双胞胎"长的一方"更倾向于关照"幼的一方"，"长的一方"考量自己的行为时，便从"被概化的他人"角度与自己互动。

3.2.3 自行车前座

"80 后"这一时代的孩子对自行车具有较深刻的记忆，双胞胎同时乘坐自行车时，都倾向于前座。"我最喜欢坐在前面的横梁，还能打车铃，跟自己驾车一样。"（S01 双胞胎妹妹）"周末要去爷爷奶奶家吃晚饭，回来时喜欢爸爸骑自行车带我，可以坐在前面看风景，虽然坐在前杠上，大腿根、小腿肚都麻了，也还是不喜欢坐妈妈的自行车，骑得慢还坐后面。"（S02 双胞胎姐姐）"坐后面脚容易卷到车轴辘里，脚别进车轮里。"（S17 双胞胎姐姐）双胞胎都喜欢爸爸骑自行车载自己，二八男士自行车前方（指横梁位置）视野开阔，并且更安全，后座视域相对有限，并且危险性较大。"幼的一方"多享有较好视域、较安全的位置。二四、二六女士自行车相对于二八男士自行车没有前方的横梁，后座坐两个孩子，且"幼的一方"夹在中间，靠近后座前方，"长的一方"坐在后座最后，坐在最后的危险性较大。"就像夹心饼干一样，我在中间，冬天脸也不冷了……坐在后面可不好了，过减速台一颠很容易掉下去"。（S04 双胞胎妹妹）

综上所述，可以明确的本土符号列表如表 3-1 所示。

表 3-1 实物符号物象意义与析出意义简表

	实物	物象意义	析出意义
责任劳动取向的实物符号体系	钥匙	开门解锁	责任、权力、信任
	碗筷	盛饭夹菜工具	劳动、公平
	零花钱/存储卡	消费	权力、主导地位
权利享受取向的实物符号体系	水果	可食用	享受、奖赏、鼓励
	大房间	住宅	享受
	自行车前座	坐的位置	开阔视域、安全

在表象体（实物）—对象—析出意义图式中，这 3 个要素实际演变成两方面的互相作用，一方面是表象体，即实物介质；另一方面是在对象群体范围内析出的那个特定含义，这两方面构成了实物符号系统的基本结构。双胞胎群体内表现出来的物象，类似于实物系统民俗符号的"能指"，在非语言领域，民俗符号则是可以视觉形象或以其他方式可以感觉得到的具象的东西，"所指"即那些"能指"所能指代的对象的含义，也就是被人们解释了的内涵与外延。❶ 双胞胎范围内实物析出的意义类似于实物系统民俗符号的"所指"，正是这部分"所指"将长幼次序的概念通过实物介质在双胞胎互动中操作化。

4 双胞胎内化的心理机制

实现长幼身份的认同，是双胞胎社会化过程的一项重要议题。社会学取向的认同理论关注一个人是什么（who one is），而心理学取向的认同理论关注一个人做什么（who one dose），两者都是一个人认同的核心成分，因此，完整的认同应该既包括"是什么"（being），又包括"做什么"（doing）。❷ 双胞胎长幼次序的认同，应该既包括双胞胎对自身所拥有的长幼身份及其责任、义务、权利和行为规则的理解、选择与接受，也包含在一定社会情境下遵循规则并做出符合其自身长幼身份的行为。根据前文四象限分析图，可知双胞胎在观念—行为层面与传统的长幼均存在断裂，双胞胎没有生理年龄差，认为两人一样大，没有必要喊对方，而且很难说服自己叫对方"哥哥""姐姐""弟弟""妹妹"。父母对双胞胎预先进行长幼身份标定，但双胞胎子女也会重新自我界定，因此，分析双胞胎长幼次序内化的心理机制具有重大的意义。

何谓"机制"？"机制"最早源于希腊文，原指机器的构造和动作原理，现在已广泛应用于自然科学和社会科学的有关方面，用来表征事物或系统的内在机

---

❶ 苟志效，陈创生. 从符号的观点看——关于一种社会文化现象的符号学阐释 [M]. 广州：广东人民出版社，2003：175 – 176.

❷ 周晓虹. 认同理论：社会学与心理学的认同路径 [J]. 社会科学，2008（4）.

理、内在联系和运动规律。❶ 可以从两个维度理解：一是由哪几个部分组成及为什么由这些部分组成；二是怎样工作和为什么这样工作。在本文中，"内化的心理机制"包含两层含义：一是双胞胎内化的心理过程，前期—中期—后期的轨迹；二是作用于这一过程的要素。

4.1 前期："身份"与"角色"的断裂

社会角色是指与某种社会身份有关的应有的行为。身份是人们在识别某种社会角色时使用的称呼。通过访谈分析，提取出以下要素。

4.1.1 断裂起点：身高、外貌、服饰

自我是感受对身体的轮廓或特性的觉知，正如吉登斯所认为的："身体不仅是我们拥有一种'实体'，它也是一个行动系统……在日常生活的互动中，身体的实际嵌入，是维持连贯的自我认同感的基本途径。"❷ 双胞胎在身高、相貌等方面具有较高的同质性，并且这种相似特性的制造是在先天母体内成型的，后天若无整容等重塑外力作用，则难以发生较大的改变。访谈中几乎所有的双胞胎都有过以下类似的经历。

"真心害怕被路人认出我们是双胞胎，然后一个劲地围观讨论，因为这种感觉实在糟糕透了。可无论怎样掩饰，还是能轻易让别人认出来，接着就是无休止的被人当猴看。"（S06 双胞胎妹妹）

"有次乘公交车，车厢前面有一排打横对着通道的座位，我俩就站在打横位置的通道上，坐在横道位置上的那人一直盯着我俩看，眼珠子反复来回在对比我们的样貌，足足盯了15分钟都没停止。我老早就注意到他在看我了，只是一直忍着没出声。那眼神我看着就恼火，终于忍不住狠狠瞪了他一眼，他看到我这样才收回眼神，但没过2秒又开始了。"（S06 双胞胎妹妹）

"有时我都不敢正视'另一个我'，每次和我哥哥对视时，总有一种看克隆人的感觉。"（S19 双胞胎弟弟）

---

❶ 刘文英. 哲学百科小辞典 [M]. 兰州：甘肃人民出版社，1987：500.
❷ [英] 安东尼·吉登斯. 现代性与自我认同：现代晚期的自我与社会 [M]. 赵旭东，方文，译. 北京：三联书店，1998：111.

在与双胞胎共享经历中，类似的例子还有很多，在他人看来可能是平常小事，但是给双胞胎个体造成较大的困扰，并破坏了人际空间安全感。相貌是双胞胎无法改变的，但服装是可以改变的，但从子女组被访者言谈中可以推测，双胞胎着装打扮受父母牵制。

"我们俩不喜欢别人认出我们是双胞胎。因为不想接受人家的指指点点。所以，上学放学经常都是各自走各自的。衣服也不穿一样的，发型也不一样。我们讨厌穿一样的衣服，一样的发型，一起走。因为每一次走在大街上，都有异眼光，对我们指指点点，好像八辈子没有看见过双双一样。好苦恼！而且，妈妈每次都要我和姐姐穿一样的衣服、裤子、鞋子。不过，现在没有那样了。想起来真的很好笑。"（S13 双胞胎妹妹）

"我和哥哥是同卵双胞胎，我很讨厌和他穿一样的衣服，我讨厌和别人一样，哥哥也不行。可是爸爸最喜欢的事情就是我们打扮得一模一样，我讨厌他总是强迫我们穿一样的衣服，全身上下穿什么都有他来决定，太霸道了。最喜欢把我们带到街上去游街，让大街上的人来逗我们，我讨厌和别人一样。我讨厌爸爸，我不想和哥哥穿的一样，如果我故意穿的不一样他就会打我，我郁闷，世界上没有人想和别人一样，就像克隆一样，烦死我了。"（S18 双胞胎弟弟）

"外貌已成为自我反思规划的核心因素"，[1] 如何着装打扮既是群体的表征，又是身份的认同，斯图尔特·霍尔认为，服装是亚群体构建身份认同可以利用的物质材料之一。因此，父母通过相同服装、发式等，将"双""同"的内在含义外化，但是，双胞胎子女倾向通过穿不同的衣服、梳不同的发型来抵抗双胞胎共有身份，渴求寻找不同服饰下的真我，在现实生活中凸显个体差异。

着装打扮不同是抵抗父母标定双胞胎共有身份的一种策略，效果是否明显，主要取决于以下几方面：第一，双胞胎对自己共有身份的肯定程度；第二，双胞胎的经济独立程度（置装费等）；第三，父母对双胞胎的理解与期许。事实上，多数双胞胎在高中之前，着装打扮都是由父母选择的。

---

[1] ［英］安东尼·吉登斯. 现代性与自我认同：现代晚期的自我与社会 ［M］. 赵旭东，方文，译. 北京：三联书店，1998：112.

4.1.2　被泛化的"同"与"双"

埃里克森指出，"必须在漫长的儿童期已变成的什么人与预期未来将成为什么人之间，必须在他设想自己成为什么人与他人认为别人把自己看成并希望自己成为什么人之间，感到有一种不断前进的连续性"。❶ 可见，熟悉自身感觉，知道未来个人目标，并从他人信赖中获得所期待的认可的内在自信非常重要，而双胞胎对自我身份认同与自信密切相关。双胞胎具有高度的同质性，在他者的眼中，"同"与"双"常常被放大，由相貌泛化到身高、衣着、学习成绩等多方面，认为双胞胎应该穿同样的衣服，甚至认为双胞胎学习成绩应该一样。

"同卵双胞胎，遗传基因完全一致，注定我俩就差不多一个样，也就注定经常被人拿来比较的命运。我能理解，可就是没办法不去厌恶。有一次走在大街上，突然旁边有一个男的很大声地喊了一句'快看！双胞胎耶！'结果那男的一群男男女女的狐朋狗友就围了上来，又是尖叫又是兴奋。我一直走，他们就一直跟在我的侧前方，时不时就冲我们喊一句'这边的比较漂亮''右边那个比较胖'之类的话，让人很不舒服。直到我拐进小巷才没再跟来。"（S06 双胞胎妹妹）

"我们不是你们想看就看、想评论就评论的玩具。超级讨厌小区里的叔叔阿姨，见面总是问谁大谁小，谁的学习成绩好，谁比谁高点，谁比较胖谁比较瘦，讨厌别人讨论左边的好看还是右边的好看，这个眼睛比较大，那个眼睛比较小等，我们不是你们辨认的玩具。"（S20 双胞胎姐姐）

被访者 S06 与 S20 是具有共同角色认同的人（即双胞胎），但由于认同凸显（identities salience）的差异，造成在相同情境中行为态度不同。认同理论学家认为，某种特定认同的凸显程度是由个人对某一角色的承诺程度决定的。承诺反映了在何种程度上一个人的重要意义他人（significant others）认为他应该占据这个特定的角色位置❷，也就是本文所说的双胞胎对父母赋予其长幼身份的内化程度。

长与幼的身份是相对存在的，父母预设"长的一方"是"幼的一方"效仿学习的榜样，哥哥姐姐比弟弟妹妹要优秀，同样地，双胞胎中的弟弟妹妹要像哥哥

---

❶　［美］埃里克·H. 埃里克森. 同一性：青少年与危机［M］. 孙名之，译，杭州：浙江教育出版社，1998：73.

❷　周晓虹. 认同理论：社会学与心理学的认同路径［J］. 社会科学，2008（4）.

姐姐一样优秀。自信根植于社会联结，在不断被比较中，双胞胎一方的自信总受到他人的冲击，则可能阻碍个人预设的理想自我的实现，在被动对比中不断产生耻辱感与挫败感。

"我不想成为焦点，但是双胞胎的身份让我无法低调做人。我很辛苦，因为总是要接受别人的比较，而我永远都是被评价为不好的那一个。因为姐姐的优秀，她自我为中心的意识很强，我感觉自己更像她的奴隶，父母也理所当然的觉得我就该什么都照着她的意思做，我会经常想，如果从一开始就没有我的存在，那该有多好。我从来没感觉到自己幸福过，看到别的双胞胎幸福的表情我真的很不明白。因为从未体会过。"（S21 双胞胎妹妹）

"想想都知道，每到过年那些亲戚们，总拿俺们俩说事，说我身高没她高，成绩没她好，父母当时抱错了吧，妹妹应该是姐姐，俺也寻思着父母弄错了。"（S14 双胞胎姐姐）

现实生活中，双胞胎中总有一人成绩较好，并且存在与父母预期倒置的情况（即"幼的一方"更优秀），"理想我"并未实现，则想象自己在他人面前的样子（如被访者 S14，没有妹妹身高高、成绩没有妹妹好等）——想象他人评价我们（我不应该是姐姐）——基于想象中他人的评价产生情感反应（身份认同挫败）。双胞胎群体内处于弱势的一方，多次被动、被迫地被陌生人比较，在一定程度上会弱化自我感，加剧双胞胎身份的断裂。

4.2 中期："主我"隐匿与"客我"服从

双胞胎对长幼身份的反思一方面来自对理想中自我的追寻，另一方面也受到首属群体对个人看法的影响。长幼角色具有相对性，姐姐/哥哥的角色是相对于妹妹/弟弟的角色而言，通过观察他人对自己的行为的反应而形成自我概念。当一个人在与他人交往的过程中，已经对他人的反应有了准备，并期望他人能够做出回应行动与自己的预期相符合，检验身份与行为意义，但当他人的反应与自己预期不相符时，就进入修正阶段。

4.2.1 双胞胎的协同与冲突

双胞胎"长的一方"更容易隐匿自己的想法，在个体内部造成冲突，也就是说，双胞胎"长的一方"为了服从父母标定的长幼次序，而隐匿了"主我"，直到外界的规则在特定情境下变化之后与他内在的规则重叠，"主我"与"客我"由于具体情境的改变而实现一致的时候，双胞胎才实现了行动与内在的一致性。从访谈分析看，协同合作时，双胞胎对父母标定的长幼次序界定清晰；当双胞胎内部发生冲突时，长幼界限模糊，并发生变动。

4.2.1.1　协同情境

"我妈妈会同时惩罚我和哥哥，尽管每次我俩都有老实承认到底是谁干的。我和哥哥从小就互相依靠，所以每次被妈妈教训完以后，被连累的那个都不会埋怨，顶多说一句'下次小心一点，不要被妈妈发现了'。当然奖励也会两个人都给。好处就是我们因为会顾及到对方都会尽量不做错事，各位双爸双妈可以学一学，但是搞不好会让两个孩子反目成仇。"（S05 双胞胎弟弟）

"双胞胎真的很幸福。我和姐姐虽然经常吵架，但是吵着吵着也就吵出感情来了。而且现在我们俩都是死党。"（S13 双胞胎妹妹）

"双胞胎的情感和一般亲兄弟不一样。血乳相融，神魂相交。最了解我的人除了我自己便是弟弟。"（S03 双胞胎哥哥）

"我室友非说和普通亲人是一样的，我很生气。子非鱼焉知鱼之乐？她又不是双胞胎，她怎么会懂？"（S11 双胞胎姐姐）

从心理支持层面分析，双胞胎从小就视对方为一个可以替代父母的依恋，父母"株连"等要素促使双胞胎内部牢固成一个新的密切关系，并且具有封闭性、对称性的特点。非双胞胎较年幼的一方依恋父母或者依恋较长的一方，但天然的年龄差让较长的一方失去依恋较幼的可能性，因而，非双胞胎间的依恋关系是单方向的，具有不对称性。

4.2.1.2　冲突情境

"出了事她帮不上忙就算了，就知道躲在我后面，还会惹一些事让我善后……我不想做姐姐，太烦太累了。我保护她，保护了那么多年，真的累了……她就被我保护的像个孩子，不敢跟外人说话，不敢在人群中走路，什么都不敢……什么责任都往我身上压，她做错事，爸爸就会认为是我带坏的，还会骂我，她就会在一旁偷笑……"（S22 双胞胎姐姐）

从生理属性分析，双胞胎无所谓长幼次序，但在社会属性上，被人为的打上"长幼"的烙印，在一方有错、责罚不清的情境下，"替罪羊"将冲突带来的不悦情感体验移置到另一方或父母身上，加剧消弭父母标定的长幼身份，造成双胞胎对自我长幼"同一性"混乱，在"确信"与"质疑"间游走。

4.2.2 可包容性与非包容性

双胞胎在长幼次序社会化过程中具有混沌性，是生理属性、依附情感、符号性事件等多"细节"耦合，先赋平等与自致长幼之间存在张力，双胞胎是包容与冲突的载体，在日常生活中，产生长幼角色倒置的因素可划分为包容性因素与非包容性因素。可包容性包括生理长幼模糊性、早期或先天性重大疾病、生病情境。虽然先赋平等与自致长幼之间始终存在张力，但先天相对平等的属性符合双胞胎自我界定的长幼属性要求，特别是一方有负向缺陷时（无论这一方是长是幼），另一方会表现出包容的智慧。

4.2.2.1 可包容性

"妈妈在买的时候通常尽量买一样的，回来先拿一个给哥哥，再拿一个给我，完全不看是哪个。在家里也是有好的都让着哥哥，因为他身体不太好，病苗两只，我比较能忍。"（S05 双胞胎弟弟）

"我是个务实的人，比如说，老大感冒了，我会说你赶紧躺着睡觉去，不会说些甜言蜜语。我记得有次她感冒肚子疼，她吃不下学校食堂的饭，我就冒着雨走到一个民族大学附近的粥店给她买热粥回来吃，她挺感动的。"（S23 双胞胎妹妹）

4.2.2.2 非包容性

双胞胎为了使"主我"服从父母标定的长幼次序，当可包容性因素与"主我"预设的情境规则重叠时，服从传统的长幼标定，隐匿"主我"；当一方占据长或幼的位置，但未履行权利与义务，重要他人也未对此种情境给予合理化解释，则"名存实亡"或"有名无实"的"支离人"❶ 产生。

---

❶ 指双胞胎子女对父母标定的长幼次序高度承诺，但父母调解行为与赋予的长幼应承担的权利与义务不一致，并且父母无合理化解释。

"如果家里有两个以上的孩子，一般不是都会认为，做大的应该要让一让小的吗？可是我家不会。小时候妈妈会买一模一样的玩具给我们，可是玩具总会有点小差异，我俩每次都会为挑选哪个发生争吵。最初妈妈会叫姐姐让我一下，可是姐姐从来不会谦让，到最后会发展到全家人上上下下都指明要我让给姐姐。后来我对这种永无止境的争吵厌倦了，也就什么事都主动让姐姐了，她想要什么就让她先挑，剩下不好的才自己拿走。我以为这样就能天下太平了，可是不然。姐姐拿着玩具玩了几分钟就会开始抢我的，说还是觉得我的比较好，要求我跟她换。我当然不肯，当初明明让她先挑了，现在为什么还要来跟我抢，我不甘。可想而知，接着又是争吵。妈妈还是帮着她要我跟姐姐换，为什么，明明我才是老小，却还要忍气吞声。"（S06 双胞胎妹妹）

双胞胎出生顺序本身对个体发展的影响不具有什么差异性，而是出生顺序所导致的父母的差异对待，正如前文四象限分析图所示，双胞胎父母❶视双胞胎一样大，没有生理年龄差，他们认为，双胞胎内喊"姐姐""妹妹"或者"哥哥""弟弟"没有承载长幼意义，这种称呼等同于名字，并且强调不会教孩子互叫对方"哥哥弟弟""姐姐妹妹"，但是，父母受本人是多子女的影响，认为双胞胎在行为层面有长幼次序，"长的一方"要照顾"幼的一方"，这种变动的长幼观在代际传承中极大消解了传统的长幼次序观。

4.3 后期："系统默认优化权"的允诺

4.3.1 "系统内"VS"系统外"

双胞胎受到传统沿袭下来的长幼体系辐射，在交谈中偶尔使用的角色划分称谓与非双胞胎体系中的"哥哥""姐姐""弟弟""妹妹"长幼角色重叠，在一定程度上是重复父母标定的长幼模式，透过认同父母规范的行为模式来获得自身长幼的合理性。在观察双胞胎日常生活中，双胞胎两者均在场的情境下，双方却不常使用"哥哥""姐姐""弟弟""妹妹"表明其长幼身份的称谓，多是直呼其名或者叫外号。

---

❶ 本研究中被访的双胞胎父母没有一方是双胞胎，并受上一代生育政策影响，父母均有兄弟姐妹。

"当他面直呼其名，背后才称兄。""嚣张一点，直呼其名。"（S07 双胞胎弟弟）"叫名。"（S08）"叫名字比较顺吧。"（S09 双胞胎妹妹）"我和我姐是直接叫名字。"（S10 双胞胎妹妹）"叫名字，小名。"（S11 双胞胎姐姐）"各自直呼其名。"（S12）"叫名。"（S13 双胞胎妹妹）

亲属称谓勾勒出亲属世界的地图，是一种社会关系而不是生物学的联系。双胞胎系统外部的对话可能使用"哥哥"、"姐姐"、"弟弟"、"妹妹"等亲属称谓，在双胞胎系统内又不承认"长幼"，直呼对方的名字。这种"双胞胎系统内不叫兄弟姐妹，背后叫"的独特现象，通过对访谈原始资料的反复阅读，答案浮现出来，这种独特现象是系统内外压力差导致的：系统内——平等的观念；系统外——传统的长幼观念。如果系统内部足够强大，系统外的、传统的也会受系统内的影响，如在被访者中，一对双胞胎的舅舅家的独生子受双胞胎影响，不喊兄弟姐妹，直呼其名。

"表妹和我们俩一起长大，我俩比她大一岁，幼儿园天天腻在一起，小学我们仨在不同的学校，六年级的时候我俩转到和她同一个学校，又可以天天生活在一起，学习上还能互帮互助……我们三个人都是直接叫名字……我们叫表哥也是直接叫名字，没有什么不好，但后来有远房亲戚说我们没礼貌，都不叫哥哥姐姐。"（S20 双胞胎姐姐）

"既然是双胞胎，何必还有辈分？你不知道被叫做弟或妹的人很不公平吗？你们几千年封建思想什么时候才能改变？为什么一定要区分长幼？这样难道就平等了么？哎……愚昧的人民呵，拿什么拯救你！"（S15 双胞胎弟弟）

"系统内"是指双胞胎不具有生理年龄差，双胞胎间互动形成的一个相对独特的小生境；"系统外"是指大环境，即费孝通所指的"差序格局"的社会，其本质是一个等级社会，可以追溯到古代宗法制度，从个人到家庭到社会的活动，都框定在"君君、臣臣、父父、子子"的固定模式中，因而代际传承下来的亲属称谓体现着重视长幼辈分的严格区别，其中辈分和年龄起着至关重要的作用。

"只是称呼而已，我并没有认为姐姐意味着责任，妹妹就意味着享受，或者责任少。在我看来，姐和妹是平等的，所以我从不以姐妹称呼她，直接叫名字。反而是父母长辈从自己老一辈那里认为老大要学会牺牲，学会奉献。老大自己就

这么认为：自己要奉献，要责任更多。我觉得只有自己做到最好，才不会拖累别人。"（S23 双胞胎妹妹）

"父母偏心小的多一点，可是他们的偏心不是我做老小想要的。我觉得是父母观念和教育的问题。我认识国外的有多个孩子的家庭子女，每个都是平等的，如果拿零花钱来说，多劳多得。"（S23 双胞胎妹妹）

双胞胎不具有生理年龄差，因而双胞胎间的互动形成了一个相对独特的小生境，兄弟姐妹之间常常直呼其名。这种小生境在一定程度上阻碍了传统长幼辈分的传承，更趋于西方强调的家庭成员间的平等关系。

4.3.2 "系统默认优化权"

双胞胎系统内部强调平等的原则，这与马丁·布伯平等的"我与你"是一致的，"之间"（between）是其基本思想，布伯指出"'之间'不可能存在'我'中，也不能存在于意向中和主体的内在性中，或是我理解的世界的对象性中。"❶他强调"之间"的出发点不在"我"中，也不在"你"中，而存在于"我与你"之间，我与你虽然结合在一起，但不会变成一个事物。马斯洛认为，"我与你"的范式是以双方的平等与亲密的对话为基础的❷，这对双胞胎重新审视传统的长幼关系，建构双胞胎信任、包容、平等的长幼关系具有重要意义。

"中国人总把一些词语和现象对号入座，比如说姐——责任。我觉得责任是每个人都要培养的，如果我是姐姐，我会换种当法做老大。现实中她是老大，我是老小，我心里的有本财务的账和感情的账，财务的账我算的很清楚，不会欠她的，我现在开销比她多，会借用她的钱，她心理不舒服这我理解，客观的讲，没有人能理解我，但我肯定会按照 CPI 和未来的通货膨胀率都按实际货币价值补给她的，包括现在能够以非物质形式帮助她我都会帮一把。可是感情的账就里不清楚了，是平等的。"（S23 双胞胎妹妹）

如何解释回答某些问题时总是"长的一方"先回答呢？外界存在一种误读，认为在回答问题时先回答的是姐姐或者哥哥，抑或是抢先回答的是妹妹或者弟

---

❶ 乐国安. 社会心理学理论新编 [M]. 天津：天津人民出版社，2009：301.

❷ 同上。

弟，其实并非如此。这里引入一个本土概念"系统默认优化权"，即在回答群体外高频问题时，双胞胎不想回应或者懒得回应时，自然产生分工，有些问题由"长的一方"回答，有些问题由"幼的一方"回答，至于回答问题的分工，因人而异，是一种惯性处理方式。

"双胞胎很好，我俩好的就像一个人似的，当别人叫错名字的时候，我俩从来都不纠正，因为觉得无所谓。"（S15 双胞胎弟弟）

"最讨厌见面问，你俩谁大呀？叫什么名字？回答都烦死了，问的不嫌烦啊！"（S16 双胞胎妹妹）

如：谁是姐姐/妹妹/哥哥/弟弟？谁大谁小？在哪里上学？谁的成绩好一点？等等高频问题。所以，双胞胎的系统默认优化权，与非双胞胎多子女的长幼次序有着本质的区别，双胞胎对群体内角色的关系趋向于平等；非双胞胎多子女对群体内角色关系趋向于先天的不平等。

5 结论与讨论

5.1 本研究的主要结论

5.1.1 双胞胎长幼次序社会化途径：实物介质

双胞胎长幼次序社会化有 3 种媒介：主体间言语、主体间身势语、实物介质。双胞胎几乎不使用"哥哥""姐姐"尊他性的称谓及"弟弟""妹妹"称呼在场的另一方，背后偶尔使用含有长幼意义的亲属称谓词。在上述 3 种媒介中，实物介质是双胞胎父母标定并构建双胞胎子女长幼次序所特有的媒介。双胞胎长幼次序社会化的实物介质在双胞胎边界内可以析出特定的含义，虽然每个家庭的实物略有不同，但其实物介质承载的意义趋于一致。这些实物介质可以划分为"责任—劳动取向"与"权利—享受取向"两种取向符号系统，前者包括钥匙、碗筷、零花钱/存储卡等，后者包括水果、大房间、自行车前座等。

5.1.2 双胞胎长幼次序认同：非持续性

双胞胎生理属性无长幼次序，造成双胞胎对自我长幼次序认同的天生脆弱性。双胞胎的长幼次序是后致的，时而在日常生活中重新排序，以抗拒父母标定的长幼。"角色"与"身份"的断裂起点包括身高、相貌、服饰，双胞胎通过相貌、服饰等外貌的改变来抵抗共有身份（双胞胎对外界），被泛化的"双"与"同"的比较，加剧双胞胎长幼次序断裂（双胞胎内部）。但是，双胞胎"你和我"平等的原则及共享经验，强化双方的情感联结。这种联结与分裂的矛盾关系，究其原因是双胞胎系统内"小生境"与系统外"差序格局"压力差所致。尤其需要指出的是，"系统默认优化权"是一种惯性处理方式，与双胞胎长幼次序无关。

5.2 讨论

5.2.1 研究者的反身性思考

5.2.1.1 作为研究工具"笔者"的"双重身份"

笔者既是一个局内人，又是一个局外人。作为双胞胎之一，笔者和双胞胎有着共同的经历，在这个意义上，笔者是一个局内人，特别是作为双胞胎姐姐，不可避免地会有自己的假设与看法，在写作过程中，容易将"长的一方"的某种情感放大，替"长的一方"鸣不平，"姐姐"这个身份让笔者在认知双胞胎信任长幼身份的过程和程度产生了偏差，比如：笔者之前认为妹妹总是受益的一方，对幼的身份信任，但并不如此。笔者也在盘问自己，自己的预设是否正确，这就要求笔者不再是局内人，要"跳出局内人"的身份，做一个客观的研究者，询问并思考被访者说话的真正含义，发现父母标定的"长幼"及长幼行为，并不是"幼的一方"想要的，比如，在访谈中"幼的一方"坦言："父母偏心小的多一点，可是他们的偏心不是我做老小想要的。我觉得是父母观念和教育的问题。我认识国外的有多个孩子的家庭子女，每个都是平等的，如果拿零花钱来说，多劳多得，每个人都应劳动，一起分担家务。"可见，笔者的"长"身份的认知缺陷及偏差，与实际访谈过程中了解的实际之间存在一种双向的联系，并且这两者之间不是对应的，笔者把这种双向联系看作"反身性"。所以，需要认真审视个人反应与被访者的反应并分析深层次原因。

5.2.1.2 研究伦理：区分公域谈话与私域谈话

在访谈初始，本研究得到了预被访者们的同意，他们口头表达了愿意参与本研究的愿望。与每位被访者协商日程，并选择他们认为方便的地点和时间进行访谈。此类谈话属于私域谈话，谈话内容比较深入，必须遵照被访者的意思对其身份保密。在一对一访谈后，有的被访者主动提出希望阅读初稿，并提出修改意见。在研究中，笔者还加入某双胞胎 QQ 群，这一类 QQ 群对成员的身份有严格的限制，在预申请的 3 个双胞胎 QQ 群❶中，笔者最初进入某群后，在未作为情况下被群管理员删除，再次申请也未通过。仅有一个群接受申请，并要求新进成员修改姓名、地域、个人信息等备注信息。在 QQ 群这一相对开放的空间中，成员的职业等信息还是具有一定的隐蔽性，且地域差异较大，谈话内容较私域谈话相对开放，因而在获取信息的深度上存在一定的困难。此外，笔者通过浏览双胞胎论坛❷，捕捉生活中的小事，论坛或者贴吧中双胞胎的年龄、职业、地域等信息具有更强的隐蔽性，谈话内容也具有更大的公开性，笔者通过浏览论坛中回帖者的个人主页，并结合回帖详细的内容，谨慎的筛选目标对象。QQ 群及论坛中的谈话属于公域谈话，与私域谈话要区分。

5.2.1.3 推广度问题

本研究调查的是"85 后"到"90 初"的 20 余名双胞胎，因此本研究结果不能推广到其他年龄段的双胞胎，更不能推广到所有的双胞胎。由于样本中各部分因素差异较大，研究结果的内部一致性也很有限。从一定意义上讲，本研究结果是针对笔者所涉及的研究问题于 2011 年年底到 2012 年对"85 后""90 初"的 20 余名特定的双胞胎进行调查的结果。这些结果与作为研究者的个人特征、与被研究者之间的关系以及本研究的具体方法和过程息息相关。因而，对此研究的适用范围，有着清醒的认识，不准备把研究结果推广到范围之外。因为质的研究的目的不是将研究结果推广到从中抽样的人群，更关注的是其所揭示的现象是否能够为那些关心类似问题以及处于类似情形之下的人们提供一定的解释和经验共享。

---

❶ 笔者根据百度论坛上提供的 QQ 群进行了删选，选择标准有二，一是成立时间较近，二是双胞胎及双胞胎父母均可加入的群。笔者所在群的群成员共 92 人，其中双胞胎父母 6 人。

❷ 主要指百度双胞胎贴吧。

由于本研究对双胞胎与非双胞胎的长幼社会化的日常生活进行了较为深入的调查，与之经历境遇相仿的双胞胎及双胞胎父母或许可以从中获得一些认同和启迪。

5.2.2 "他者"的注意

为什么双胞胎要穿相似的衣服？通过父母组访谈，了解父母的用心：公平对待，不偏不倚，但他们也没有表达清楚"双胞胎要穿一样的衣服"这种世俗观念的来源。从父母到子女的传达发生了偏差，子女则认为相同的衣服会凸显某种共有身份，衣服是一种象征符号，比如情侣衫象征着某种共享或者占有关系，穿一模一样的服装，外界会模糊双胞胎个体，放大一人是另一个人的复制，现实生活中每个人都是相对独立的个体，家长不能剥夺个体的选择权。"随着年龄的增长，我对同样衣着这件事感到越来越自卑。老妈不准我们没经过她的批准就穿自己挑选的衣服出门，所以我们俩的衣柜都在她房间，平时上锁的，出门只能跟她报备，然后她挑一样的衣服给我俩。"（S09 双胞胎妹妹）这种现象比较极端，确实表明存在的真实性。

"我觉老大身上的自我奉献意识太强了，人是为自己活的，她活得太累，大部分是因为父母灌输的责任意识过犹不及。比如一些小事情，吃东西，量大的和量小的，她做选择前已经被奉献思想牢固了，把好的、量大的让给我，起初我推辞，后来她说你吃吧，那我就懒的推辞了。其实我根本吃不掉啊……我如果以后是双胞胎的母亲，不会这么教育。"（S23 双胞胎妹妹）

双胞胎父母面对的双胞胎群体，与先前具有长幼年龄差的多子女世界不同，父母所面对的对象变了，个体所处的情景也相应地改变了，但父母辈身上传承下来的局限性并未改变。从父母组的访谈结果来看，双胞胎父母一方面认为兄弟姐妹情同手足，"哥哥就是要照顾下面的弟弟妹妹"；另一方面又认为双胞胎称呼上的姐妹不带有"照顾"的含义，就像名字一样，即双胞胎"兄弟姐妹"称谓只是像名字一样的，并不承载长幼次序的意义。父母面对双胞胎子女，其家庭教养方式没有一个有效的参照。

隔代对双胞胎长幼次序社会化也是有影响的，双胞胎母亲与非亲自生下双胞胎的其他长辈相比是有差别。"是孩子的奶奶说'姐姐应当让着妹妹'，孩子她妈就说：'她俩一样大，姐姐让着妹妹，怎么能这样！'在孩子吃的、穿的上都让着，不能这样，买冰棒也得买一样的。吃、喝、穿一切都是平等的"。长辈对孙儿辈双胞胎的教育方式，也凸显了双胞胎长幼次序社会化的必要性。

5.2.3 "自观者"的独白

"在许多现代情境中，个体被带到不同的遭遇与环境的多样性的场景中，每个场景都可能要求有不同的'得体的'行为方式……当个体离开某种遭遇而进入到另一种遭遇中去的时候，他要小心谨慎地把'自我的呈现'调整到某个特殊情境所需的行为方式中……然而把情景的差异性看成只会是以及必然是会加速自我分裂的观点，是不正确的，情境的差异化也可能促进自我的整合"，❶ 双胞胎长幼次序社会化就是这样一个一体两面向的事物。

父母宠爱程度、家庭中的权利与义务分配等是导致兄弟姐妹之间冲突的来源，而且年龄差越小的兄弟姐妹，彼此从父母那里获得权利的竞争性更明显，冲突也更为严重。双胞胎在生理属性上没有长幼次序，在父母宠爱程度、权利义务分配等方面发生冲突的可能性更大。双胞胎中的同卵双胞胎在外貌上又具有高度的相似性，因而在物品、衣服等占有方面发生冲突的可能性增加。另外，在与双胞胎的交流与共享经验中，发现双胞胎更希望个体差异被认同，而非共享身份被强调，"双胞胎""双双"这一类词会模糊他者的视线，形成所谓的"常识性认识"，双胞胎理应穿着一样，发型一样，弱化双胞胎是独特的个体。在日常生活中被围观、被比较，这种双胞胎共同享受的独特经历，促进相互之间形成密切的情感联结。双胞胎群体对自己的身份又爱又恨，随着年龄的增加，更多的认为能成为双胞胎是一件美妙的事情。

5.3 研究的局限性

5.3.1 访谈样本方面的遗憾

5.3.1.1 龙凤胎 "0" 个

从经验事实层面判断，龙凤胎确实更稀少。龙凤胎是异卵双胞胎，且性别不

---

❶ ［英］安东尼·吉登斯. 现代性与自我认同：现代晚期的自我与社会 ［M］. 赵旭东，方文，译. 北京：三联书店，1998：223－224.

同，长相相似度不高，因而其访谈结果与本研究相比，可以预期到会呈现另一番风貌。在我国，"重男轻女"的遗留观念仍然存在，性别可能是父母差别对待的一个因素，这是本书同性别双胞胎不具有的，未能找到适龄的龙凤胎，是一遗憾。

5.3.1.2　样本选取与实际操作

在实际操作层面遇到的问题如表 5-1 所示。

表 5-1　双胞胎样本选取维度与操作问题

	分类		问题
The Twins 双胞胎	identical twins/ monozygotic twins 同卵双胞胎	twin brothers 孪生兄弟	经验可判断，样本较易寻找
		twin sisters 孪生姐妹	经验可判断，样本较易寻找
	fraternal twins/ dizygotic twins 异卵双胞胎	twin brother and sister 孪生兄妹	经验可判断，样本较难寻找
		elder sister and younger brother 孪生姐弟	经验可判断，样本较难寻找
		twin brothers 孪生兄弟	经验较难判断
		twin sisters 孪生姐妹	经验较难判断

经验层面判断同卵双胞胎的标准是高度的相似性，异卵双生同性别的双胞胎较难判断，除父母有相关医学背景外，也难以说明白是异卵还是同卵。可见，如何将设想切实的付诸于操作是研究者必须要审慎对待的。

5.3.2　话语意向性

不同的主体通过以语言为媒介的相互作用，在共识的基础上不断追求合理性，同时需要注意，思维是具有意向性的，即指向一个对象。因而需要了解重要他人话语（如父母）的意向性，也就是父母的话语来建构角色。但是有时也有无意识或者习惯性的话语，无法用建构来解释分析。

参考文献

一、中文文献

［1］陈陈. 家庭教养方式研究进程透视［J］. 南京师大学报：社科版，2002（6）.

［2］陈心想. 从"龙生龙，凤生凤"说起——布查德和他的双生子研究［J］. 社会学家茶座，2004（3）.

［3］苟志效，陈创生. 从符号的观点看——一种关于社会文化现象的符号学阐释［M］. 广州：广东人

民出版社，2003.

［4］黄育馥．人与社会——社会化问题在美国［M］．沈阳：辽宁人民出版社，1986.

［5］乐国安．社会心理学理论新编［M］．天津：天津人民出版社，2009.

［6］刘文英．哲学百科小辞典［M］．兰州：甘肃人民出版社，1987.

［7］卢勤．个人成长与社会化［M］．成都：四川大学出版社，2010.

［8］马德峰，胡杰容．我国青年社会化研究评述［J］．青年研究，2000（7）.

［9］潘淑满．质性研究：理论与应用［M］．台北：心理出版社股份公司，2003.

［10］王瑞静．双胞胎在阿卡社会——以云南普洱市孟连县新寨为例［D］．北京：中国政法大学，2010.

［11］张智．维果茨基中介概念的发展及其对教育的影响［J］．云南师范大学学报：哲社版，2001（1）.

［12］中国社会科学院语言研究所词典编辑室．现代汉语词典［M］．3 版．北京：商务印书馆，2002.

［13］周晓虹．认同理论：社会学与心理学的认同路径［J］．社会科学，2008（4）.

［14］［英］安东尼·吉登斯．现代性与自我认同：现代晚期的自我与社会［M］．赵旭东，方文，译．北京：三联书店，1998.

［15］［美］David R Shaffer．发展心理学——儿童与青少年［M］．6 版．邹泓，等，译．北京：中国轻工出版社，2005.

［16］［美］欧文·戈夫曼．日常生活中的自我呈现［M］．冯钢，译．北京：北京大学出版社，2008.

［17］［美］伊凡希雅·莱昂斯，阿德里安·考利．心理学质性资料的分析［M］．毕重增，译．重庆：重庆大学出版社，2010.

［18］［美］埃里克·H·埃里克森．同一性：青少年与危机［M］．孙名之，译．杭州：浙江教育出版社，1998.

［19］［美］F·菲利浦·赖斯，金·盖尔·多金．青春期：发展、关系和文化［M］．陆洋，等，译．上海：上海人民出版社，2009.

［20］［英］H Rudolph Schaffer．发展心理学的关键概念［M］．胡清芬，等，译．上海：华东师范大学出版社，2008.

［21］［澳］迈克尔·A·豪格（Michael A. Hogg），［英］多米尼克·阿布拉姆斯（Dominic Abrams）．社会认同过程［M］．高明华，译．北京：中国人民大学出版社，2010.

［22］［美］迈克尔·休斯，卡罗琳·克雷勒．社会学和我们（第7版）［M］．周杨，邱文平，译．上海：上海社会科学院出版社，2008.

［23］［英］特伦斯·霍克斯．结构主义和符号学［M］．翟铁鹏，译．上海：上海译文出版社，1997.

［24］［美］托马斯·吉洛维奇、达彻尔·凯尔特纳、理查德·尼斯比特．吉洛维奇社会心理学［M］．周晓虹，秦晨，等，译．北京：中国人民大学出版社，2009.

［25］［英］维克多·特纳．仪式过程——结构与反结构［M］．黄剑波，柳博赟，译．北京：中国人民大学出版社，2006.

二、外文文献

［1］COLLEEN S BELL, JAMES E JOHNSON, ANN V McGillicuddy-DeLisi, Irving E Sigel. The Effects of Family Constellation and Child Gender on Parental Use of Evaluative Feedback［J］. Child Development, 52（2）：701－704.

［2］ CHARLEY HORTON COOLEY. Social organization：A study of the larger mind ［M］. New York：Charles Scribner's Sons，23 – 24.

［3］ Joane Deneault，Marcelle Ricard，Thérèse Gouin. Décarie，Pierre L Morin，Germain Quintal，Michel Boivin，Richard E Tremblay，Danie Pérusse. False belief and emotion understanding in monozygotic twins，dizygotic twins and non-twin children ［J］. Cognition & Emotion，22（4）：697 –708.

［4］ FEI GUO，ZHIYAN CHEN，XINYING LI，XIAODONG YANG，JIE ZHANG，XIAOJIA GE. Nonshared Environment and Monozygotic Adolescent Twin Differences in Effortful Control ［J］. Social Behavior & Personality：An International Journal，39（3）：299 –308.

［5］ MICHELLE B NEISS，JIM STEVENSON，LISA N LEGRAND，WILLIAM G. Iacono，Constantine Sedikides. Self-Esteem，Negative Emotionality，and Depression as a Common Temperamental Core：A Study of Mid-Adolescent Twin Girls ［J］. Journal of Personality，77（2）：327 –346.

北京大学生对中国特色社会主义理论体系
接受状况的研究

——基于北京九所高校的实证调查分析

□ 徐广田

摘要：大学生接受中国特色社会主义理论体系是指接受主体大学生在中国特色社会主义理论体系的宣传教育活动中对教师、学校、网络等接受介体所传递的中国特色社会主义理论体系的相关内容进行反映、理解、选择、整合并内化为自己的思想、信念的过程与自觉地进行外化践行的过程。大学生接受中国特色社会主义理论体系是衡量高校实现马克思主义大众化的重要标准之一。研究大学生对中国特色社会主义理论体系的接受状况有利于拓宽马克思主义理论教育研究视阈的需要，推进我国社会主义主流意识形态建设，促进未来高素质人才的培养，推进我国和谐社会的构建与小康社会的进程。

本文以学术界关于接受问题的研究为基点，借鉴西方的接受理论，结合大学生的自身特点，总结出大学生接受中国特色社会主义理论体系的内涵和接受系统要素，并对目前大学生接受该理论体系的基本情况、存在问题、影响因素以及对策进行了具体分析和探讨。北京是全国政治、文化、教育的中心，具有代表性，通过对北京地区9所高校的在校本科生进行实地的调查访谈，分析北京地区大学生对中国特色社会主义理论体系的接受程度和接受途径情况，发现绝大部分大学生都知晓该理论体系，对该理论体系的概念内涵、基本内容以及重大作用具有基本的认识和了解，基本认同该理论体系，对该理论体系的做出了积极肯定的评价，基本做到了理论的内化，基本实现了他们对该理论体系的"接受"。但是，目前仍然存在若干亟待解决的问题，如对一些基本理论问题仍存在比较模糊的理解，观念认同与实践认同相互脱节，以"被动接收"为主，"主动接受"较为欠缺，大学生普遍关注自身利益，理论学习动机功利化趋势严重。在此基础之上，从接受主体因素、接受客体因素、接受介体因素和接受环体因素4个维度来具体探析影响北京大学生接受中国特色社会主义理论体系的制约因素。最后，从提升接受主体的接受能力、改进接受介体的教育方法和传播方式、赋予接受客体更多的人文关怀、优化接受环体方面详尽阐述了大学生更好地接受中国特色社会主义理论体系的有效路径。

关键词：大学生；接受；中国特色社会主义理论体系；内化

1 绪论

1.1 问题的提出与研究意义

1.1.1 研究背景

党的十八大报告指出，中国特色社会主义理论体系是马克思中国化的最新成果，我们要巩固马克思主义的主导地位必须要不断用中国特色社会主义理论体系来武装全党全军和全国人民，必须要不断开展中国特色社会主义理论体系的弘扬和教育活动。这充分显示了党中央对中国特色社会主义理论体系的高度重视，同时带动了社会各界人士对中国特色社会主义理论体系丰富多彩的理论研究和宣传教育活动，积极推动了马克思主义大众化。但是，社会实践主体对中国特色社会主义理论体系的接受效果究竟如何，目前这方面的研究成果还很少，是一项十分重要的研究课题。中国特色社会主义理论体系传播与发展的重要阵地是高校，加强对高校大学生的理论宣传和教育活动，这是掌握这块阵地的重要途径。

目前，我国高校大学生主要是"90后"的一代，其思想状况具有自身特点，对于我们党牢牢掌握这块阵地提出了更高的要求。因此理论界有责任对目前高校大学生的接受状况进行深入地调查研究。

1.1.2 研究意义

首先，培养未来人才的需要。"90后"是"80后"的派生词，泛指1990年以后出生的所有中国公民，目前，"90后"一代已成为中国高等教育的主要受众对象。他们的思想观念和行为方式具有鲜明的时代特色，他们是这样一类群体——思想灵活，观念民主，特立独行，但过于追求自我，集体意识差，功利性倾向强，讨厌假大空的说教，喜欢坦诚相待、以理服人的教育。作为民族的未来和国家的希望，这个群体的自身特殊性对当前的高校教育提出了更高的要求，同时也对马克思主义理论的传播和接受也提出了空前的挑战。究竟这一群体对中国特色社会主义理论体系的接受状况如何，事关党的事业的后继有人，事关中华民族的伟大复兴，事关马克思主义理论在中国的传播和发展，事关青年一代的全面健康成长。

其次，社会主义主流意识形态建设的需要。与时俱进是马克思主义最重要的理论品质，而马克思主义的创造性完美体现了与时俱进的这种可贵品质。结合中国特有的国情，中国共产党把中国特色社会主义社会的具体国情和马克主义基本原理相结合，而不断地实现马克思主义中国化，从而创造性地产生了毛泽东思想和中国特色社会主义理论体系等重大战略思想。而中国特色社会主义理论体系作为马克思主义中国化的最新成果，提出时间已有五年，理论研究和宣传普及活动也不断地深入开展，但是，在青年大学生中的普及效果如何呢？它作为国家的主流意识形态地位能否巩固呢？这些问题的回答就需要调查青年大学生对中国特色社会主义理论体系的接受状况。因为，它直接决定着中国特色社会主义理论体系的普及程度，也决定中国社会未来的发展方向，也是增强社会主义意识形态吸引力和凝聚力的迫切需要。

最后，拓宽马克思主义理论教育研究视阈的需要。本文研究的是马克主义的接受状况，而马克思主义的接受状况与马克思主义的传播教育是有根本性的区别，区别在于前者的重心在于接受规律，主体是接受者；而后者的重心在于传播教育规律，主体是传播教育者。国家和高校在马克思主义理论如何传播和教育青年大学生方面做出诸多学术探究和教育活动，在一定程度上可以说是一种一厢情愿的活动，但对于接受主体——"90后"大学生而言，究竟他们是否自愿、主动接受以及接受程度如何，这方面研究甚少，可以说在学术理论层面上还处于空白状态，亟待需要进行深入探究。任何良好教育都是施教者与接受者的双方良性互动构成，借鉴接受理论的成果，从接受角度研究在校大学生接受中国特色社会主义理论体系的状况，有利于马克思主义理论教育地完善。

1.2 相关的研究现状

目前，在校大学生对中国特色社会主义理论体系接受状况研究的最新成果并不是很多，相关论文也比较少。就现有研究成果来看，宏观理论阐述多，实证调查分析少；描述现状多，深层次问题探讨少；只是思想或观点的"碎片化"提出，而未对"接受问题"的现状、原因和对策做出系统化地探究。总之，此领域的研究，尚处于起步阶段。

目前为止，关于青年大学生对马克思主义中国化最新成果接受状况的直接研究并不多，就成果而言，仅找到 4 篇论文。当代青年接受马克思主义教育趋势的研究》❶ 是由北京青年政治学院赵卫民教授做的关于本校学生在 20 世纪末对邓小平理论接受状况的研究；《青年学生理论素养状况调查》❷ 是由中国社会科学院青年人文社科中心"青年马克思主义信仰状况调研"课题组做的关于京内外 5 所大学（山东大学、广州大学、北京青年政治学院、东北电力大学和成都医药大学）的在校生对"三个代表"重要思想接受状况的调查；《大学生接受中国特色社会主义理论体系教育状况》❸ 是由广西师范学院邓军彪教授和甘日栋教授共同做的关于本校学生对中国特色社会主义理论体系接受状况的研究；《大学生对马克思主义理论接受状况的对比研究》❹ 是由中国地质大学（武汉）代渝渝研究生做的关于本校学生对中国特色社会主义理论接受状况的研究。第一篇是对 20 世纪末当时马克思主义中国化最新成果即邓小平理论所做的接受状况研究，第二篇是对党的十六大以来马克思主义中国化最新成果即"三个代表"重要思想所做的接受状况调查，后两篇是对党的十七大以来马克思主义中国化最新成果即中国特色社会主义理论体系所做的接受状况研究。而这 3 篇在研究方法上一个共同之处就是对本校学生进行问卷调查的基础上分析他们对马克思主义中国化最新成果的接受状况。此外，也有一些学术论文间接阐述了"接受问题"，但总体来说，研究成果还是较少的，且研究的深度也是不够的。

通过思想政治教育、马克思主义大众化、马克思主义传播和青年马克思主义者培养等多个领域相关文献的广泛搜集，并把握其中对"接受问题"进行阐述的若干观点，整理并总结了关于青年大学生接受马克思主义中国化理论成果研究的

---

❶ 赵卫民. 关于青年接受马克思主义教育问题的思考 [J]. 中国青年政治学院学报, 1998 (2)：29 - 34.

❷ 中国社会科学院青年人文社科中心"青年马克思主义信仰状况调研"课题组. 青年学生理论素养状况调查 [J]. 中国党政干部论坛, 2005 (1)：25 - 28.

❸ 邓军彪, 甘日栋. 大学生接受中国特色社会主义理论体系教育状况 [J]. 传承, 2010 (24)：58 - 60.

❹ 代渝渝. 大学生对马克思主义理论接受状况的对比研究 [J]. 企业导报, 2011 (1)：223 - 224.

学术成果，并做了以下几点系统性的概括。

1.2.1 大学生接受马克思主义中国化理论成果重要性的研究

有的学者从社会变革与发展的实际需要、党的切身需要和学科建设的科学研究需要 3 方面出发，阐述了从事该项研究的重要性；❶ 有的学者认为让群众接受理论成为推进马克思大众化的必然要求；❷ 还有学者认为，青年对马克思主义的接受程度，关系到青年发展的方向，关系到青年素质的整体提升，关系到党的事业的后继有人。❸

1.2.2 大学生对马克思主义中国化理论成果接受状况的研究

当代青年大学生是否接受马克思主义中国化理论成果以及他们接受程度怎样，关于这点，学者们论述的比较多。按照学者们对接受状况的评价，可划分为 3 类：其一，部分学者极为乐观的评价，有的学者认为青年大学生对马克思主义中国化成果的认知结构趋向合理，对基本理论问题的理解水平较高；❹ 其二，部分学者极为悲观的评价，认为青年大学生对对马克思主义理论表现出阻碍、拒绝和排斥，几乎所有人都是为了应付考试而被迫去学习；❺ 其三，多数学者二者兼论，认为是一种有喜有悲的现状，青年大学生对马克思主义中国化理论成果基本认同的前提下，在思想认识上仍尚存一些问题，其主要表现在以下两个方面：一方面，在物化的社会环境中，急功近利的心态使学生很难静下心来学习和研究理论，人类对知识和真理的追求被各种实用知识和技术所取代；❻ 另一方面，青年大学生更多去关注自身的现实利益，注重自我，从而淡化马克思主义意识形态的倾向。❼

---

❶ 刘岩，李彩华. 中国化马克思主义接受问题是项重要的研究课题 [J]. 求实，2010 (6)：11－14.

❷ 肖蓉. 从接受角度推进高校马克思主义大众化 [J]. 现代教育科学，2011 (7)：26－29.

❸ 陆士桢. 从青年发展的视角看当代中国马克思主义的传播 [J]. 中国青年政治学院学报，2007 (1)：1－3.

❹ 赵卫民. 当代青年接受马克思主义教育趋势的研究 [J]. 北京青年政治学院学报，2000 (2)：33－38.

❺ 代渝渝. 大学生对马克思主义理论接受状况的对比研究 [J]. 企业导报，2011 (1)：223－224.

❻ 张润枝. 当前广大人民群众接受社会主义意识形态的状况以及对社会主义意识形态建设的新要求 [J]. 当代世界与社会主义，2008 (5)：39－44.

❼ 邓军彪，甘日栋. 大学生接受中国特色社会主义理论体系教育状况 [J]. 传承，2010 (24)：58－60.

1.2.3　在校大学生对马克思主义中国化理论成果接受程度不高的原因研究

对于马克思主义在新的历史条件下吸引力下降的原因分析，学者们的认识多集中于以下几点：其一，马克思主义理论本身的科学性和真理性存在问题，在内容上针对性不强，其价值无法真正体现出来；❶ 其二，马克思主义理论教育模式存在种种问题，如过多重视对大学生强行"填鸭式""灌输式"的马克思主义理论教育，而忽视了青年大学生的内在需求和情感倾向；❷ 其三，受西方实用主义价值观念的影响，使更多青年大学生关注自身生存和自身利益密切相关的问题。❸

1.2.4　关于如何解决大学生接受马克思主义中国化理论成果的研究

让青年大学生接受马克思主义中国化理论成果，就必须让马克思主义中国化理论成果进青年大学生的头脑，那如何才能做到这点呢？学者们对此众说风云，说法不一，但总体上有三点是大家基本都认同的：其一，真理是最重要的优势，强化它解释社会现实问题和重大国际国内事件的能力；❹ 其二，让马克思主义中国化理论成果更多关注青年大学生的现实利益诉求，为其升学、就业和工作等切身利益问题进行宏观的指导。❺ 其三，需要发挥传播者和受众者双方的良性互动。❻

从目前的一系列研究成果我们可以看出，直接研究该课题的成果表述很少，仅有的几篇论文采用问卷调查的研究方法，用抽样数据客观反映目前大学生的接受状况，相对于空谈理论更有说服力，但是，此项研究也仅仅停留在大学生对接受状况的大致了解，在制约大学生接受因素和如何让其更好地接受未做深入探究；同时，在思想政治教育、马克思主义大众化、马克思主义传播和青年马克思主义者培养等多个相关文献领域，对"接受问题"进行阐述的若干观点还是比较

---

❶　朱兆中. 意识形态的传播与接受问题研究——兼论中国马克思主义的传播与接受 [J]. 上海行政学院，2007（4）：12－21.

❷　肖蓉. 从接受角度推进高校马克思主义大众化 [J]. 现代教育科学，2011（7）：26－29.

❸　李红花，周金玲. 马克思主义理论教育的传播问题研究 [J]. 中国西部科技，2008（1）：89－91.

❹　朱兆中. 意识形态的传播与接受问题研究——兼论中国马克思主义的传播与接受 [J]. 上海行政学院，2007（4）：12－21.

❺　孙巧利. 基于大学生接受特点的高校马克思主义大众化问题研究 [J]. 出国与就业（就业版），2011（12）：105－106.

❻　李红花，周金玲. 马克思主义理论教育的传播问题研究 [J]. 中国西部科技，2008（1）：89－91.

丰富的，如接受主体、接受客体、接受中介、接受环境以及它们间相互关系，思想政治教育的接受问题，接受与马克思主义大众化的关系，接受与传播的关系等研究，这些都是值得借鉴的，然而，观点或思想过于零碎，系统地对大学生接受机制的研究还很欠缺。

1.3 研究内容、研究方法以及创新点与不足

1.3.1 研究内容

本论文分为绪论、本论和结论 3 大部分，共 5 章。其中第三章和第四章是本论文的重点论述部分。

第一章：绪论，主要提出了本文选题意义，梳理目前研究成果，披露现有研究的局限性，同时，简要阐述了本文的研究内容、研究方法、创新点以及研究不足。

第二章：当代大学生接受中国特色社会主义理论体系的科学内涵，主要阐述了三个基础概念，包括接受、大学生接受中国特色社会主义理论体系以及大学生对中国特色社会主义理论体系的接受系统要素。

第三章：当代大学生接受中国特色社会主义理论体系的实证调查分析，简单介绍此次问卷调查的目的、对象及方法，然后从接受程度和接受途径两个角度详细说明大学生接受中国特色社会主义理论体系的基本情况，并对调查结果中存在的问题进行详细的分析和归纳。

第四章：探析当代大学生接受中国特色社会主义理论体系的制约因素，首先分析大学生接受结构模式循环图和接受障碍问题，在此基础之上，从接受主体、接受客体、接受中介以及接受环境的角度出发，探析影响大学生接受中国特色社会主义理论体系的制约因素。

第五章：结论。主要探讨如何更好地提高当代大学生对中国特色社会主义理论体系的接受效果。

1.3.2 研究方法

1.3.2.1 文献研究法

目前，关于在校大学生接受中国特色社会主义理论体系研究的专题论文、论

著较少，但在其他学科的著作中涉及接受问题的内容还是比较丰富的。这其中包括西方的解释学、接受美学和传播学的一些相关论著，还有当代国内学者关于思想政治教育接受问题研究的相关论文、论著。本文是在尽量搜集了所能搜集到的相关资料，梳理了前人和时人关于接受问题的研究成果的基础上，借鉴其有益成分，如接受各要素包括接受主体、接受客体、接受中介、受导者和接受环境间的矛盾运动规律，思想政治教育的接受问题，接受与马克思主义大众化的关系，接受与传播的关系等，从而对在校大学生接受中国特色社会主义理论体系的规律进行深入研究。

1.3.2.2 逻辑假设与数据证明相结合的方法

逻辑假设是研究社会问题的基本方法，但是由于自身的缺陷，使其具有一定的主观臆断性和推测性，需要与之配套相应的社会调查方法，以确保研究的严密性和科学性。对在校大学生接受中国特色社会主义理论体系中所存在若干问题进行逻辑分析和推理，先得出若干假设性的结论，然后通过科学、严密的问卷调查，并辅之无结构式个案访谈法，将所需要的问题进行量化评估，最后对假设性结论和调查结果进行对比分析，最终获得当代大学生对中国特色社会主义理论体系的接受状况比较客观、准确的展现。

1.3.3 研究创新点

1.3.3.1 研究深度的开拓

从总体来讲，直接研究该课题的成果表述很少，仅有的几篇论文研究也只停留在大学生对接受状况的大致了解，并未深入探究大学生对马克思主义中国化成果的接受问题，如制约其接受的因素，大学生在什么样的条件下才乐于接受等。因此，系统地研究大学生接受问题，这是本文研究的重点。

从微观内容来讲，大多数学者基本认同从理论的科学性和大学生切身利益关注角度来解决青年大学生接受马克思主义的问题，而笔者对此解决方案仍产生疑虑。即使理论很科学仍被学生误解了怎么办？马克思主义理论应当关注大学生的利益诉求，但是，万一没能关注到大学生的主体需要，我们就不去信仰它？难道西方的耶稣和东方的菩萨没这方面的能力，就能阻挡住人们不去信仰它们吗？这些疑问正成为本文继续深入探讨的切入点。

1.3.3.2 研究方法的创新

其一，借鉴其他学科关于接受理论的研究成果，如西方的解释学、接受美学和传播学的一些相关论著，还有当代国内学者关于思想政治教育接受问题研究的相关论文、论著，引入接受理论中主要研究要素，如接受主体、接受客体、接受中介以及接受环境，从而分析在校大学生接受中国特色社会主义理论体系的制约因素；

其二，本文在借鉴他人问卷调查方法基础上，同时辅之无结构式个案访谈法，从而获得关于大学生接受状况的既理性又感性的认识。

1.3.4 研究不足

由于本文的研究是一个非常复杂的系统工程，研究时间和空间范围都很大，致使本文研究主要存在两点不足之处：

其一，影响大学生接受中国特色社会主义理论体系的制约因素分析不是很全面。本文对影响接受的制约因素的分析和提高其对策的研究，都是按照接受主体、接受客体、接受介体和接受环体 4 个维度分别展开分析，而没有将它们间的相互关系对接受效果的影响进行深入研究，可以说，这是本文研究最大的缺陷。

其二，本文在分析大学生接受中国特色社会主义理论体系的基本情况时，采用了问卷调查方法，由于经费和调查人员有限，无法精确地按照系统分层的抽样方法，样本的代表性存在一定偏差。因此，此项研究还比较薄弱，需要进一步深化。

2 当代大学生接受中国特色社会主义理论体系的科学内涵

2.1 接受

2.1.1 学术界对接受含义的探讨

接受遍及人类社会的各个角落，人类同与自己相关的人或事物存在一个接受问题。接受活动也是一项历史久远的社会现象，没有接受活动，人类无法发挥主体能动性，辉煌的人类文明也将失去光亮的色彩。尽管接受活动具有深厚的历史，但普遍研究接受现象却是现代人做的事情，20 世纪以来，"接受"一词频频出现在西方学者的视野，许多学科在寻求自身发展的过程中不断思索新的研究视阈，"接受问题"也就成为一个重要的研究领域，它的历史演绎过程，基本形成了较为系统的理论体系。国内外学者从不同的学科和角度对接受现象展开了研究，关于接受概念进行了以下梳理。

2.1.1.1　解释学的接受

西方对接受问题的关注可以追溯到希腊时期的古典解释学，如各类文献、法律条款。"这些学科的目的想找出一套正确解释的规则和方法，以达到对语言材料和经典文献一致而准确无误的理解和接受。"[1] 近代解释学主要代表人物是德国哲学家施莱尔马赫和狄尔泰，施莱尔马赫强调"重现被理解对象原初精神状态的能力或记忆"[2] 的心理解释。狄尔泰认为，要想研究人的外部行为不能用自然科学所推崇的实用主义方法，而应通过内省的方法来达到对理解的说明。到了海德格尔与伽达默尔，跨进了现代解释学。海德格尔认为，"对任何本文的理解总是受到解释者（接受者）的'前有'（预先有的文化习惯）、'前识'（预先有的概念系统）和'前设'（预先有的假定）组成的'前结构'所制约和引导。"[3] 伽达默尔认为实现接受需要读者与作品达到"视界融合"，重视读者的偏见在理解中的作用。解释学强调对被研究者的理解和谅解，学会深入实地与研究对象共同生活和工作，作为一名学习者，向被研究者学习，了解他们所思所想。因此，在大学生对中国特色社会主义理论体系的接受问题上，值得借鉴的是接受过程并不是单向的灌输过程，更需要理解接受者大学生。

2.1.1.2　接受美学的接受

1967 年，德国康茨坦斯大学文艺学教授姚斯首次提出"接受美学"的概念。它"既不是美学中美的本质或美感一般形式的研究，也不是文艺理论的鉴赏批评研究，而是以现象学和解释学为其理论基础，以读者的文学接受为旨归，研究读者对作品接受过程中的一系列因素和规律的方法论体系"[4]。姚斯强调读者参与的

---

❶　刘先义. 接受理论：教育研究的新领域 [J]. 教育理论与实践，1998（2）：1-6.

❷　侯钧生. 西方社会学理论教程 [M]. 天津：南开大学出版社，2001：67.

❸　张艺兵. "接受理论"与大学生网络教育 [J]. 兰州学刊，2010（4）：33-36.

❹　王岳川，胡经之. 文艺美学方法论 [M]. 北京：北京大学出版社，2003：333.

重要性,"接受过程是主动参与过程"❶,并指出:"只要作品不被行动的主体接受、获取,它始终只能是未完成的可能的存在。所以,接受是最本质的。"❷ 接受美学的另一个代表人物伊瑟尔"把阅读过程作为本文与读者的一种活生生的关系来掌握和描述,认为文学作品作为审美对象,只是在这个阅读过程中动态地被构成的"❸。他认为,在阅读过程中,"作品的意义不确定性和意义空白促使读者去寻找作品的意义"❹。由此可见,文学创作过程是由作者、作品和读者3个环节构成的,作品不是创造的终点,文学接受活动是创作过程的延续,读者是使文本得以成为作品的不可或缺的作者。因此,在接受美学中,重视读者积极参与性的接受,了解和尊重接受者的接受期待,这对本文研究具有很好的借鉴意义。

2.1.1.3 传播学中受众理论的接受

20世纪40年代,"受众理论"在美国的大众传播学中迅速发展起来,它主要研究受众反应传播信息的情况,并在发展过程中形成"靶子论""影响有限论"和"社会类型论"等理论。早期研究者重视传播工具的作用,把受众看作不堪一击的"靶子",完全处于被动地位,受众只能无条件地接受传播工具提供的任何信息。在大众传播提供的信息面前,信奉不同价值理念或信仰的个人,他们的心理或性格也必然存在种种差异,进而会对信息做出不同的选择和理解。主体性因素制约受众对传播信息的接受,带有价值偏见的人们在认识客观事物时,总会拒接那些与自己原有价值相矛盾的内容,选择性接受那些与自己理念相一致的信息,因而,受众会受到外部传播的有限影响。根据不同的年龄、性别、种族、文化程度、宗教信仰、政治地位以及经济状况,受众分属于不同群体类型,同一社会类型的受众群体对相同信息做出相似反应,在选择传播信息时表现出一致的行动,此称为"社会类型论"。总之,传播不仅要满足受众的兴趣和需要,而且需要受众的主动参与。提升传播效果的重要方式是积极激发受众的主体能动意识,

---

❶ 尧斯,霍拉勃.接受美学与接受理论 [M].周宁,等,译.沈阳:辽宁人民出版社,1987:24.
❷ 德辐曼.接受美学问题 [C].世界艺术与美学:第9集.北京:文化艺术出版社,1988:18.
❸ 朱立元.接受美学 [M].上海:上海人民出版社,1989:21.
❹ [德]沃尔夫冈·伊瑟尔.阅读活动——审美反应理论 [M].金元浦,等,译.北京:中国社会科学出版社,1991:220.

这对于今天接受问题的分析具有重大借鉴意义。

2.1.1.4 思想政治教育的接受

20世纪80年代初，接受理论开始受到我国教育科学研究和思想政治教育研究的重视，出版的论著不太多，其中有代表性的有《接受美学与接受理论》（尧斯、霍拉勃著，周宁等译，辽宁人民出版社1987年版），《思想教育接受学》（邱柏生主编，山西人民出版社1992年版），《德育接受学》（刘云章等，江苏教育出版社1995年版），《思想政治教育接受论》（王敏著，湖北人民出版社2002年版）等等。较有影响的相关文章有《论思想政治教育的接受机制》（王海平，空军政治学院学报，1998年第2期）、《接受理论：教育研究的新领域》（刘先义，教育理论与实践，1998年第2期）、《接受理论对思想政治教育的启示》（刘建军，教学与研究，2000年第2期）等。邱柏生认为，接受是"主体（即受教育者）在外界环境的影响下，尤其是在教育的控制下，选择和摄取思想教育信息的一种能动活动，是对社会有控影响的积极反应"❶。王敏指出："思想政治教育接受特指发生在思想政治教育领域内的接受活动，它反映了思想政治教育接受主体与思想政治教育接受客体之间的相互关系，是接受主体出自于自身的需要，在环境的作用下通过某些中介对接受客体进行反映、选择、整合、内化、外化、行为多环节构成一系列活动。接受的结果是形成人的内化的精神和外化的行为。"❷ 这些定义基本揭示了思想政治教育特殊领域中接受的本质。

2.1.2 接受的含义

对上述接受含义进行梳理的基础之上，笔者汲取前人的优秀成果，对接受定义做出新的解读。汉语中接受一词是接纳和承受的意思，英文中接受一词是reception，指的是认可、吸纳和验收的意思，从字面上看，接受本身就含有自主性和自愿性的意味。所谓接受，是指通过发挥介体（包括传递者和各种传播工具）传递信息的作用，接受主体（接受者）出于自身的某种需求而对传递给他的接受客体（各类信息）进行反映、认识、理解、内化以及外化实践的过程。不难看

---

❶ 邱柏生. 思想教育接受学 [M]. 太原：山西人民出版社，1992：3.
❷ 王敏. 思想政治教育接受论 [M]. 武汉：湖北人民出版社，2002：33.

出，该定义强调四个方面的内容：第一，接受活动是接受主体和介体共同参与的活动，是一种双向互动和双向发展的活动，既强调介体具有传递和引导信息作用，也重视接受主体积极参与，他并非是消极、被动的接受者，而是发挥自己的主观能动意识有选择地接受；第二，凸显介体的传递性和引导性，接受客体作为被动的接受物，接受主体自身的惰性，使得二者都不会主动接纳对方，这就需要接受中介为二者搭建沟通和联系的平台；第三，接受实质是一个过程，是接受主体（接受者）对各类信息进行选择性地反映、认识、理解、内化以及外化实践的过程，而它并不是一蹴而就的；第四，接受终点是观念或价值的外化实践，观念意识内化为接受主体的意志并不代表接受的实现，唯有将以意识状态出现的观念或价值付诸于行动，这才算是接受过程的顺利实现。

2.2 大学生对中国特色社会主义理论体系的接受

2.2.1 中国特色社会主义理论体系

"在党的十七大报告中，胡锦涛同志首次提出了中国特色社会主义理论体系，认为它是包括邓小平理论、'三个代表'重要思想以及科学发展观等重大战略思想在内的科学理论体系，"[1] 并指出，"改革开放以来我们取得一切成绩和进步的根本原因，归结起来就是：开辟了中国特色社会主义道路，形成了中国特色社会主义理论体系，高举中国特色社会主义伟大旗帜。"[2] 党的十八大报告再次阐明："中国特色社会主义理论体系，就是包括邓小平理论、'三个代表'重要思想、科学发展观在内的科学理论体系，是对马克思列宁主义、毛泽东思想的坚持和发展。中国特色社会主义理论体系是行动指南。"[3] 它是马克思主义中国化的重大理论创新成果，其丰富的思想内涵，厚重的文化底蕴，可以说是中国共产党几代领导集体共同努力的成果。"中国特色社会主义理论体系这一概念，是对当代中国马克思主义创新理论的最新概括。这个最新概括至少有 3 大优点：第一，它突出

[1] 徐广田. 胡锦涛对中国特色社会主义理论体系的贡献 [J]. 华北水利水电学院学报，2013 (1)：45 – 47.

[2] 中国共产党第十七次全国代表大会文件汇编 [M]. 北京：人民出版社，2007：10.

[3] 胡锦涛. 中国共产党第十八次全国代表大会报告 [M]. 北京：人民出版社，2012：10.

了理论体系的本源性。第二，它突出了改革开放以来取得一切成绩和进步的根源性。第三，它突出了理论发展的开放性。"❶

自从该理论体系正式问世以来，理论界对它展开了全面深入的研究，理论成果多产、面广，总体来看主要集中研究 3 个问题："中国特色社会主义理论体系与毛泽东思想的关系，中国特色社会主义理论体系 3 个组成部分的关系，中国特色社会主义理论体系的主要内容。"❷ 这些促使中国特色社会主义理论逻辑体系的逐渐形成。过去的几年，中国共产党人和广大理论工作者携手研究，一同完善，共同创新，齐心宣传，使该理论体系不仅仅只停留在抽象理论层面，同时，积极向社会各界人士进行理论宣传，让全社会把该理论体系作为人们道德评判的价值基础和行为处事的行动准则，真正实现了理论宣传与理论创新同步发展的良好局面。

2.2.2 大学生接受中国特色社会主义理论体系的含义

大学生接受中国特色社会主义理论体系是指作为接受主体的大学生在中国特色社会主义理论体系的宣传教育活动中对教师、学校、网络等接受介体所传递的中国特色社会主义理论体系的相关内容进行反映、理解、选择、整合并内化为自己的思想、信念的过程以及自觉地进行外化实践的过程。具体来讲，就是大学生接受邓小平理论、"三个代表"重要思想和科学发展观倡导的基本思想和价值理念，认真学习贯彻党的大政方针，认同中国特色社会主义法律制度和中国特色社会主义道德规范，积极进行外化实践，真正实现观念认同和实践认同的统一过程。

这一内涵具有以下三个特征。第一，主体性。在接受该理论体系的过程中，作为接受主体的大学生"自觉认同教育目标和要求，独立做出判断和选择，自主调节行为，并在实践中完善自身品德、丰富和发展社会道德规范的自主性、能动

---

❶ 石仲泉. 中国特色社会主义社会主义理论体系——当代中国马克思主义创新理论的最新概括 [J]. 中共党史研究，2008（1）：17－20.

❷ 周新辉，韦殿华. 党的十七大以来中国特色社会主义理论体系研究综述 [J]. 青岛科技大学学报，2010（1）：105－110.

性和创造性"❶。大学生将自己的主体意识和能力作用于接受过程中，体现了大学生的主体能动性。第二，引导性。大学生的选择性接受主要取决于他们的价值评判，而他们的价值观念又受中国特色社会主义理论体系及其蕴涵精神的影响，代表崇高道德取向的中国特色社会主义理论，在大学生接受活动中具有价值引导作用，它是大学生接受成功的标志。第三，前进性。在接受过程中，大学生认同该理论体系，且主动内化思想和外化实践，不仅使大学生自身能力获得提升，而且积极的外化实践对社会整体有序发展起到良好的示范作用，因而，接受具有重大进步意义。

2.3 大学生对中国特色社会主义理论体系的接受系统要素

接受是一个由多种要素构成的复杂系统。大学生对中国特色社会主义理论体系的接受是接受领域中一种独特的接受活动。同一般接受活动类似，也具有较为复杂的系统结构。笔者认为，大学生对中国特色社会主义理论体系的接受系统由接受主体、接受客体、接受介体和接受环体四种要素构成。

2.3.1 接受主体

接受主体主要指高校大学生。当今大学生基本都是"90 后"的一代，他们深受多元文化的冲击，既受中国传统文明的浸润，又受西方文化的感染，他们思维灵活，眼界开阔，注重时政；在信息化时代中，他们"习惯于通过访问互联网来获取专业信息资源，偏好于通过搜索引擎来解答疑惑，热衷于通过 QQ、MSN、BBS、校内网等方式进行信息交流，喜欢通过发微博、写日志进行情感的传达和宣泄，他们所有这些信息行为都打上了明显的时代印记"❷；他们具有很强的独立意识，不喜欢"假、大、空"的说教，而更喜欢坦诚相待和生动形象的教育。但是，他们表现出过于自我，集体意识差，思想观念功利性色彩浓厚，缺乏吃苦耐劳精神，理想信念模糊等问题。由此可见，接受主体是一个具有复杂特性的群体，他们有不同的性格特点、不同的心理素质、不同的知识结构、不同的行为目

---

❶ 张耀灿，郑永廷. 现代思想政治教育学 [M]. 北京：人民出版社，2006：276.

❷ 孙巧利. 基于大学生接受特点的高校马克思主义大众化问题研究 [J]. 出国与就业：就业版，2011（12）：105 – 106.

的、不同的主体需求、不同的参与程度等，必然会对他们接受中国特色社会主义理论体系产生种种不同影响。

2.3.2 接受客体

接受客体是指传递给大学生的中国特色社会主义理论体系。它不仅包括中国特色社会主义社会建设过程中党的正确路线、方针和政策，也包括在中国特色社会主义道路中总结出的成功经验和失败教训等。在宏观层面上，接受客体蕴含着国家和社会对个人在思想道德、价值观念、政治行为的期待，体现着国家和社会的要求，是社会意识的集中反映。因此，接受客体首要前提是具备真理性和科学性。一种理论自身缺乏科学，它就没有存在的根基。但是，如果接受客体仅仅满足于上述要求，只能说它是符合国家利益的抽象理论，由于脱离现实生活，就无法得到群众拥护，没有任何实践价值。因而，在微观层面上，接受客体同样也要体现个体意识的需要。大学生作为一个国家和社会中的成员，虽然有接受该理论体系的义务，但是他们在接受过程中理应获得受到尊重的权利，必须紧密结合大学生成长发展的需要，使得中国特色社会主义理论体系这一接受客体具有更强的可接受性。

2.3.3 接受介体

接受介体包括高校教育者、学生社团和各种传播媒介等。中国特色社会主义理论体系这一接受客体并不能自动地将自身传递给接受主体，且作为接受主体的大学生具有惰性，也不会自觉学习和了解该理论体系，因此，接受介体作为一种中间介质，必须搭建起接受主体和接受客体之间进行信息交换的桥梁。在接受系统的诸要素中，接受介体的作用是必不可少的一环。在接受介体中，教育者和传播方式的作用最为重要。教育者是中国特色社会主义理论体系的重要传递者和宣传者，在高校中主要是讲授思想政治理论课的教师。2005 年 2 月《中共中央宣传部、教育部关于进一步加强和改进高等学校思想政治理论课的意见》中指出："高等学校思想政治理论课教师是马克思主义理论和党的路线、方针、政策的宣讲者，社会主义意识形态和精神文明的传播者。"❶ 因此，高校教师必须担负着传播中国特色社会主义理论体系的艰巨使命。他们通过对其教学内容、授课方式、学习环境的精心挑选和准备，向广大大学生传递该理论体系的主要思想，同时，引导大学生正确树立良好的价值观和实践观。高校教师自身的素质（知识水平、教学态度和个人魅力），抽象理论与具体实际问题的结合能力，理论热点或难点问题的剖析能力，这些因素都会对大学生对该理论体系的接受效果产生重要影响。另外，目前传播方式主要指的是载体形式、教育方法等。传播载体主要是信息传播所借助的媒介，如传媒载体、文化载体和管理载体等。教育方法是传播和宣传信息过程中运用的实际操作方式，如课堂讲授、听报告、学生间讨论等。

2.3.4 接受环体

只有在特定的环境背景下，接受主体的接受才有可能实现。因此，大学生接受中国特色社会主义理论体系同样存在一个学习和生活环境的问题，即接受环体问题。接受环体是指在接受中国特色社会主义理论体系活动中大学生置身其中的客观外在条件，包括政治、经济、文化、社会心理、学习生活场所、师生关系、同学关系、家庭等因素。接受环体一般包括3个层面：宏观接受环境，是大学生在理论接受中所处于社会大环境，包括政治、经济、文化以及心理等层面；中观接受环境，是校园文化环境和家庭教育环境；微观接受环境，是个人在理论接受中所处的具体情境和氛围。接受环体因素作为制约大学生接受该理论体系的外部影响因素，它对大学生接受该理论体系的作用具有全局性和整体性。接受环体对大学生接受活动提供强劲的动力作用和导向功能，从而潜移默化地对大学生的认知、判断和心理产生某种程度地诱导，有助于其思想观念的转变，进而对大学生接受该理论体系产生重要的心理影响。接受环体既可以成为大学生进行理论接受的依据，也可以成为大学生拒绝理论接受的"病因"。因此，接受环体的制约作用不容忽视。

---

❶ 中宣部，教育部. 中共中央宣传部、教育部关于进一步加强和改进高等学校思想政治理论课的意见 [EB/OL]. （2012.4.9）［2012－4－26］. http：//szjyb. stiei. edu. cn/s/6/t/9/0e/5a/info3674. html.

3 北京大学生对中国特色社会主义理论体系的接受状况调查分析

3.1 调查目的、抽样和资料收集

3.1.1 调查目的

了解北京地区大学生对中国特色社会主义理论体系的接受程度情况和接受途径情况，具体来讲，分析4个维度的接受程度，分别为知晓度（大学生是否对该理论体系了解）、把握度（大学生对该理论体系基本内容的掌握程度）、认同度（大学生对该理论体系的评价优劣）和内化度（大学生是否对该理论体系做到发自内心的接受和真实的外化实践），了解大学生接受该理论体系的主要途径，认清大学生在接受该理论体系的过程中存在的实际问题，从而有针对性地提高大学生的接受效果。

3.1.2 抽样和资料收集

2012年9月，笔者设计了《关于北京大学生对中国特色社会主义理论体系接受状况的调查》问卷表，以北京地区九所高校的在校本科生（北京大学、中国政法大学、中国青年政治学院、北京理工大学、中国地质大学、北京林业大学、北京化工大学、中国传媒大学、北京电影学院）为抽样总体，采用问卷调查法和个案访谈法，分析北京地区大学生对中国特色社会主义理论体系的接受程度情况和接受途径情况。考虑到样本规模、抽样精确性、总体异质性程度以及经费、人力和时间等因素，本次采取简单随机抽样方法，除了北京电影学院发放问卷60份外，其余各学校均发放问卷110份，共发放问卷940份，最后回收问卷873份，回收率达92.8%。对原始问卷进行逻辑检查和幅度检查后，去掉无效问卷12份，最后有效问卷为861份，最后的有效回收率为91.6%。根据图3－1至图3－4显示，本次调查样本在学校、性别、年级和专业上分布比例基本均衡，其他背景变量的分布也比较合理，因而，此次调查样本具有一定的代表性。

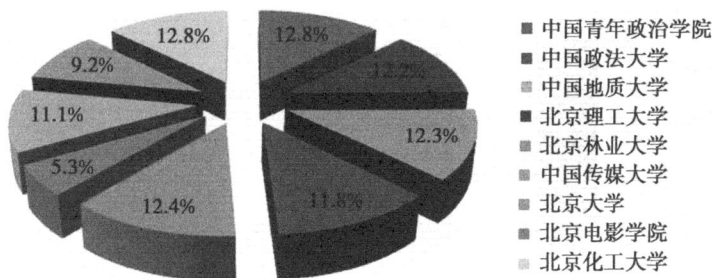

图 3-1   问卷发放的学校分布情况

中国青年政治学院
中国政法大学
中国地质大学
北京理工大学
北京林业大学
中国传媒大学
北京大学
北京电影学院
北京化工大学

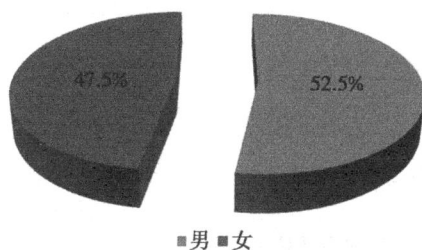

图 3-2   问卷发放的性别分布情况

■男 ■女

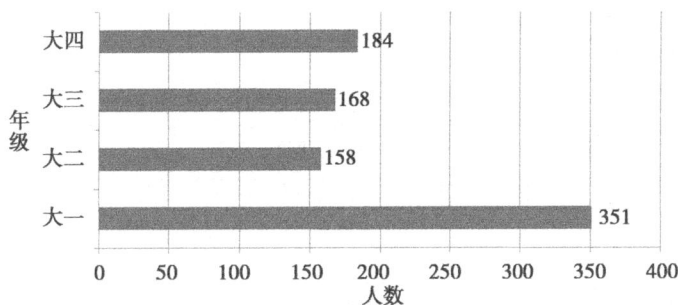

图 3-3   问卷发放的年级分布情况

3.2   调查的基本情况

3.2.1   接受程度情况

3.2.1.1   理论知晓度

根据表 3-1 显示，仅有 6.6% 的大学生对中国特色社会主义理论体系不了解，相比之下，大约 94% 的大学生对其做出自己的评价，不论是积极肯定的，还

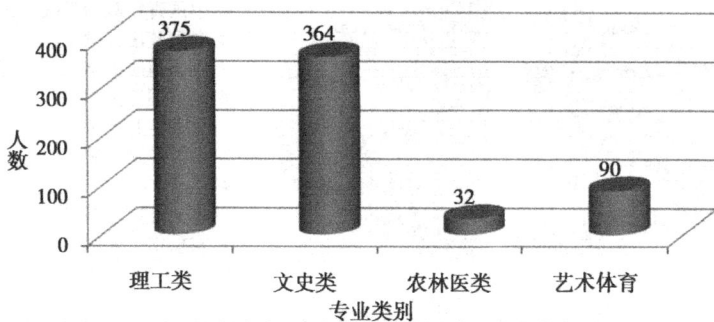

图 3-4 问卷发放的专业分布情况

是消极否定的，都说明绝大部分大学生基本了解这一理论概念。因此，知晓度还是很高。但是，也要清醒地认识到潜在的问题，大约 16% 的大学生对中国特色社会主义理论体系持有否定或冷漠的态度。

表 3-1 大学生对中国特色社会主义理论体系指导作用的评价

		频率	百分比（%）	有效百分比（%）	累积百分比（%）
有效	有积极作用	437	50.8	50.8	50.8
	有些，不明显	288	33.4	33.4	84.2
	没有作用	79	9.2	9.2	93.4
	对该理论不了解	57	6.6	6.6	100.0
	合计	861	100.0	100.0	—

3.2.1.2 理论把握度

第一，成绩指标。成绩作为一门理论知识点的掌握程度的重要指标，它能较好地展现大学生对中国特色社会主义理论体系基本内容的把握程度。根据表 3-2 显示，大约 98.7% 的大学生的政治理论课的成绩在 60 分以上，其中将近一半的大学生成绩在 80 分以上，绝大部分大学生的成绩在 70 分以上，说明几乎所有大学生对中国特色社会主义理论体系的大体内容还是基本掌握，并且，绝大部分大学生的成绩是比较高，进而说明他们对该理论体系知识点的把握程度也是很高的。

表 3 - 2　大学生的政治理论课成绩

		频率	百分比（%）	有效百分比（%）	累积百分比（%）
有效	80 分以上	392	45.5	45.5	45.5
	70~80 分	298	34.6	34.6	80.1
	60~70 分	160	18.6	18.6	98.7
	60 分以下	11	1.3	1.3	100.0
	合计	861	100.0	100.0	—

第二，概念指标。了解中国特色社会主义理论体系概念的基本内涵，这是了解大学生对中国特色社会主义理论体系把握情况的基本前提。根据表 3 - 3 显示，能够基本回答中国特色社会主义理论体系具体内涵的学生比例为 84.3%，其中，准确回答的大学生比例为 33.6%，把毛泽东思想也包括进来的大学生比例为 50.8%。说明绝大部分大学生还是基本清楚该理论体系所包括的三大基本理论，只是存在一个精准把握的问题，即毛泽东思想同该理论体系的关系问题认识不够清晰。此外，另一个问题也不容忽视，大约 16% 的大学生对其所包括的理论做出了各种错误的回答，这部分大学生对该理论体系的认识和把握还有待于进一步的提高。

表 3 - 3　中国特色社会主义理论体系概念基本内涵的回答情况

选择类型	频数	百分比（%）	累计百分比（%）
正确选择	289	33.6	33.6
4 个全选	437	50.8	84.3
其他选择	135	15.7	100.0
总计	861	100.0	—

总体来讲，北京大学生对中国特色社会主义理论体系的把握程度是比较高，对基本内涵、基本内容以及意义均有较为清晰的认识和了解，政治素养还是比较高的。

3.2.1.3　理论认同度

首先，总体认同程度分析。认同问题实质是社会对个人施加影响，将社会意识转化为个人意识的过程，体现了个人学习、认知、评价理论的过程。北京大学生对中国特色社会主义理论体系的认同度如何，可从他们对中国特色社会主义理论体系的总体评价、学习动机、自愿程度以及学习途径进行考量。

根据表 3-1 显示，大约 84.2% 的大学生认为中国特色社会主义理论体系对我国的社会主义建设有指导作用，并且在表 3-4 中，大约 70% 的大学生对中国特色社会主义理论体系做出积极肯定的评价，认为它能够维护国家政权稳定，指导中华民族走向繁荣富强。这都反映了北京大学生对中国特色社会主义理论体系重大指导作用的较高认同。与此同时，也存在较为严重的问题是，大约 30% 的大学生对中国特色社会主义理论体系持有一种悲观论调，认为中国特色社会主义理论体系是一种脱离实际的无法付诸实施的空想理论。

表 3-4　大学生对中国特色社会主义理论体系的认识

		频率	百分比（%）	有效百分比（%）	累积百分比（%）
有效	大而空的理论，离生活实践遥远	105	12.2	12.2	12.2
	一种对美好未来的憧憬，"乌托邦"理论	156	18.1	18.1	30.3
	是中国共产党巩固自身政权需要的理论	192	22.3	22.3	52.6
	指导中华民族走向繁荣富强的科学理论	408	47.4	47.4	100.0
	合计	861	100.0	100.0	—

北京大学生学习中国特色社会主义理论体系的动机具有浓厚的功利性色彩。根据图 3-5 显示，大约 80% 的大学生只是把该理论体系当作一种达到某种特定目标的手段，有的为了应付考试而获取相应学分，有的为自己未来找工作便利而临时突击学习。真正能够以一种主动学习态度认真对待的大学生并不多，仅仅超过了 20% 的比例。不难看出，观念认同与实践认同目前存在相互脱节的问题，这必须引起教育界相关人士的高度重视。

总体来讲，北京大学生上政治理论课的积极性还是较高，根据图 3-6 显示，大约 72% 的大学生很少逃课，其中，24.1% 的大学生从来没有逃课，48.2% 的大学生由于某些客观因素的影响逃课次数也很少，在一定程度上反映了他们学习政治理论的积极性较强，自愿程度较高。但是，一些问题也不容忽视，大约 30% 的大学生逃课次数频

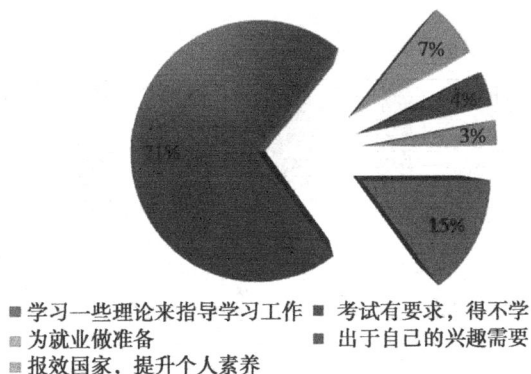

图 3 – 5 大学生学习中国特色社会主义理论体系课的动机

繁，上课热情不高，并且在图 3 – 7 中，大学生学习中国特色社会主义理论体系的主要途径是课堂上老师的教授、媒体宣传和学校组织的德育活动，而大学生采取自主学习方式的比例并不高，仅有 9.1% 的大学生课下自学，17.4% 的大学生参加校内的学生社团活动，13.8% 的大学生进行相互交流和讨论。因此，北京大学生对中国特色社会主义理论体系具有较强的"被动接收性"，而具有较差的"主动接受性"。

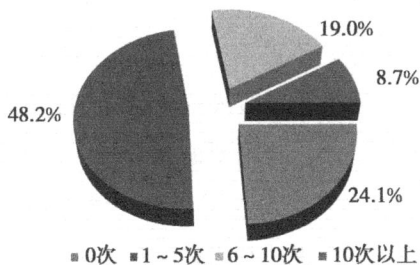

图 3 – 6 大学生在政治理论课上的逃课次数

其次，不同维度的具体分析。由于大学生自身的某些属性，如专业背景、政治面貌、所在年级等，可能会造成不同类别对中国特色社会主义理论体系认同度的差异。

（1）不同专业的认同度分析。其一，艺术体育类和农林医类的大学生同其他两类专业的大学生之间差异程度较大，50% 的艺术体育类大学生认为该理论体系没有任何作用或对该理论体系不了解（见表 3 – 5），43.8% 的农林医类大学生认

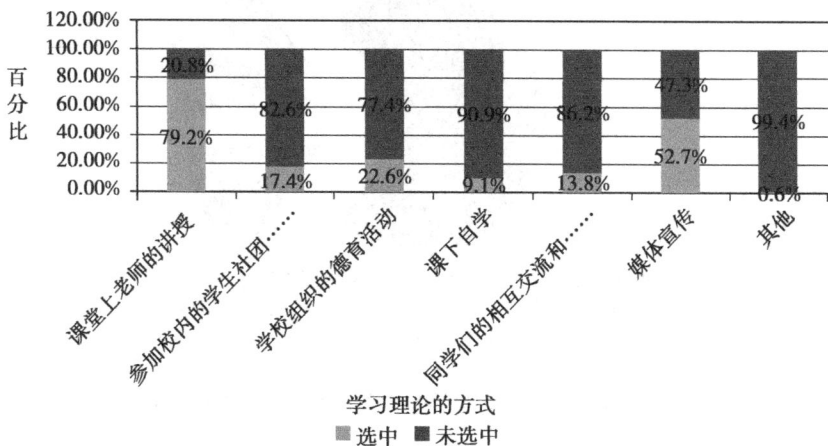

图 3 - 7　大学生学习中国特色社会主义理论体系的主要途径

为该理论体系是缺乏实用性，只是一种美好的愿景（见表 3 - 6）；其二，文史类和理工类的大学生逃课次数比例远小于农林医类和艺术体育类的大学生（见表 3 - 7）；其三，理论的学习动机在不同专业间的差异不太显著，普遍具有功利性，但是，调查发现的问题是文史类大学生的功利性色彩更加浓厚，82.3% 的文史类大学生选择了"考试有要求，不得不学"和"为就业做准备"，这一比例远高于其他三类（见表 3 - 8）。为了寻求造成这一问题的原因，此次对部分文史类大学生进行访谈，发现他们学习政治理论课的教育年限远比其他三类更长，他们已厌倦了传统授课模式和授课内容，出现了"疲劳倦怠症"；其四，不同专业类别在学习途径的选择都主要是课堂讲授和媒体宣传，他们间的差异不太显著（见表 3 - 9）。

表 3 – 5 专业类别 * 大学生对中国特色社会主义理论体系指导作用的评价交叉制表

			大学生对中国特色社会主义理论体系指导作用的评价				合计
			对该理论不了解	没有作用	有些作用不明显	有积极作用	
专业类别	理工类	计数	24	19	118	214	375
		占专业类别中的百分比（%）	6.4	5.1	31.5	57.1	100.0
		占总数的百分比（%）	2.8	2.2	13.7	24.9	43.6
	文史类	计数	20	22	127	195	364
		占专业类别中的百分比（%）	5.5	6.0	34.9	53.6	100.0
		占总数的百分比（%）	2.3	2.6	14.8	22.6	42.3
	农林医类	计数	3	3	13	13	32
		占专业类别中的百分比（%）	9.4	9.4	40.6	40.6	100.0
		占总数的百分比（%）	0.3	0.3	1.5	1.5	3.7
	艺术体育	计数	10	35	30	15	90
		占专业类别中的百分比（%）	11.1	38.9	33.3	16.7	100.0
		占总数的百分比（%）	1.2	4.1	3.5	1.7	10.5
合计		计数	57	79	288	437	861
		占专业类别中的百分比（%）	6.6	9.2	33.4	50.8	100.0
		占总数的百分比（%）	6.6	9.2	33.4	50.8	100.0

表 3-6 专业类别 ＊ 大学生对中国特色社会主义理论体系的认识交叉制表

			大学生对中国特色社会主义理论体系的认识				合计
			脱离生活的空洞的理论	"乌托邦"理论	巩固政权的需要	指导中国富强的科学理论	
专业类别	理工类	计数	41	59	64	211	375
		占专业类别中的百分比（%）	10.9	15.7	17.1	56.3	100.0
		占总数的百分比（%）	4.8	6.9	7.4	24.5	43.6
	文史类	计数	49	42	103	170	364
		占专业类别中的百分比（%）	13.5	11.5	28.3	46.7	100.0
		占总数的百分比（%）	5.7	4.9	12.0	19.7	42.3
	农林医类	计数	3	11	5	13	32
		占专业类别中的百分比（%）	9.4	34.4	15.6	40.6	100.0
		占总数的百分比（%）	0.3	1.3	0.6	1.5	3.7
	艺术体育	计数	12	44	20	14	90
		占专业类别中的百分比（%）	13.3	48.9	22.2	15.6	100.0
		占总数的百分比（%）	1.4	5.1	2.3	1.6	10.5
合计		计数	105	156	192	408	861
		占专业类别中的百分比（%）	12.2	18.1	22.3	47.4	100.0
		占总数的百分比（%）	12.2	18.1	22.3	47.4	100.0

表 3 - 7　专业类别 * 大学生在政治理论课上逃课次数交叉制表

			大学生在政治理论课上逃课次数				合计
			0 次	1～5 次	6～10 次	11 次以上	
专业类别	理工类	计数	61	102	35	25	223
		占专业类别中的百分比（%）	27.4	45.7	15.7	11.2	100.0
		占总数的百分比（%）	12.6	21.0	7.2	5.2	46.0
	文史类	计数	45	85	18	16	164
		占专业类别中的百分比（%）	27.4	51.8	11.0	9.8	100.0
		占总数的百分比（%）	9.3	17.5	3.7	3.3	33.8
	农林医类	计数	3	8	4	0	15
		占专业类别中的百分比（%）	20.0	53.3	26.7	0.0	100.0
		占总数的百分比（%）	0.6	1.6	0.8	0.0	3.1
	艺术体育	计数	8	39	35	1	83
		占专业类别中的百分比（%）	9.6	47.0	42.2	1.2	100.0
		占总数的百分比（%）	1.6	8.0	7.2	0.2	17.1
合计		计数	117	234	92	42	485
		占专业类别中的百分比（%）	24.1	48.2	19.0	8.7	100.0
		占总数的百分比（%）	24.1	48.2	19.0	8.7	100.0

由此可见，艺术体育类和农林医类的大学生相比，文史类和理工类的大学生对中国特色社会主义理论体系的认同程度较高。同时，不同专业都存在一些认同问题。

（2）不同政治面貌的认同度分析。其一，对中国特色社会主义理论体系的内涵做出正确认识和评价的比例由小到大依次为中共党员或预备党员（56.3%）、

表3-8 专业类别＊大学生学习中国特色社会主义理论体系的动机交叉制表

			大学生学习中国特色社会主义理论体系的动机					合计
			学习一些理论来指导学习工作	考试有要求不得不学	为就业做准备	出于自己的兴趣需要	报效国家、提升个人素养	
专业类别	121	计数	38	154	17	5	9	223
		占专业类别中的百分比（%）	17.0	69.1	7.6	2.2	4.0	100.0
		占总数的百分比（%）	7.8	31.8	3.5	1.0	1.9	46.0
	文史类	计数	38	102	14	5	5	164
		占专业类别中的百分比（%）	11.6	73.8	8.5	3.0	3.0	100.0
		占总数的百分比（%）	3.9	24.9	2.9	1.0	1.0	33.8
	农林医类	计数	4	9	0	1	1	15
		占专业类别中的百分比（%）	26.7	60.0	0.0	6.7	6.7	100.0
		占总数的百分比（%）	0.8	1.9	0.0	0.2	0.2	3.1
	艺术体育	计数	11	60	2	10	0	83
		占专业类别中的百分比（%）	13.3	72.3	2.4	12.0	0.0	100.0
		占总数的百分比（%）	2.3	12.4	0.4	2.1	0.0	17.1
合计		计数	72	344	33	21	15	485
		占专业类别中的百分比（%）	14.8	70.9	6.8	4.3	3.1	100.0
		占总数的百分比（%）	14.8	70.9	6.8	4.3	3.1	100.0

共青团员（47.4%）、入党积极分子（42.5%）、群众（28.0%）、其他（0.0%）（见表3-10）；其二，真正能够把兴趣爱好、学以致用和提高修养作为理论学习动机的大学生，中共党员或预备党员和入党积极分子比重最高，其比例为22.6%

（见表3-11），同时也反映了另一个问题，党员中也存在学习动机不纯，掺杂着诸多功利性因素；其三，根据政治面貌的不同，选择很少逃课的由大到小依次为中共党员或预备党员（77.5%），入党积极分子（70.2%）、共青团员（71.3%）、群众（58.8%）（见表3-12）。这表明政治面貌不同，大学生的逃课次数也呈现出不同的差异；其四，不同政治面貌在学习途径的选择上差异并不显著，主要是通过课堂老师的讲授和媒体宣传来学习该理论体系（见表3-13）。

表3-9　专业类别＊大学生学习中国特色社会主义理论体系的主要途径交叉制表

专业类别			大学生学习中国特色社会主义理论体系的主要途径							总计
			其他	课堂讲授	学生社团活动	学校德育	课下自学	同学间交流	媒体宣传	
专业类别	理工类	计数	6	298	61	78	37	51	190	375
		占专业类别内的百分比（%）	1.6	79.5	16.3	20.8	9.9	13.6	50.7	—
		占总数的百分比（%）	0.7	34.6	7.1	9.1	4.3	5.9	22.1	43.6
	文史类	计数	2	315	36	78	37	50	204	364
		占专业类别内的百分比（%）	0.5	86.5	9.9	21.4	10.2	13.7	56.0	—
		占总数的百分比（%）	20.0	46.2	24.0	40.0	47.4	42.0	44.9	—
	农林医类	计数	0	26	11	5	1	3	17	32
		占专业类别内的百分比（%）	0.0	81.3	34.4	15.6	3.1	9.4	53.1	—
		占总数的百分比（%）	0.0	3.0	1.3	0.6	0.1	0.3	2.0	3.7
	艺术体育	计数	2	43	42	34	3	15	43	90
		占专业类别内的百分比（%）	2.2	47.8	46.7	37.8	3.3	16.7	47.8	—
		占总数的百分比（%）	0.2	5.0	4.9	3.9	0.3	1.7	5.0	10.5
总计		计数	10	682	150	195	78	119	454	861
		占总数的百分比（%）	1.2	79.2	17.4	22.6	9.1	13.8	52.7	100.0

表3-10 政治面貌＊大学生对中国特色社会主义理论体系的认识交叉制表

			大学生对中国特色社会主义理论体系的认识				合计
			脱离生活的、空洞的理论	"乌托邦"理论	巩固政权需要的理论	指导中国富强的科学理论	
政治面貌	其他	计数	2	1	0	0	3
		占政治面貌中的百分比（%）	66.7	33.3	0.0	0.0	100.0
		占总数的百分比（%）	0.2	0.1	0.0	0.0	0.3
	中共党员或预备党员	计数	16	25	35	98	174
		占政治面貌中的百分比（%）	9.2	14.4	20.1	56.3	100.0
		占总数的百分比（%）	1.9	2.9	4.1	11.4	20.2
	入党积极分子	计数	16	54	37	79	186
		占政治面貌中的百分比（%）	8.6	29.0	19.9	42.5	100.0
		占总数的百分比（%）	1.9	6.3	4.3	9.2	21.6
	共青团员	计数	65	70	114	224	473
		占政治面貌中的百分比（%）	13.7	14.8	24.1	47.4	100.0
		占总数的百分比（%）	7.5	8.1	13.2	26.0	54.9
	群众	计数	6	6	6	7	25
		占政治面貌中的百分比（%）	24.0	24.0	24.0	28.0	100.0
		占总数的百分比（%）	0.7	0.7	0.7	0.8	2.9
合计		计数	105	156	192	408	861
		占政治面貌中的百分比（%）	12.2	18.1	22.3	47.4	100.0
		占总数的百分比（%）	12.2	18.1	22.3	47.4	100.0

表 3 - 11　政治面貌 * 大学生学习中国特色社会主义理论体系的动机交叉制表

			大学生学习中国特色社会主义理论体系的动机					合计
			学习一些理论来指导学习工作	考试有要求不得不学	为就业做准备	出于自己的兴趣需要	报效国家提升个人素养	
政治面貌	其他	计数	0	1	0	0	0	1
		占政治面貌中的百分比（%）	0.0	100.0	0.0	0.0	0.0	100.0
		占总数的百分比（%）	0.0	0.2	0.0	0.0	0.0	0.2
	中共或预备党员	计数	22	108	9	3	9	151
		占政治面貌中的百分比（%）	14.6	71.5	6.0	2.0	6.0	100.0
		占总数的百分比（%）	4.5	22.3	1.9	0.6	1.9	31.1
	入党积极分子	计数	26	87	5	9	4	131
		占政治面貌中的百分比（%）	19.8	66.4	3.8	6.9	3.1	100.0
		占总数的百分比（%）	5.4	17.9	1.0	1.9	0.8	27.0
	共青团员	计数	22	134	18	9	2	185
		占政治面貌中的百分比（%）	11.9	72.4	9.7	4.9	1.1	100.0
		占总数的百分比（%）	4.5	27.6	3.7	1.9	0.4	38.1
	群众	计数	2	14	1	0	0	17
		占政治面貌中的百分比（%）	11.8	82.4	5.9	0.0	0.0	100.0
		占总数的百分比（%）	0.4	2.9	0.2	0.0	0.0	3.5
合计		计数	72	344	33	21	15	485
		占政治面貌中的百分比（%）	14.8	70.9	6.8	4.3	3.1	100.0
		占总数的百分比（%）	14.8	70.9	6.8	4.3	3.1	100.0

表 3 - 12　政治面貌 * 大学生在政治理论课上逃课次数交叉制表

			大学生在政治理论课上逃课次数				合计
			0 次	1 ~ 5 次	6 ~ 10 次	11 次以上	
政治面貌	其他	计数	0	0	0	1	1
		占政治面貌中的百分比（%）	0.0	0.0	0.0	100.0	100.0
		占总数的百分比（%）	0.0	0.0	0.0	0.2	0.2
	中共党员或预备党员	计数	47	70	20	14	151
		占政治面貌中的百分比（%）	31.1	46.4	13.2	9.3	100.0
		占总数的百分比（%）	9.7	14.4	4.1	2.9	31.1
	入党积极分子	计数	26	66	32	7	131
		占政治面貌中的百分比（%）	19.8	50.4	24.4	5.3	100.0
		占总数的百分比（%）	5.4	13.6	6.6	1.4	27.0
	共青团员	计数	43	89	36	17	185
		占政治面貌中的百分比（%）	23.2	48.1	19.5	9.2	100.0
		占总数的百分比（%）	8.9	18.4	7.4	3.5	38.1
	群众	计数	1	9	4	3	17
		占政治面貌中的百分比（%）	5.9	52.9	23.5	17.6	100.0
		占总数的百分比（%）	0.2	1.9	0.8	0.6	3.5
合计		计数	117	234	92	42	485
		占政治面貌中的百分比（%）	24.1	48.2	19.0	8.7	100.0
		占总数的百分比（%）	24.1	48.2	19.0	8.7	100.0

表 3 - 13　政治面貌 * 大学生学习中国特色社会主义理论体系的主要途径交叉制表

| | | | 大学生学习中国特色社会主义理论体系的主要途径 | | | | | | | 总计 |
			其他	课堂讲授	学生社团活动	学校德育	课下自学	同学间交流	媒体宣传	
政治面貌	中共或预备党员	计数	2	142	33	34	22	19	93	174
		占政治面貌内的百分比（%）	1.1	81.6	19.0	19.5	12.6	10.9	53.4	—
		占总数的百分比（%）	0.2	16.6	3.8	4.0	2.6	2.2	10.8	20.3
	入党积极分子	计数	2	134	51	50	15	33	84	186
		占政治面貌内的百分比（%）	1.1	72.0	27.4	26.9	8.1	17.7	45.2	—
		占总计的百分比（%）	0.2	15.6	5.9	5.8	1.7	3.8	9.8	21.7
	共青团员	计数	6	386	58	105	38	63	262	473
		占政治面貌内的百分比（%）	1.3	81.6	12.3	22.2	8.0	13.3	55.4	—
		占总计的百分比（%）	0.7	45.0	6.8	12.2	4.4	7.3	30.5	55.1
	群众	计数	0	17	6	6	2	4	15	25
		占政治面貌内的百分比（%）	0.0	68.0	24.0	24.0	8.0	16.0	60.0	—
		占总计的百分比（%）	0.0	2.0	0.7	0.7	0.2	0.5	1.7	2.9
总计		计数	10	679	148	195	77	119	454	858
		占总计的百分比（%）	1.2	79.1	17.2	22.7	9.0	13.9	52.9	100.0

由此可见，越是积极追求政治进步的大学生对该理论体系的认同度越高，不同的政治面貌对该理论体系的认同度是存在显著差异的。

（3）不同年级的认同度分析。其一，大一、大二、大三和大四对该理论体系的肯定评价比例分别为 86.6%、84.2%、73.9% 和 89.2%（见表 3 - 14），总体来看，随着年级升高，大学生对该理论体系的肯定程度也越高；其二，不论年级高低，理论学习动机普遍具有功利性色彩，几乎每个年级的大学生在选择"考试有要求，不得不学"和"为就业做准备"两项时都保持在 70% ~ 80% 的比例之间（见表 3 - 15）；其三，随着年级升高，逃课次数也不断增多，大一至大四逃课次数超过 6 次人数的所占比例分别是 23.1%、21.1%、28%、32.2%（见表 3 - 16），表明理论评价的肯定程度同逃课次数出现了反向相关关系，这一问题本质上反映了观念认同与实践认同相脱节的问题。

表 3 - 14　年级 * 大学生对中国特色社会主义理论体系指导作用的评价交叉制表

			大学生对中国特色社会主义理论体系 指导作用的评价				合计
			对该理论 不了解	没有 作用	有些作用 不明显	有积极 作用	
年级	大一	计数	29	18	101	203	351
		占年级中的百分比（%）	8.3	5.1	28.8	57.8	100.0
		占总数的百分比（%）	3.4	2.1	11.7	23.6	40.8
	大二	计数	9	16	57	76	158
		占年级中的百分比（%）	5.7	10.1	36.1	48.1	100.0
		占总数的百分比（%）	1.0	1.9	6.6	8.8	18.4
	大三	计数	12	32	73	51	168
		占年级中的百分比（%）	7.1	19.0	43.5	30.4	100.0
		占总数的百分比（%）	1.4	3.7	8.5	5.9	19.5
	大四	计数	7	13	57	107	184
		占年级中的百分比（%）	3.8	7.1	31.0	58.2	100.0
		占总数的百分比（%）	0.8	1.5	6.6	12.4	21.4
合计		计数	57	79	288	437	861
		占年级中的百分比（%）	6.6	9.2	33.4	50.8	100.0
		占总数的百分比（%）	6.6	9.2	33.4	50.8	100.0

表 3 – 15　年级 * 大学生学习中国特色社会主义理论体系的动机交叉制表

			大学生学习中国特色社会主义理论体系的动机					合计
			学习一些理论来指导学习工作	考试有要求不得不学	为就业做准备	出于自己的兴趣需要	报效国家、提升个人素养	
年级	大一	计数	2	8	1	1	1	13
		占年级中的百分比（%）	15.4	61.5	7.7	7.7	7.7	100.0
		占总数的百分比（%）	0.4	1.6	0.2	0.2	0.2	2.7
	大二	计数	18	92	8	9	1	128
		占年级中的百分比（%）	14.1	71.9	6.3	7.0	0.8	100.0
		占总数的百分比（%）	3.7	19.0	1.6	1.9	0.2	26.4
	大三	计数	18	127	9	7	3	164
		占年级中的百分比（%）	11.0	77.4	5.5	4.3	1.8	100.0
		占总数的百分比（%）	3.7	26.2	1.9	1.4	0.6	33.8
	大四	计数	34	117	15	4	10	180
		占年级中的百分比（%）	18.9	65.0	8.3	2.2	5.6	100.0
		占总数的百分比（%）	7.0	24.1	3.1	0.8	2.1	37.1
合计		计数	72	344	33	21	15	485
		占年级中的百分比（%）	14.8	70.9	6.8	4.3	3.1	100.0
		占总数的百分比（%）	14.8	70.9	6.8	4.3	3.1	100.0

表 3 – 16 年级 * 大学生在政治理论课上逃课次数交叉制表

			大学生在政治理论课上逃课次数				合计
			0 次	1 ~ 5 次	6 ~ 10 次	11 次以上	
年级	大一	计数	7	3	1	2	13
		占年级中的百分比（%）	53.8	23.1	7.7	15.4	100.0
		占总数的百分比（%）	1.4	0.6	0.2	0.4	2.7
	大二	计数	37	64	24	3	128
		占年级中的百分比（%）	28.9	50.0	18.8	2.3	100.0
		占总数的百分比（%）	7.6	13.2	4.9	0.6	26.4
	大三	计数	23	95	35	11	164
		占年级中的百分比（%）	14.0	57.9	21.3	6.7	100.0
		占总数的百分比（%）	4.7	19.6	7.2	2.3	33.8
	大四	计数	50	72	32	26	180
		占年级中的百分比（%）	27.8	40.0	17.8	14.4	100.0
		占总数的百分比（%）	10.3	14.8	6.6	5.4	37.1
合计		计数	117	234	92	42	485
		占年级中的百分比（%）	24.1	48.2	19.0	8.7	100.0
		占总数的百分比（%）	24.1	48.2	19.0	8.7	100.0

不难看出，随着年级升高，大学生对中国特色社会主义理论体系的认同度是越来越高，但是，在这一过程中依然存在着若干问题亟待解决，必须引起重视。

3.2.1.4 理论内化度

所谓"理论内化"，指个体通过有意识的学习或无意识的习得使某种理论成为个体自然而然的一部分，是社会与个体双方互动的结果，一方面社会对个体施加影响，通过个体对社会所灌输理论的"接收"，使个体学习、认识、评价和认同理论，另一方面个体并不是被动的接受者，而是根据自己的认知结构进行选择性地"接受"，将其符合主体要求的部分进入内化过程。总之，接受中国特色社会主义理论体系的最高阶段是"理论内化"，对中国特色社会主义理论体系进行分析、判断和评价的基础之上，根据主体需求进行选择和借鉴，将其内化为自己独特的思维方式和行为方式，最终成为个体真实的不可或缺的一部分，并能够灵活运用理论。理论内化度实质是理论灵活运用问题，即大学生运用中国特色社会主义理论体系解决现实问题的能力，在本次问卷调查中专门设计了一些时政问题来对内化度进行考量。若回答某一时政问题，所有人都按照教材选择了统一标准答案，那么最多反映他们对理论知识点的掌握情况，但是，若答案选择具有多样性，意味着每个个体并没有拘泥于教材，而是结合现实情况进行深入思考，从而形成了自己的思想或看法，从这个角度来讲，反映了理论的内化程度。

研究中国特色社会主义理论体系内化度的前提条件是基本认同该理论的基本思想，并对其做出了积极肯定的评价。根据表 3 - 1 显示，725 位大学生对该理论的作用持有肯定的评价，同时也表明他们基本认同该理论体系。因此，理论内化度的研究必须以 725 位大学生的问卷为考量基础，进而剖析他们对一些时政或社会问题的看法或态度，比如：如何看待目前贫富分化现象、如何看待我国未来改革开放的方向、如何看待政府的调控能力、政府在处理北京房山特大洪灾是否坚持了科学发展观以及大学毕业后是否愿意到西部贫困地区工作或支教。

根据表 3 - 17 显示，大约 95% 的大学生对如何看待目前贫富分化现象做出了各自的判断。其中，30.8% 的大学生对该现象持有积极乐观态度，这也是国家所肯定的；64.1% 的大学生突破理论构想的美好蓝图，提出了各自的看法，20% 的大学生认为差距适度，在国家可控范围之内，44.1% 的大学生担忧国家安危，认为贫富差距太大，严重影响社会稳定。不难看出，大部分大学生能够紧密结合实际来思考问题，做到了一种灵活运用。

根据表 3 - 18 显示，除为数不多的大学生外，绝大部分大学生对我国未来改革发展方向都做出了自我判断，按照国家大政方针的要求，一半的大学生赞成目前国家应加强改革开放的力度，14.6% 的大学生认为改革不能过快，应保持原有改革力度即可，30% 的大学生却认为改革带来了若干问题，应暂缓改革步伐，以解决这些问题。不难看出，大学生对国家改革与否问题持相当肯定的态度，改革开放势在必行，不能忽视。

表 3 - 17　大学生对当前的贫富分化现象的看法

		频率	百分比 （%）	有效百分比 （%）	累积百分比 （%）
有效	社会主义市场经济的必然结果，此现象很正常	223	30.8	30.8	30.8
	差距湿度，仍在国家可控范围之内	145	20.0	20.0	50.8
	贫富悬殊，严重影响社会稳定	320	44.1	44.1	94.9
	没什么看法，平时不关注	31	4.3	4.3	99.2
	其他	6	0.8	0.8	100.0
	合计	725	100.0	100.0	—

表 3 - 18　大学生对我国未来改革方向的看法

		频率	百分比 （%）	有效百分比 （%）	累积百分比 （%）
有效	扩大改革力度	363	50.1	50.1	50.1
	保持原有改革的程度	106	14.6	14.6	64.7
	暂缓改革步伐，立即解决问题	217	29.9	29.9	94.6
	没什么看法，平时不关注	34	4.7	4.7	99.3
	其他	5	0.7	0.7	100.0
	合计	725	100.0	100.0	—

根据表 3 - 19 显示，以"非常好""比较好""一般"和"不太好"四个不同程度对政府宏观调控能力都做出了自我评价。对政府做出较为肯定评价的大学生仅占 16.8% ，远小于负面评价的比例，反映了绝大部分大学生非常关注房价问题，同时，把政府调控理想状态同实际房价调控情况进行对比，因而，从 4 个不同程度来做出了符合自己的理解。

表 3 - 19　大学生对政府调控房价能力的看法

		频率	百分比 (%)	有效百分比 (%)	累积百分比 (%)
有效	非常好	20	2.8	2.8	2.8
	比较好	102	14.1	14.1	16.8
	一般	322	44.4	44.4	61.2
	不太好	256	35.3	35.3	96.6
	不知道	25	3.4	3.4	100.0
	合计	725	100.0	100.0	—

表 3 - 20　大学生对政府在处理北京房山特大洪灾是否坚持了科学发展观的看法

		频率	百分比 (%)	有效百分比 (%)	累积百分比 (%)
有效	符合	226	31.2	31.2	31.2
	有些出入	242	33.4	33.4	64.6
	不符合	93	12.8	12.8	77.4
	不知道	164	22.6	22.6	100.0
	合计	725	100.0	100.0	—

表 3 - 21　大学生对毕业后到西部贫困地区工作或支教的看法

		频率	百分比 (%)	有效百分比 (%)	累积百分比 (%)
有效	愿意，没有服务期限	35	4.8	4.8	4.8
	愿意，有服务期限	456	62.9	62.9	67.7
	不愿意	133	18.3	18.3	86.1
	未思考过	101	13.9	13.9	100.0
	合计	725	100.0	100.0	—

在表 3 - 20 中，政府是否坚持科学发展观处理北京房山特大洪涝灾害，大学生以"符合""有些出入""不符合" 3 个不同程度方面做出了自我评判。另外，在表 3 - 21 中，将近 70% 的大学生愿意未来到西部寻求发展，反映了大部分大学生坚持中国特色社会主义理论体系的价值要求，将自己的个人价值与社会价值紧

密结合，实现自己的人生价值，并为建设美丽中国和实现中国梦做出自己应有的贡献。表明了大学生基本能够以中国特色社会主义理论体系作为自己评判事物的尺度，并且指导他们的日常工作学习。

由此可见，"接收"并不等同于"接受"，"接收"是"接受"的前提和基础，而"接受"就是理论的内化。当大学生内化中国特色社会主义理论体系时，并不是仅仅局限于书本教材的理论认知，而是更多地结合现实生活，进而将该理论所构想的理想状态同实际社会问题进行对比分析，从而做出了自己的评判和认识。以上几个图表都反映了目前北京大学生基本能够对当前我国的各种现实问题做出自我评判，以中国特色社会主义理论体系所倡导的价值观作为自己行为处事的标准。因此，北京大学生基本做到了理论的内化，基本实现了他们对中国特色社会主义理论体系的"接受"。但是，在内化的过程中，仍然存在一些不容忽视的问题，比如：一些大学生以"不知道""不愿意""未思考"或"平时不关注"的方式对上述现实问题做出回应，反映了一部分大学生思想上不求进步，漠视社会问题，缺乏社会责任感；在是否愿意到西部基层寻求就业的回答中，真正能够做到扎根西部和建设西部的大学生所占比例还是较小，而一部分愿意去西部寻求就业的大学生却要求一定的服务期限，他们支援西部发展的动机复杂，理论内化过程中掺杂着功利性因素的影响；虽然大学生们能够结合实际情况来做出自己的主观判断，这并不代表他们的所有认知都是正确，会有一些偏颇之处，因而，该理论体系的价值引导作用显得至关重要。

总体来讲，绝大部分大学生都知晓中国特色社会主义理论体系，对该理论体系的概念内涵、基本内容以及重大作用都有基本的认识和了解，基本认同该理论体系，对该理论体系做出了积极肯定的评价，基本做到了理论的内化，基本实现了他们对中国特色社会主义理论体系的"接受"。但是，仍然存在若干亟待解决的问题。

3.2.2 接受途径情况

调查发现，北京大学生了解中国特色社会主义理论体系的途径是多种多样的，同时也存在单一化的风险。既有被动地了解，如课堂上老师的讲授、媒体宣传，也有主动地学习，如课下自学、同学间的相互交流却较少。但是，以被动了解为主，而主动学习的方式还是较为欠缺。

根据表 3 - 22 显示，80% 的大学生基本肯定老师在讲授该理论体系时发挥着重要作用，但是，同时也反映出另一问题，仅有 17.4% 的大学生认可老师的作用，而占绝大部分的大学生认为老师的帮助作用有限，老师的讲授存在着种种问题。因而，老师如何提高讲授效果且赢得学生的好评是一个重大课题。

表 3 - 22　大学生对老师课堂讲授作用的评价

		频率	百分比（％）	有效百分比（％）	累积百分比（％）
有效	很有帮助	150	17.4	17.4	17.4
	有一些帮助	539	62.6	62.6	80.0
	基本没有帮助	172	20.0	20.0	100.0
	合计	861	100.0	100.0	—

根据图 3 - 8 显示，在日常生活中，大学生经常相互交流和讨论，涉及领域广泛，且内容丰富，其中讨论最多的话题是自己日常的学习和生活。总体而言，大学生之间的交流和讨论主要涉及的是与自身相关的话题，如就业、婚恋和日常学习生活，而对社会问题和政治问题的讨论相对较少。但是，大学生偶尔也会讨论该理论体系相关的话题，关心该理论体系的发展状况，然而，交流和讨论的程度却存在一定差异，在表 3 - 23 中，常态化讨论的大学生还是比较少，仅占 7.8%，讨论次数不多的占了 70%，表明大学生的理论关心度还有待更好地提高。

表 3 - 23　大学生平常生活中讨论中国特色社会主义理论体系频率的情况

		频率	百分比（％）	有效百分比（％）	累积百分比（％）
有效	经常	67	7.8	7.8	7.8
	偶尔	283	32.9	32.9	40.7
	很少	332	38.6	38.6	79.2
	从不讨论	179	20.8	20.8	100.0
	合计	861	100.0	100.0	

根据表 3 - 24 和图 3 - 9 显示，41.1% 的大学生会在课下自学该理论体系，并

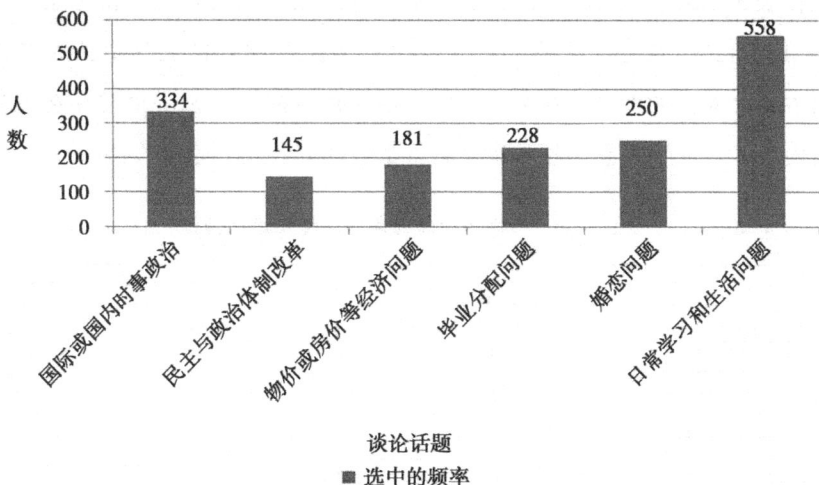

图 3 - 8　大学生经常谈论的话题

且自学方式具有多样性特点，最主要方式为浏览网页获取相关信息和通过教材自主学习理论，其他各种方式都有不同程度的使用。可见，大学生的自主学习理论的意识还是较强。但是，必须清醒地认识到超过一半的大学生从来不会主动自学该理论体系。

表 3 - 24　大学生自学中国特色社会主义理论体系相关内容的情况

		频率	百分比（％）	有效百分比（％）	累积百分比（％）
有效	经常自学	23	2.7	2.7	2.7
	偶尔自学	331	38.4	38.4	41.1
	从不自学	507	58.9	58.9	100.0
	合计	861	100.0	100.0	—

3.3　调查结果的分析

　　从我们回收的调查问卷进行统计分析看，总体而言，目前北京大学生对中国特色社会主义理论体系的知晓度、把握度和认同度都较高，对该理论体系有一定程度的内化，大学生对该理论体系有了一定的接受效果，具体来讲，大学生的

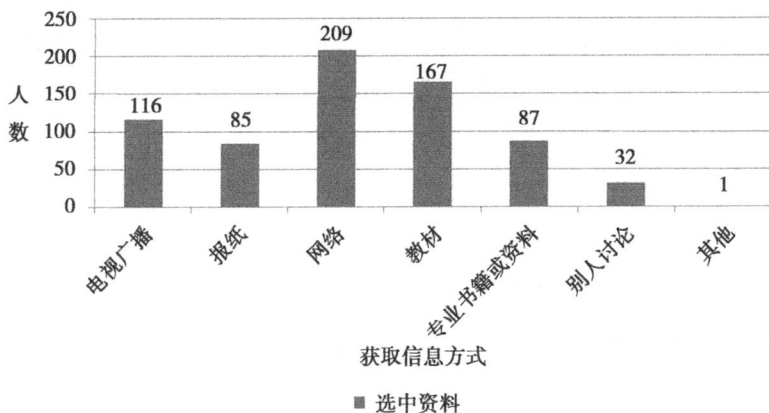

图 3 - 9　大学生自学中国特色社会主义理论体系的途径

"理论接收"较好，有一定程度的"理论接受"，但是"理论接受"也存在着各种各样的问题。

3.3.1　理论接受效果初见成效，但对基本理论问题仍存有模糊认识

调查研究发现，大多数大学生基本了解中国特色社会主义理论体系的基本内涵，对中国特色社会主义理论体系具有较高认同度，能够充分认识到中国特色社会主义理论体系是指导中华民族繁荣富强的科学理论，对中国特色社会主义社会建设具有重大指导意义。然而，在一些基本理论问题上仍存在着模糊或错误的认识。问卷调查和个案访谈同时都反映了一些共性问题，相当一部分大学生对毛泽东思想同该理论体系的关系认识不够清晰，将毛泽东思想也纳入了中国特色社会主义理论体系的范围。部分大学生对中国特色社会主义理论体系持有一种怀疑或失望的态度，认为它是一种离生活实践遥远且大而空的抽象理论，是一种对美好未来进行无限憧憬的"乌托邦"理论，这些大学生对中国特色社会主义理论体系的评价过于消极。对这两个问题的调查表明，尽管北京大学生对该理论体系的接受效果已取得一定成效，但仍然有部分大学生不能准确地把握中国特色社会主义理论体系的基本内容，还普遍存在片面把握、肤浅理解、表层领会的问题，这是大学生政治理论素养不高，缺乏坚定的中国特色社会主义信念的表现，是一个不容忽视的重大问题。

3.3.2 观念认同与实践认同相互脱节

理论认同包括思想意识层面的认同和实际行动层面的认同。调查研究显示，94%的大学生知道中国特色社会主义理论体系，98.7%的大学生的政治理论课的成绩在60分以上，84.2%的大学生认为中国特色社会主义理论体系是指导中华民族走向繁荣富强的科学理论，对社会建设起着重大作用，反映了北京大学生的理论知晓度、把握度和认同度都较高，同时意味着观念认同度较高。尽管北京大学生对中国特色社会主义理论体系有一定的接受和内化，但是，还有相当一部分大学生不能很好地将该理论体系的价值要求内化为自己行为处事和评判是非的价值准则，不能很好地以该理论体系为核心来指导自己的日常学习生活，比如，在跟一些大学生交谈时发现，真正践行中国特色社会主义理论的价值要求，愿意扎根西部和建设西部的大学生还是比较少，就是一些愿意去西部寻求发展的大学生，也仅仅是出于未来就业的考虑或被逼无赖的选择，他们并没有真正从内心深处树立一种崇高的中国特色社会主义的价值追求。因此，理论内化度不太高，实践认同度不太高。因此，理论认同不仅仅是观念上承认理论的重大意义，肯定其价值，而更为重要的是在实践层面上真正将其落到实处。如何培养大学生积极健康的学习动机，让他们自身真心对中国特色社会主义理论体系产生浓厚的兴趣，逐步提高自身的理论素养，指导大学生日常学习生活，最终能为国家的繁荣富强做出自己应有的贡献。关于回答该问题，研究还需要继续深入。

3.3.3 以"被动接收"为主，"主动接受"较为欠缺

所谓"主动接受"是指大学生对中国特色社会主义理论体系的学习出于内在的兴趣，关注该理论体系的根本意义，并通过探索该理论体系的主要思想及其与现实生活的紧密联系来达至该理论体系的理解；所谓"被动接收"是指以课堂老师、学校、媒体等外部因素的宣传教化作为接收理论的主要途径，忽视大学生主动学习的主体地位，并且其意图是通过死记硬背的方式再现学习内容。此次调查研究表明，问及大学生学习该理论体系的主要途径时，大部分大学生的回答是通过课堂上老师的讲授、媒体宣传、学校组织的德育活动来了解该理论体系的。不难看出，这些途径都是外在因素将该理论体系传输到大学生，大学生未进行任何主观的选择和判断，只是呆板地刻印在脑子里，缺乏理解的主动性，是一种"被

动接收"的过程。与此相反,真正出于个人的理论兴趣和提高个人修养的需要,大学生能够积极主动地学习该理论体系,进而通过选择、借鉴、吸收和运用等方式将其内化为自己的思维方式和行为准则,以"主动接受"进行学习的大学生还是不太多。因此,大多数学生还是基本处于"被动接收"阶段,他们并没有真正理解该理论体系的内涵,没有树立中国特色社会主义的信仰,进而中国特色社会主义的主导地位没能够体现出来,最终导致部分大学生对中国特色社会主义理论体系的反感,对中国特色社会主义道路没有信心,对中国共产党的领导没有坚定的信念等问题。尽管大部分大学生对中国特色社会主义理论体系有了一定的认识和了解,但这些大多是死记硬背的结果,机械地运用理论。"兴趣是最好的老师",没有兴趣就没有强烈的动机。

3.3.4 大学生普遍关注自身利益,理论学习动机功利化趋势严重

我国目前正处于社会大转型、大调整的关键时期,多元化经济形式并行发展,科层化组织管理模式复杂运行,多样化就业形式灵活开展,多种分配方式复杂结合,这些不同方面的重大变化深刻影响着当代中国的社会变迁。马克思曾说,"社会存在决定社会意识,一定的社会意识反映了一定社会存在的变化",中国社会的巨大变化必然带来人们思维方式和价值观念的多元性变化。重大变化的整体社会观念和价值理念势必对大学生这一青年群体产生重大影响。调查研究显示,大学生之间的交流和讨论最多的话题是自己日常的学习和生活、就业和婚恋问题,这些涉及的都是与自身利益密切相关的话题,而对国家政治发展问题关注的相对较少。同时,大约80%的大学生缺乏学习中国特色社会主义理论体系的兴趣,76%大学生不同程度地逃过政治理论课,都是为了应付考试或寻找就业机会而被迫学习,这说明了大学生在价值取向上关注自我,注重功利,更多关注个人利益和个人价值的实现,忽视集体利益和社会价值,理论学习动机功利化趋势严重。

4 探析北京大学生接受中国特色社会主义理论体系的制约因素

4.1 接受结构模式图分析

前面已经分析了大学生对中国特色社会主义理论体系的接受系统要素，即接受主体、接受客体、接受介体、接受环体。大学生对中国特色社会主义理论体系的接受结构模式实质是研究上述四个要素之间相互作用的关系问题。图4－1为大学生接受结构模式循环图。

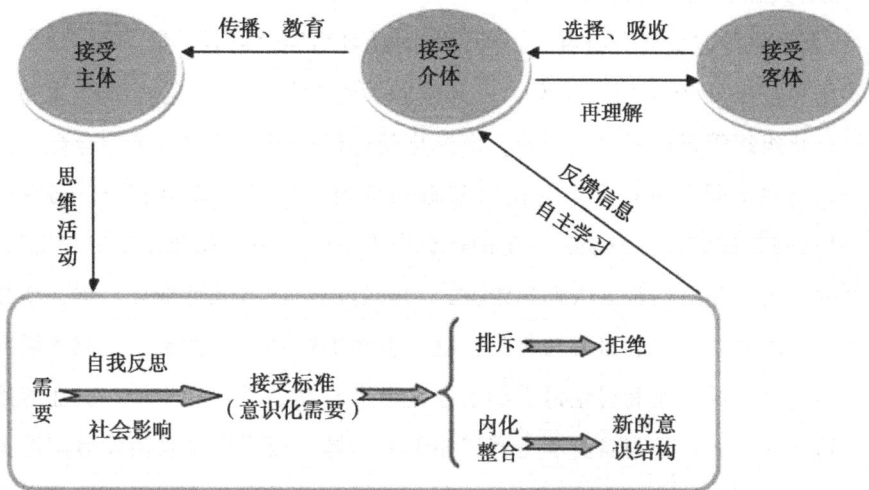

图4－1 大学生接受结构模式循环图❶

在大学生接受中国特色社会主义理论体系过程中，接受主体、接受客体、接受介体、接受环体4种要素初看起来自成系统，彼此之间并无非常明确的关系，

❶ 此接受模式循环图参考了两篇论文中对接受循环过程的论述和图形．一篇是刘先义．论德育接受活动的外导系统［J］．教育评论．1992（3）：12－15．另一篇是王嘉，张瑜．论接受图式在思想政治教育接受中的应用机理［J］．学校党建与思想教育．2012（4）：18－21．

但事实上并非如此，4 种要素之间却具有十分稳固的联系。接受主体只有通过接受介体才能获得中国特色社会主义理论体系的相关信息（接受客体），从而完成一次单向度的接受活动，而这一活动始终处于特定的接受环体（上图空白区域均为接受环体的作用领域）的影响中。4 种要素相辅相成，相互作用，互为条件，它们构成一个有机的系统整体，在这个整体中，任何一种要素的变化都可能直接或间接地引起其他要素的变化。因此，大学生接受活动结构模式并不是哪一个要素单独决定的，而是各个要素相互作用的共同结果。

从理想状态来讲，在大学生接受过程中，接受介体（高校教师、网络媒体、杂志等）按照自身价值取向和特定理解方式来选择、吸收接受客体（中国特色社会主义理论体系的相关内容），这一择取过程总会受到社会普遍要求的制约；接受介体将自愿择取该理论体的相关内容灌输式地传播和教育给接受主体，接受主体对所获取的相关内容进行有选择性地吸收，从而使自己的理论水平不断提高。上述过程是此循环模式的上半部分，它只能表明大学生对该理论体系有了一定程度的认识和了解，但是无法精准地把握他们的接受程度，因此，高校大学生对中国特色社会主义理论体系的接受活动仅仅完成了一半。接受主体究竟对接受客体的认识和理解程度如何，最为明显的确证是此循环模式的下半部分，即接受主体能否以自主学习或直接反馈的方式对接受客体的相关内容进行积极回应，具体来讲，接受主体将接受介体所传递的该理论体系的相关内容展开一系列的思维加工活动。接受主体按照某种需求对该理论体系进行选择性地择取，这一需要往往受到整个社会的要求和自我反思性需要的双层影响，这种双层影响下的需要在常规状态下变成每个个体的意识化需要，即接受标准，成为接受主体进行主观判断的衡量标尺。如果该理论体系的某些方面不符合接受主体的接受标准，那么接受主体将会采取排斥方式拒绝接受该理论体系的传播和教育，反之，如果符合接受主体的接受标准，那么接受主体将会内化和整合该理论体系的相关内容，进而形成接受主体新的思维意识。最终，一方面，接受主体将具体接受情况及时、准确地反馈给以高校教师为主的接受介体，接受介体根据反馈信息再理解该理论体系，适时调整下一步传播内容或方式；另一方面，接受主体也会积极地抱有自主学习的态度，自觉地通过接受介体来再学习或再理解该理论体系。总之，在新的基础上再把接受客体传递给接受主体，这样形成一个封闭的环形回路。如此循环往复的运作过程，所有系统要素相辅相成，共同作用，使得大学生的接受活动永远处于一种良性的运转状态中。

由此可见，接受活动不仅仅是接受介体单向度的传播和教育的过程，而更为重要的是接受主体大学生发挥主体能动性的过程，通过自主学习和积极反馈的方式，让大学生的接受效果得以更好地体现。

4.2 接受障碍分析

任何一种传播活动都无法百分之百地保证能将全部信息传递给受众，更不能担保所有受众都能全部接受，传递的信息总会出现一些信息失真或消减的情况，说明存在各种障碍制约着接受的顺利实现。"接受障碍的因素主要分为内障碍和外障碍两个方面，前者来自于受教育者自身，主要包括受教育者的思维能力、情绪、情感；后者来源于受教育者的外部条件，主要是教育者、教育环境、教育内容和形式。"❶ 由此可见，接受障碍的出现同上述接受结构模式循环图的各个环节密切相关，任何一个环节的疏忽都会导致整个结构模式循环受阻，出现理论接受的障碍问题。

此次问卷调查显示，大学生的"理论接收"较好，但是"理论接受"却存在若干问题，比如：理论把握不全面、理解不透彻、领会不深刻；观念认同与实践认同相互脱节；以"被动接收"为主，"主动接受"较为欠缺；大学生过分关注自我，注重功利等问题。这说明大学生对中国特色社会主义理论体系的接受过程作为一种接受的特殊领域，同样也会遭遇某些障碍问题。大学生对中国特色社会主义理论体系的接受效果不佳，是接受结构模式循环中诸多环节存在接受障碍问题所导致的。北京大学生接受中国特色社会主义理论体系的制约因素究竟有哪些，我们必须对接受结构模式中诸多环节进行详细研究。

---

❶ 刘先义. 接受理论：教育研究的新领域 [J]. 教育理论与实践，1998（2）：1－6.

4.3 接受环节的具体分析

4.3.1 接受主体因素

接受主体指在校大学生。接受结构模式图中包括两个过程，一个是通过接受介体的传播或教育使得接受主体进行理论接收过程，即该模式图中左箭头所指方向的上半部分，另一个是接受主体通过自身思维活动进行理论接受过程，即该模式途中右箭头所指方向的下半部分。这个理论接受的回路过程反映了接受主体的能动性，而我们许多教育者和传播者恰恰忽视了这一反馈信息过程，只是一味地说教，而不去了解接受主体的意愿状况，即使接受主体有反馈，他们也不予理睬。这就必然挫伤接受主体的接受积极性，削弱对中国特色社会主义理论体系的接受效果。

4.3.1.1 主体需求不足，缺乏接受的内在驱动力

马克思指出："任何人如果不同时为了自己的某种需要和为了种需要的器官而做事，他就什么也不能做。"❶ 可见，接受动力源自接受主体的内在需要。需求能够唤醒接受主体的注意力，能够激发接受主体的求知欲，能够明确接受主体的选择意识，能够引发接受主体的接受兴趣，因而，需求是评价某物是否被接受的衡量标尺。但是，在此次个案访谈中发现，由于政治理论教育贯穿每个大学生学习的各个阶段，使得他们产生了一种"接受倦怠"情绪，但凡涉及政治理论内容在思想上都存在一种偏见，经常片面地把它们看成一种说教理论，是一种比较抽象的"乌托邦"理论，不具有任何实用性，更不能解决大学生的就业、婚姻等现实问题，因而不情愿主动学习。很大一部分大学生学习动机功利性色彩严重，认为学习目的是应付考试混个学分。大学生意愿程度也会影响他们的主体需求，任何在非自愿情况下强行输给他们的观点或理论都会遭到毫无顾忌的抵抗，越是不顾及他们的情感和意愿，反抗的激烈程度越厉害，拒绝接受的可能性越大，接受效果也更不理想。此外，一些高校教师在教学中容易忽视大学生学习的主体能动性，他们只注重理论知识的单向传播，忽视大学生内在的情感需求和态度观念，

---

❶ 马克思，恩格斯．马克思恩格斯全集：第3卷［M］．北京：人民出版社，1960：57.

不仅导致大学生主体地位的丧失，也会造成师生之间的情感隔阂，更会降低大学生接受该理论体系的内在驱动力。由此可见，中国特色社会主义理论体系不能有效地满足当今大学生的主体需要，也不符合他们的接受标准，他们的主体需求能力不足，必然的结果是，大学生对该理论体系的认识和了解只能停留在表层，接受效果也不可能高。

4.3.1.2 缺乏坚定和自觉的信仰

"信仰是人的心灵被某种主张、说教、现象、或神秘力量所震撼、吸引，从而在意识中自动建立起来的一套人生价值体系，选择信仰的目的在于养成敬畏心，有了敬畏心，人才会讲诚信、自觉自律，明白要承担的责任。人不可能脱离信仰而存在，完整的人格应包括物质生命与精神生命两部分，前者是基础，缺乏后者则是'行尸走肉'。"[1] 在理性思考后做出判断，不盲目崇拜而随波逐流，选好目标作为信仰对象，这就是信仰自觉。当下物欲主义横行大道，商品化倾向多方渗透，资产阶级自由化思想不断侵蚀大学生的心理，使中国特色主义理论体系不断受到各种诋毁和攻击，中国特色社会主义理论体系的价值要求同大学生的利益需求之间产生了矛盾，使大学生思想上产生了信仰危机。因而，中国特色社会主义理论体系应当尽量实现理论的现实化、实用化、人性化，贴近大学生的生活，满足大学生的需求，关注大学生的切身利益，这不仅是培养大学生坚定信仰的需要，也是该理论体系自觉完善的方向。但是，笔者对此解决方案仍产生疑问，中国特色社会主义理论体系关注大学生的利益诉求是毋庸置疑的，但是，若它没能够关注到所有大学生的主体需要，我们就不去信仰它吗？难道西方的耶稣和东方的菩萨没有这方面的能力，就能阻挡住人们不去信仰它们吗？因而，信仰的形成同利益的满足之间并没有不可调和的矛盾。中国特色社会主义理论体系作为国家宏观指导理论，指引着我们整个中华民族，它更具有一般整体性的特点，这并意味着该理论体系必须要切实关注到每一个具体的大学生，并让他们的不同需求都能得到相应的满足，由于大学生需求具有复杂性和多样性，致使这种做法

---

❶ 楼宇烈做客中青畅谈信仰.中国青年政治学院校园网［EB/OL］.（2013.4.11）［2013.4.28］. http：//news.cyu.edu.cn/xyyw/jzbg/201304/t20130416_44946.html.

既是不可取的，也是不可能达到的。由此可见，理论能否满足现实利益同信仰理论二者之间并无直接或必然的联系，换句话说，即便理论未能关切现实利益，仍然不会影响对理论的信仰。而大学生自身正是缺少一种价值追求，缺乏一种坚定和自觉的信仰。

4.3.1.3 大学生的认知结构影响着他们的理论接受程度

在接受美学中一个重要的概念是"审美经验"❶，即读者原有的知识结构和水平。若在一定知识背景和能力的基础之上阅读作品，更有助于读者顺利实现对作品的理解、认同和接受。同样，大学生在接受该理论体系上也存在这种"审美经验"，而这里的"审美经验"就是大学生原有的知识储备。大学生的认知结构是他们接受中国特色社会主义理论体系的"选择器和承载器"❷，大学生业已形成的知识储备不仅影响大学生对该理论体系的选择、理解和评价，而且影响他们对该理论体系的掌握程度。因此，大学生的认知结构在接受该理论体系的过程中起着至为关键的作用。中国特色社会主义理论体系在大学生认知水平能力范围内，他们就能有效地把握和准确地理解，他们也就能顺利地接受；反之，当超出他们的认知范围，无法做出清晰地判断，他们则会拒绝接受。此外，对于不同专业、不同政治面貌和不同年级的大学生来讲，不同类别造成他们认知结构也不尽相同，进而不同类别对该理论体系的接受程度也存在显著差异。此次问卷调查显示，艺术、体育类和农、林、医类的大学生相比，文史类和理工类的大学生对中国特色社会主义理论体系的认同程度较高；从群众到中共党员依次排序来看，越是积极追求政治进步的大学生逃课次数越少，对该理论的兴趣越浓，对该理论体系的认同度越高；随着年级升高，大学生的知识水平越高，知识储备越丰富，从而对中国特色社会主义理论体系的认同度是越来越高。

4.3.2 接受客体因素

"我们面临着长久的严重的信任危机，学校教学中最难开出的课程就数马克思主义课了，学生不愿意听，教师活受罪。一些人只是表面还承认马克思，实际

---

❶ 尧斯. 审美经验论 [M]. 北京：作家出版社，1992：29.

❷ 肖蓉. 从接受角度推进高校马克思主义大众化 [J]. 现代教育科学，2011 (7)：26－29.

上不相信马克思。"❶ 确实，在今天这样一个物欲横流的社会中，真正信仰中国特色社会主义理论体系的大学生所占比例并不多。相当一部分大学生认为，中国特色社会主义理论体系是对美好未来的憧憬，也许永远也无法真正实现。绝大部分大学生更关注的是自己的前途、生活等与之切实相关的自身利益问题，对中国特色社会主义理论体系并不太关注。中国特色社会主义理论体系正确指导中国社会各项事业的健康发展，为什么在众多大学生中反而出现了边缘化的趋势呢？为什么该理论体系的吸引力在大学生中下降呢？对于这个问题，必须自觉从该理论体系本身去寻找原因。

4.3.2.1 理论内容的生活性缺失，造成接受信度降低

当今"90后"大学生"思想活跃，个性张扬，价值取向务实，富有爱国热情，彰显社会责任感和担当意识"❷。因而，他们更多希望学习一些更加务实的理论来指导他们的学习生活。中国特色社会主义理论体系的内容与大学生的生活实际相脱节，因而难以进入接受视野。这表现在：第一，理论自身的抽象性强。中国特色社会主义理论体系过于宏观、抽象，缺乏具体生动的阐述。目前国内注重该理论体系自身完善和发展，特别重视理论的科学性和真理性研究，这是一种"象牙塔"学术世界里的自我遨游，是一种脱离实践的纯学术认识。许多大学生对受此研究方式影响的该理论体系产生了艰涩、空洞和乏味的感觉，他们很难对抽象理论做出正确理解，超出了大学生的认知现状。第二，实用性低。在问卷调查中，问及该理论体系的意义时，有些大学生认为它对我国社会建设没有任何作用或作用很小。这表明大学生对该理论体系的现实作用产生了质疑。理论体系的内容脱离社会现实，该理论体系不仅难以紧跟社会发展变化的形势，也无法对具体社会问题做出及时、有效的解决，最终导致难以解答大学生的种种现实困惑和引导他们寻找生活的意义。

4.3.2.2 理论体系和大学生的价值理念相冲突，难以实现价值共鸣

人们选择某种意识形态作为自己信仰的价值理念，这并不是随心所欲、任意

---

❶ 吴江. 重新找回马克思 [J]. 炎黄春秋. 2002 (7): 20 – 21.

❷ 葛莉. "90后"高校青年马克思主义者培育机制诠释 [J]. 大连海事大学学报：社会科学版，2011 (3): 98 – 100.

择取的结果，而是人们的某种价值期待正好同某一意识形态所倡导的价值取向基本符合，真正在内心深处实现了价值共鸣。只有使人们对某种意识形态产生价值共鸣，他们才可能接受它。就目前情况来讲，中国特色社会主义理论体系作为我国社会的主流价值理念，它一贯坚持马克思主义意识形态将整体价值（集体价值、阶级价值或社会价值）视为社会行动的根本目的，主张整体价值高于个体价值，个体价值的实现有赖于整体价值的最终实现。"90 后"大学生作为我国的新生代力量，他们个性张扬，个体独立意识很强，对上述说法不以为然，他们认为，任何事都要以自我为中心，强调自我价值，忽视集体价值，整体价值的实现是为了更好地实现个人价值，自我价值高于整体价值。不难看出，二者间价值观的冲突随之产生，个体在中国特色社会主义理论体系中难以找到实现自我价值的话语表达，往往就疏远了该理论体系。

4.3.2.3　理论体系无法满足大学生的利益需求，大学生的情感认同不足

情感认同是指大学生们凭借自己的感性体验对中国特色社会主义理论体系所产生的"感情和感觉上心理认同"❶。只有大学生对中国特色社会主义理论体系在情感上形成认同意识，才有可能从内心深处真正接受该理论体系。目前大学生情感认同不足的主要原因有以下两点：其一，该理论体系自身所带有的情感因素同大学生的思想感情相抵触。在《关于林木盗窃法的辩论》中，马克思公开宣称"我们要为穷人要求习惯法"❷，保护贫民的经济权益。这份阶级情感始终贯穿于马克思的大部分著作中。马克思浓厚的阶级情怀同"五四"时期青年学生痛恨社会黑暗，愿救民于水火的强烈爱国情怀不谋而合，很快被当时的青年学生积极接受。但是，在构建社会主义和谐社会的今天，该理论体系更关注朴素的阶级情感，很难全面关照到大学生纷繁复杂的情感诉求，使二者间难以保持默契的情感共识。其二，大学生的利益需求无法得到应有的满足，难以对该理论体系产生情感认同。马克思主义之所以能在中国得到传播和发展，同马克思主义理论的指引下广大工农群众获得土地和应有的尊严进而维护其利益是分不开的。而在商品经

---

❶　张润枝. 当前广大人民群众接受社会主义意识形态的状况以及对社会主义意识形态建设的新要求 [J]. 当代世界与社会主义，2008（5）：39－44.

❷　马克思，恩格斯. 马克思恩格斯全集：第 1 卷 [M]. 北京：人民出版社，1972：223.

济社会中，大学生的利益需求五花八门，纷繁杂乱，并且大学生把自身利益当成一切行为的出发点和归宿，一旦与自己的切身利益不符，他们自然会产生怀疑、排斥、厌倦等消极情绪，从而出现对该理论体系的情感疏离，最终造成接受程度较低，甚至拒绝接受的不良后果。

4.3.3　接受介体因素

中国特色社会主义理论体系的接受同其传播、教育是有根本区别的，前者是一种受动行为，强调接受主体大学生的主体能动性，它决定着该理论体系最终能否被广大大学生内化和接受。与此同时，也必须清醒地认识到，传播和教育也是接受的关键，传播和教育的质量水平直接影响着接受与否以及接受程度的高低。就目前形势来看，大学生对该理论体系的接受程度不高，这同当前接受介体（高校教师、学校和网络、报纸、电视等媒体）的教育和传播水平低效密切相关。

4.3.3.1　部分高校理论课教师重视不够，教法单一枯燥

大学生不仅需要掌握理论知识点，更需要培养大学生树立问题意识，提升动手实践的能力。在这里，高校教师的引导作用不容忽视。高校教师作为接受介体中至关重要的因素，其传播教育的好坏直接影响着大学生接受中国特色社会主义理论体系的成败。目前大学生接受效果不佳，这与高校教师自身所存在的种种问题息息相关。

第一，缺乏理论教学的热情素养。其一，部分青年教师认为讲授中国特色社会主义理论体系课没地位、没前途，学生不想听，费力不讨好，很少专心研究该理论体系，且很少关心大学生对该理论体系的接受情况；其二，教育形式单一、老套、流于形式，据问卷调查显示，该理论体系的传播和教育途径非常贫乏，大部分都是以课堂讲授为主，采取几百人的大班授课，这是大学生从小到大所经历的教育形式，讲课内容枯燥，缺乏新意，不能与大学生思想发展相一致，难免挫伤他们学习的积极性；其三，教学方法枯燥单一，忽视学生个体需要一味地采用传统灌注式教学方法。这导致学生为了应付考试，临时抱佛脚，突击考前勾画的重点概念，这种教学方法，忽视学生的主体能动性，使学生完全处于被动地位；其四，有的教师认知水平不高，常把该理论体系的相关内容作教条化、庸俗化的理解，甚至出现随意的歪曲理论，还有部分教师不分青红皂白地宣扬和鼓吹西方

理论，对各种西方社会思潮很难进行客观评价，未尽到积极正确地引导大学生思想发展的责任；其五，教师缺乏个人魅力，面无表情的讲授，师生互动的稀缺，教学理念的偏差（只知道读死书和死读书两种不正确的教学方向），缺乏知识性和趣味性之间的平衡和协调，难以调动大学生的理论学习热情，使得课堂教学缺乏感召力和吸引力。

第二，理论与实践的结合能力不足。"教育只有一种教材，那就是生活的一切方面。"❶ 理论来源于现实，是对现实问题的抽象凝结与反映。任何理论如果脱离现实生活的基础，它只能是枯萎的理论，是空想的理论，没有任何生命力，无法解决任何实际问题。同一些大学生进行交谈了解到，他们普遍认为中国特色社会主义理论体系过于空泛和理想化，该理论体系无法解决一些现实问题。在问及什么时候才会信仰该理论体系时，他们的回答是，只有官员腐败得到整治、民主权力真正拥有、思想更为开放自由和国家经济真正繁荣富强，他们才会真正信仰中国特色社会主义理论体系。这表明大学生并不乐于接受空洞理论的学习和研究，而更看重理论的实践效果，是不是真正能解决他们关心的切身利益问题。就目前教学情况来讲，中国特色社会主义理论体系的理论教育和实际相脱节。有些青年教师缺少教书育人的师德，每天只想着按部就班的完成自己的教学计划，对现在大学生的需求和思想状况是不管不问。在讲授中国特色社会主义理论体系课程时，常常是晦涩、乏味、空洞的理论说教，讲课内容很少联系当前社会变化的新情况，也不顾及大学生关心的话题。这种理论与实践结合能力的欠缺，使大学生感到该理论体系同自己的生活相距甚远，从而对该理论体系产生强烈的抵触情绪，进而导致大学生无法认同该理论体系的基本精神，更无法将抽象理论转化为大学生的行动标准。因而，严重影响了中国特色社会主义理论体系的接受效果。

第三，缺乏关于中国特色社会主义理论体系教育的专门传播人才。中国特色社会主义理论体系教育一般以高校的马克思主义学院和各级党校为载体，传播者一般是这些院校的专职教师，许多学者对该理论体系本身问题研究的较为透彻，

---

❶ 怀特海. 教育的目的 [C] //华东师大教育系，杭州大学教育系，编译. 现代西方资产阶级教育思想流派论著选. 北京：人民出版社，1980：116.

他们对该理论体系了然于胸，但是，他们却忽视一个严重问题，理论研究与理论传播研究二者并不等同❶。理论研究的对象是理论本身，而理论传播研究不仅涉及理论本身，还包括理论怎样传播或教育的问题，其对象是整个理论传播或教育活动。目前高校普遍存在的问题是，"研究哲学的人只顾研究哲学，研究政治经济学的人只顾研究政治经济学"❷，教师主要是专业研究而不是教学研究，这样的结果是，大部分具有一般认知水平的普通大学生很难理解教师讲授的专业理论。不难看出，理论研究与理论传播研究还是存在明显差距。就教学情况而言，大部分教师在讲授中国特色社会主义理论体系时，主要依赖于自己长期的教学经验，凭感觉传授，这些感性认识很难上升到理论层面。中国特色社会主义理论体系作为一门理论，对它的研究很深入、很透彻，而中国特色社会主义理论体系的教育和传播作为一门学科，对它进行理论研究的却很少。因此，我们现在并不缺乏中国特色社会主义理论体系的教育者，但我们却缺乏关于中国特色社会主义理论体系教育的传播研究者。

4.3.3.2 其他媒介引导作用的局限性

在接受介体因素中，除了高校教师发挥积极作用外，报刊、电视、广播、网络四大主流媒体也发挥了一定的传播和教育作用，但是其作用范围具有一定的局限性。此次问卷调查显示，大学生获取中国特色社会主义理论体系的传播媒介主要方式为网页，电视广播次之，选择报纸杂志的比例是最少的。在新民主主义革命时期和社会主义建设时期，报纸杂志曾经在很长的一段时间作为我国马克思主义理论最主要的传播方式，是国家宣传党政理论的重要阵地，但现在随着当代大学生获取信息方式多元化，致使这种传播方式显得有些穷途末路了。网络作为当前大学生获取信息的最重要的途径，可以说，没有网络，大学生们的生活就是一片"漆黑"，他们有可能不知如何生存。正是出于这一点，西方敌对势力利用网络大肆宣扬"意识形态终结论"❸，有意识地传递各种形形色色的主义、思潮及价

---

❶ 胡子克. 马克思主义理论教育概论［M］. 北京：人民出版社，2005：10.

❷ 田心铭. 建立一门马克思主义理论教育学［J］. 思想理论教育导刊，2004（1）：56 - 62.

❸ 吴玉荣. "意识形态终结论"的百年历程及其对立［J］. 中国特色社会主义研究，2003（2）：69 -
74.

值观念信息，潜移默化地影响着我国大学生们对文化价值观念，影响他们的感受和判断，妄图占据网络这块重要阵地。因此，传播媒体的价值观念的宣传作用至为关键，稍有疏忽，被敌对势力侵入，必然会对我国大学生接受中国特色社会主义理论体系造成重大障碍。

4.3.4　接受环体因素

中国特色社会主义理论体系的接受过程不仅仅是通过接受介体的中介作用使接受主体同接受客体彼此互动的过程，同时，大学生是社会人，只能在复杂的社会环境中生存和发展，接受过程不可避免地受到各种环境因素的影响。接受环体是大学生接受中国特色社会主义理论体系教育时所处的内外环境，包括社会环境、校园环境和家庭环境。

4.3.4.1　轻视政治思想的社会舆论环境对大学生有误导作用

西方敌对分子诽谤马克思主义理论，鼓吹西方的自由民主观念，各种观念和意识形态错综交织，不断冲击着人们的政治观念认识。形形色色的价值观念严重瓦解着我国统一价值理念，个人主义、拜金主义、享乐主义肆意蔓延，大行其道，大学生们越来越忽视健康人性的培养，而是越来越醉心于由市场经济发展带来的物质生活享乐，热衷于得到无比欢快的放松和宣泄，最终只能导致大学生严重的功利性价值取向，特立独行，我行我素，推卸责任，贬低高尚。一夜成名的娱乐明星、一掷千金的富甲商贾成为很多大学生心目中的偶像，金钱和权力成为大学生评价个人成功与否的唯一指标。急功近利、浮躁浮夸和不择手段成为他们到达自己狭隘目的的方式。所有这些，都与中国特色社会主义理论体系所代表的价值观念背道而驰。

4.3.4.2　不健康的校园文化环境侵蚀着大学生的心灵

同一些大学生访谈了解到，当前的大学校园内流行着一种浮躁风气，为了就业或深造，大家更为注重各种实用性强的考证和技能培训，如托福雅思、驾照、银行从业资格证、公务员考试培训等，而学习中国特色社会主义理论体系课仅仅是混学分而已，以免影响自己未来的就业或深造，对中国特色社会主义理论体系的学习热情并不高。部分学校领导只重视特色专业的经济效益，而漠视中国特色社会主义理论体系课带来的长远价值，把中国特色社会主义理论体系课当作"万金油"课，认为任何人都能讲授，可想而知，大学生也必然对该理论体系产生冷漠和忽视的态度。专业理论书籍是大学生接触该理论体系和扩充该理论体系相关知识的重要途径，但是目前高校图书馆中收藏的相关书籍较少，使得学生很难进行更为深入的学习和研究。

4.3.4.3 不良的家庭教育环境影响大学生的健康成长

"家庭作为孩子的第一个社会化场所，承担着教化孩子的思维方式和塑造价值理念的重大责任。"❶ 长期以来，绝大部分父母进行家庭教育的目的是让孩子能够上大学，并认为孩子的其他教育如心理、生理或价值教育等，在这一目标面前都要为其让路。这种不科学的观念使得不少大学生一心只读圣贤书，成绩决定一切，最终使得他们吃不了苦，受不了挫折，听不得别人的意见，容不得他人比自己强。在问卷调查中，笔者试图寻找父亲的政治立场与大学生的政治信仰的关系，但由于样本误差的影响，并未发现二者之间的关系。但是，从社会学的角度来讲，父母形成的家庭环境所持有的价值取向或多或少会对大学生自身的思想观念产生潜移默化的影响。与东南沿海的大学生交谈发现，在浙江、江苏一带，富商济济，出生条件富裕的孩子受到父母重经商轻政治思想观念的影响，部分大学生本科毕业就下海经商或子承父业，很少人去考研或报考公务员。因而，一个家庭的教育环境对大学生的政治思想影响是不容忽视的。

5 当代大学生更好地接受中国特色社会主义理论体系的有效路径

综上所述，影响大学生接受中国特色社会主义理论体系的因素错综复杂。要提高大学生对中国特色社会主义理论体系的接受效果，就必须在增强接受主体的接受能力、改进接受介体的教育方法和传播方式、赋予接受客体更多的人文关怀、优化接受环体这5个方面下功夫。

---

❶ 风笑天．社会学导论［M］．武汉：华中科技大学出版社，2004：82．

5.1 增强接受主体的接受能力，强化中国特色社会主义理论体系的接受效果

美国著名大众传播学研究专家约瑟夫·克拉珀曾指出，"受众对信息的注意、理解和贮存都是有所选择的。"❶ 这种选择性接受是接受主体依据自己头脑中业已形成的接受标准进行的。"90 后"大学生在身体和心理方面都逐渐成熟，具有较强的独立意识和理性的思考能力，因而，他们能够自觉主动地接受中国特色社会主义理论体系。

在大学生接受中国特色社会主义理论体系的过程中，接受主体大学生自觉内化该理论体系成为关键所在。中国特色社会主义理论体系的相关内容能否内化成大学生自身的内在品质，在很大程度上取决于大学生接受能力的高低。而影响大学生接受能力的主要因素包括认知水平、现实需要和情感体验等。如果大学生具有较高的认知能力和深刻的情感体验，并且使他们的个人需要同社会需要实现有机融合，那么就能实现最佳的接受效果。反之，接受效果难以让人满意。因此，增强大学生的主体能力需要做好以下几个方面的努力。

5.1.1 利用大学生固有的认知基础，调动大学生的自觉认知能力

一方面，利用大学生原有认知水平和以往经验。在传播中国特色社会主义理论体系的过程中，大学生的认知结构应得到充分发挥和利用，应结合大学生认知特点和经验，力求通俗易懂，避免条条框框，尽量运用大学生容易理解的语言形式解开他们的思想困惑，用身边熟悉的事情阐明深刻道理，帮助他们更好地理解该理论体系。此外，对于不同认知程度的大学生，也要实行分层传播和教育。对于党员分子，必须理论教育，实行抽象理论的阐述与探讨，严格要求他们深刻理解该理论体系的内容，带头践行该理论体系，用自己的实际行动感召同学、带动同学；对于非党员分子，应采取多种灵活多变、生动形象的传播方式将该理论体系融入到他们的日常生活中，通过各种社会实践或志愿服务活动，把该理论体系的要求渗透到他们的心灵。另一方面，由于未涉足社会的大学生，缺少充足的社会经验，缺乏敏锐的洞察能力，不具备良好的思维能力，致使他们看问题往往片

---

❶ 樊葵. 论受众选择机制的有限效力 [J]. 杭州师范学院学报：社会科学版，2003（2）：60－63.

面，最终影响他们对该理论体系的理解。因此，高校教师作为我国传播该理论体系的重要接受介体，必须重视培养大学生自觉认知能力，坚持实事求是原则，努力探究事物的联系，紧密追踪事物的变化，合理统筹事物的方方面面，培养辩证思维和理性思考的习惯。作为接受主体的大学生只有不断调动自己自觉认知的能力，才能提高该理论体系的接受效果。

5.1.2 积极关注大学生的利益需求，妥善建立合理的需求结构

大学生的利益需求是他们进行内化思想的内在驱动力。此次问卷调查显示，目前大学生更关注的是一些与自己切身相关的利益需求，如升学就业、人际交往、社会实践等问题。个案访谈发现，大学生不信仰中国特色社会主义理论体系的重要原因之一就是该理论体系无法有效解决他们面临的现实问题，不能为他们升学就业提供务实的指导和帮助。虽然他们的认识存在偏差和错误，但确实是当代大学生接受该理论体系的真实写照。纠正大学生的错误观念是必要的，但是更应当给予大学生更多的包容和理解，因为每个人都有实现自身价值的权利，这些需求存在合理性的一面。因此，作为研究中国特色社会主义理论体系的研究者和教育者，不能采取忽视大学生需求，而应该认真倾听大学生对现实需要的诉求。坚持"贴近实际、贴近生活、贴近大学生"❶的原则，从大学生普遍关注的现实问题出发，激发大学生对接受该理论体系的内在需求；要深入大学生中去，详细剖析大学生中存在的共性需求和个性需求、现时需求和未来需求等问题，做到有针对性的解决问题；积极引导大学生的各种利益需求，抑制其不合理的需求，帮助大学生建立合理的需求。

5.1.3 关怀大学生的情感体验，激发大学生的情感认同

恩格斯说："越少从外面把我们理论硬灌输给美国人，而越多由他们通过自己亲身的经验去检验它，它就越会深入他们的心坎。"❷ 大学生的内在需求影响着他们对中国特色社会主义理论体系接受程度，而大学生的情感因素能够诱导对该理论体系的理解沿着一定的方向发展，对大学生的内在需求起到重要刺激作用。

---

❶ 胡锦涛. 中国共产党第十八次全国代表大会报告 [M]. 北京：人民出版社，2012：25.
❷ 马克思，恩格斯. 马克思恩格斯选集：第4卷 [M]. 北京：人民出版社，1995：681.

在大学生亲身接触中国特色社会主义理论体系过程中，他们会对该理论体系产生一种以满意或不满意为特征的感受。如果大学生获得满意的心理体验，那么他们就会以愉悦、满足的情感表达方式来认识该理论体系的内容，进而慢慢地理解和接受它，反之，则以失望、难过的情感表达方式来忽略、回避该理论体系，进而排斥和拒接它。这就要求以高校教师为主的接受介体不仅要学会自觉调整自己的情绪，更需要调动大学生的情绪，尊重大学生的情感反应。当大学生感到自己是在一种强制威逼状态下进行学习，他们的情绪会变得低落，对该理论体系也会感到心烦，更不会对其内容作深入地理解；当大学生出于自我意愿而主动了解该理论体系，将会激起他们愉悦的情绪，对中国特色社会主义理论体系也会感到喜欢。这说明，接受过程也是一种心理反应的过程，尊重大学生的自尊，重视同大学生情感上的沟通和了解，以朋友的态度来对待大学生，给予他们主体判断的空间，让他们通过自己的亲身情感体验来获取对中国特色社会主义理论体系最真实的感受，从而激发起他们对中国特色社会主义理论体系的情感认同。

5.2 改进接受介体的教育方法和传播方式，增强中国特色社会主义理论体系的亲和力

5.2.1 充分发挥高校教师引导作用

邓小平明确指出，"一个学校能不能为社会主义建设培养合格的人才，培养德智体全面发展、有社会主义觉悟的有文化的劳动者，关键在教师。"[1] 中国特色社会主义理论体系能否被大学生接受，关键是有没有一支具有坚定的政治立场和扎实的理论素养的高校教师队伍。

5.2.1.1 优化教师资源，提高教师素质

向大学生传播中国特色社会主义理论体系，高校教师必须具备特殊素质。高校教师需要具备坚定的政治素质，坚持四项基本原则，坚持党的基本路线，在任何时候都应该与党中央保持一致；高校教师拥有扎实的理论功底，以科学性和真理性为理论研究原则，带头学习和研究中国特色社会主义理论体系。高校教师保

---

[1] 邓小平．邓小平文选：第3卷［M］．北京：人民出版社，1983：103.

持良好的品德修养，严格遵守为人师表的师德风范，既要教书又要育人，真正把自己当作塑造大学生灵魂的工程师；高校教师争当教学业务能手，紧跟时代发展步伐，追踪当代社会发展潮流，运用现代科技成果来武装教学，让政治理论课不再单调乏味。因此，高校教师只有对中国特色社会主义理论体系做到"真学、真信、真干"❶，才有能力向大学生讲授中国特色社会主义理论体系。

5.2.1.2 高校教师创造新型的实践教学模式

从心理学角度讲，通过亲身体验获得感受同他人告知你的感受，二者是大相径庭的，前者显然要比后者的感受更真实可靠，人们更容易理解和接受。同样，这在中国特色社会主义理论体系课程的教学中同样适用。教师把该理论体系的相关内容教条地传递给大学生，他们会以一种警觉的态度来对待理论，而不会草率地认同或接受，一旦不加以强化理论传递，他们的怀疑心态愈加严重，最终结果是他们排斥或拒绝接受。因而，在这种情况下，有必要引入实践教学模式，即一种以人为本的教学方式，在社会实践活动中体验教学的魅力，增强大学生对中国特色社会主义理论体系所具有社会价值的情感体验，培养大学生自主学习的能力。开展实践教学，通过师生间互动交流，将理论教学中的困惑和难题放进现实生活中，写读书心得或作调研报告，在现实生活中寻求最佳答案。

5.2.1.3 建立一门关于中国特色社会主义理论体系教育的传播学

中国特色社会主义理论体系研究多么具有科学性和真理性，在理论传播过程中仍存在着被大学生们误解的风险，表明传播的好坏直接影响着信息接收的成败。从事理论教育和传播研究不仅需要对理论本身进行研究，而且也需要对理论教育和传播活动进行研究。因此，理论研究与理论传播研究的确存在明显差异。就目前情况而言，我们现在并不缺乏中国特色社会主义理论体系的教育者，但我们缺乏中国特色社会主义理论体系教育的传播研究者，即缺乏中国特色社会主义理论体系教育传播的研究主体。而对该理论体系教育的传播如何进行，如何才能让理论以大学生喜闻乐见的形式表达出来，如何传播才能使理论更容易被大学生接受，这些方面的关注还是很少，因此，高校教师只关注中国特色社会主义理论体系本身的研究，而缺

---

❶ 曹莉莉. 结合实际在真学真信真干上下功夫 [J]. 中国民政, 2013 (1): 28.

乏对马克思主义理论教育传播的研究主体研究，教师理论功底再强，但由于缺乏传播的有效方式，也不能很好地将理论以通俗易懂的方式讲授给普通大学生。

5.2.2 拓宽传播载体，提升中国特色社会主义理论体系的影响力

"社会主义意识形态教育的载体，就是在实施意识形态教育的过程中，能够承载和传递意识形态的内容或信息的形式，分为传媒载体、文化载体和管理载体等类别。"❶ 在目前形势下，中国特色社会主义理论体系的传播载体主要包括各种传媒载体和文化载体。

5.2.2.1 发挥传媒载体的宣传作用

报纸、杂志、电视、广播和网络是我国主要的传媒载体。前四种一直以来作为我国马克思主义理论的宣传阵地，要坚持弘扬中国特色社会主义主流思想，对西方腐朽堕落思想给予坚决的抵制和批判。通过各种喜闻乐见的方式宣传中国特色社会主义理论体系，寓宣传教育于娱乐中，既让节目符合大学生的多样化需求，也能让大学生在潜移默化中受到政治思想的熏陶。克服脱离实际的片面宣传，不仅能够客观评判成绩，也能够如实披露问题，使大众传媒值得大学生信赖。在大学生接受中国特色社会主义理论体系的形势下，它们的作用仍需稳固并继续扩大。对于第五种传媒载体——网络，我们应主动依托网络提供的各种宣传形式，充分利用其吸引力，使中国特色社会主义理论体系教育与网络有机结合，以网络传播方式激活学生的认知兴趣；加强思想政治教育主题网站的建设，强化网上舆论引导，建设和培养一支政治可靠、知识丰富并熟悉网络语言特点和规律的网络政工队伍；最终把抽象死板的理论教育变得生动活泼，从而增强中国特色社会主义理论体系教育的实效性。

5.2.2.2 发挥文化载体的感染作用

文化载体指的是以各种文艺作品（如电影、电视剧、话剧等形式）为媒介传递思想意识和文化价值。惊险刺激的美国大片、生活琐碎的韩国偶像剧、海枯石烂的台湾言情剧，这些文艺作品都在无形中渗透着西方国家的价值理念，我国青

---

❶ 张润枝. 当前广大人民群众接受社会主义意识形态的状况以及对社会主义意识形态建设的新要求 [J]. 当代世界与社会主义, 2008 (5): 39-44.

年大学生潜移默化地受其影响。不可否认，西方的文化确实有其放光的魅力，但是，从长远来看，西方文化的渗透终将吞噬我国的文化，这是我们必须高度警惕的。不难看出，电影、电视剧等文艺作品日益成为当代大学生了解文化和接受文化的重要窗口，我们也可效仿西方国家文化输出的形式，多拍一些像《建国大业》《长征》《红旗飘飘》《亮剑》《杨善洲》等优秀红色影视作品，文艺作品彰显中国特色社会主义理论体系的精神价值，让广大大学生深刻地体会中国特色社会主义理论体系的文化底蕴，实现主流意识形态与大学生需求的完美契合。

5.3 赋予接受客体更多的人文关怀，加强中国特色社会主义理论体系的说服力

如果接受客体要保持足够的吸引力，必须从两个方面予以加强。一方面，作为真理的接受客体的吸引力需要加强，理论的真理性仍是最大优势。马克思指出："理论只要说服人，就能掌握群众；而理论只要彻底，就能说服人。所谓彻底，就是抓住事物的根本。"[1] 理论并不是自然地被接受者接受，只有那些彻底反映事物规律、具备科学性的理论才能受到接受者的青睐。一种理论，越能反映现实生活中的真理，接受主体越没有反驳的理由，接受主体更会乐意去接受。随着中国特色社会主义事业的蓬勃发展，不仅在理论研究方面中国特色社会主义理论的逻辑体系不断完善，而且在实践活动中也不断验证该理论体系的优越性，可以说，作为真理的中国特色社会主义理论体系，在国内已有相当充分的理论研究和实践证明。但是，这并不代表着接受主体一定会对其认同和接受，理论再科学，结构再完善，它仍只是彼岸真理。因而，要想被接受主体接受，它需要关照到此岸的现实，需要加强作为意识形态的中国特色社会主义理论体系的吸引力。

另一方面，作为意识形态的接受客体的吸引力也需要加强。这就需要赋予接受客体更多的人文关怀，让接受主体容易理解、认同和接受。赋予接受客体更多的人文关怀，是让中国特色社会主义理论体系走进大学生，了解大学生，保护大学生。第一，中国特色社会主义理论体系贴近大学生的生活。一方面，实现理论的生活化和现实化，不再迷恋于抽象思辨的王国，运用大学生善于理解的语言来

---

[1] 马克思，恩格斯. 马克思恩格斯选集：第 1 卷 ［M］. 北京：人民出版社，1995：9.

阐述博大精深的中国特色社会主义理论体系，努力做到及时、准确地把握时代脉搏，使中国特色社会主义理论体系体现时代精神和研究的前沿性；另一方面，坚持服从于"培养社会主义建设者和接班人"❶ 这一基本原则，中国特色社会主义理论体系更多关注大学生关心的问题，比如：日常学习生活问题、毕业分配问题、收入分配不公问题、物价持续上涨问题等，想学生之所想，急学生之所急，做出有针对性和说服力的解释，为他们解决现实困惑提供理论指导和建议。要从教师和学生的共同经验入手，在接受过程中应充分考虑大学生的经验和需要。第二，中国特色社会主义理论体系要展现价值魅力，吸引大学生，感染大学生，实现情感认同和价值共鸣。中国特色社会主义理论体系要有一种担当意识，自觉关心大学生的发展，保障他们的合法权益，与此同时，大学生也要坚信中国特色社会主义理论体系有能力帮助他们实现自身的利益诉求，愿意认同该理论体系的基本内容，主动接受该理论体系精髓的洗礼。大学生的个人价值与社会价值进行有效结合，为树立坚定的中国特色社会主义理论体系信仰奠定了精神基础。

5.4 优化接受环体，创造良好的接受氛围

优化接受环体，就是为大学生创造良好的接受环境。影响大学生对中国特色社会主义理论体系的接受环境要素主要包括社会大环境和校园文化环境。良好的环境对个人正确思想观念的形成极为重要，通过耳濡目染使大学生不知不觉中形成与中国特色社会主义主流价值形态相一致的价值取向和情感体验。

5.4.1 优化社会大环境

政治环境方面，"必须继续稳妥推进政治体制改革，加强民主法制建设，加强反腐倡廉和干部作风建设，维护国家法制统一、尊严、权威，保证人民依法享有广泛权利和自由，真正做到坚持党的领导、人民当家做主和依法治国的统一"❷坚定的政治发展方向是大学生坚信中国特色社会主义理论体系的前提。经济环境方面，倡导中国特色社会主义绿色经济的发展，认真解决经济发展中各种疑难杂

---

❶ 胡锦涛．中国共产党第十八次全国代表大会报告［M］．北京：人民出版社，2012：28.
❷ 胡锦涛．中国共产党第十八次全国代表大会报告［M］．北京：人民出版社，2012：20－21.

症，推动国家经济的有序发展，同时，切实解决好关乎群众利益的民主问题，妥善处理好各种社会矛盾，积极构建社会主义和谐社会。经济有序健康发展和人民安居幸福是大学生认同中国特色社会主义理论体系的基础。在文化环境方面，用中国特色社会主义理论体系论武装大学生，优秀的理论作品走进大学生，感染大学生，激发大学生的爱国情怀。报刊、广播、电视网络等传媒载体要营造爱祖国、爱人民、爱共产党的舆论氛围，弘扬中华民族精神和社会主义优良美德，增强中华民族的整体凝聚力。文化强国的实施为大学生信仰中国特色社会主义理论体系提供了优质沃土。

5.4.2　优化校园文化环境

　　首先，学校创建良好的校园文化。比如定期开展理论学习和研讨、邀请政治理论讲师团来校宣讲理论、开展各类红色纪念活动，组织各类时政理论演讲赛等活动，大力营造一个积极进取、追求进步的文化氛围，引导青年大学生树立中国特色社会主义创造美好中国的信念；其次，充分发挥大学生政治理论社团在校园推进中国特色社会主义理论体系教育中的先锋作用。大学生政治理论社团是大学生自己的团体，它是以共同的理论兴趣为基础自发形成的，是大学生学习理论、交流思想的重要平台。大学生理论社团应该经常组织时政讲座，定期举行关于马克思主义经典原著的读书会，使大学生积淀深厚的理论素养，提高大学生的政治理论水平；最后，重视社会实践，理论教育的作用是局限的，它只能让大学生"接收理论"，而不能让大学生很好地"接受理论"，这需要运用实践教学方式，积极组织大学生参加社会调查、生产劳动、志愿服务、公益活动等多方面的社会实践，让大学生走出校园，走向社会，从自己的亲身经历中感受中国特色社会主义理论体系的强大价值追求。

5.4.3　优化家庭环境

　　家庭是社会的细胞，是大学生进行社会化教育的首要场所。它承担着传播文化知识，塑造思想品德，规范行为标准等责任。家庭环境不但影响着大学生的个性，而且影响着大学生的世界观、人生观、价值观。优化家庭环境首先要求家长们要转变教育观念，树立健康向上的教育理念，追求名次和成绩不是学习的根本目的，培养高尚的人格才是学习的真正归宿。其次，家长们要在日常生活和言谈举止中，积极践行"八荣八耻"社会主义荣辱观，努力发挥模范带头作用以彰显崇高的中国特色社会主义理论体系的价值追求；再次，家长们要合理规划家庭经济生活，注意美化家庭生活环境，用心创造家庭和谐生活，应当从物质和精神的双层面上为大学生接受中国特色社会主义理论体系创造良好的接受氛围；最后，家长们还要持续"充电"，积极主动学习和了解中国特色社会主义理论体系的精髓，不断提高自身的文化素养，通过潜移默化的影响积极引导大学生身心的健康发展。

江泽民同志明确指出："只有加强综合管理，多管齐下，形成一种有利于青少年身心健康发展的社会环境，年轻一代才能茁壮成长起来。"[1] 因此，要优化中国特色社会主义理论体系的接受环体，需要社会各界力量的共同努力，使广大大学生不断受到良好环境的熏陶和感染，提高大学生的整体接受效果。

6   结语

中国共产党是靠马克思主义理论、毛泽东思想取得了人民民主专政政权，又靠中国特色社会主义理论体系进行改革开放，使社会趋于稳定、人民生活水平稳步提高、国家逐步强大。构建和谐小康社会需要一代代人进行信念的教育和坚守。高校是我国培养高级人才的摇篮，是马克思主义传播、教育的核心，它的接受水平直接影响全党、全国人民对中国特色社会主义理论体系认知程度。要使大学生对中国特色社会主义理论体系取得理想的接受效果，我国理论界、学术界和高校必须潜心研究该问题。当然大学生接受中国特色社会主义理论体系活动是一个极其复杂的过程，需要社会各界力量的共同努力，探讨大学生的接受规律，认真研究解决接受系统要素间相互作用，这样才能把马克思主义思想灵活、机动、自觉地贯穿于一代代大学生思想中，让他们以马克思主义基本理论和中国特色社会主义理论体系来指导他们世界观、人生观、价值观，进而将来以马克思主义的

---

[1]   江泽民. 江泽民文选：第 2 卷 [M]. 北京：人民出版社，2006：588.

理论和方法指导他们学习、工作和生活。如此可以推进全民对马克思主义思想、中国特色社会主义理论体系的深刻理解和掌握，让马克思主义基本理论和中国特色社会主义理论体系占领全民思想意识领域。

参考文献

著作类

［1］马克思，恩格斯．马克思恩格斯全集：第1卷［M］．北京：人民出版社，1972.

［2］马克思，恩格斯．马克思恩格斯全集：第3卷［M］．北京：人民出版社，1960.

［3］马克思，恩格斯．马克思恩格斯选集：第1、4卷［M］．北京：人民出版社，1995.

［4］邓小平．邓小平文选：第3卷［M］．北京：人民出版社，1983.

［5］江泽民．江泽民文选：第2卷［M］．北京：人民出版社，2006.

［6］胡锦涛．中国共产党第十八次全国代表大会报告［M］．北京：人民出版社，2012.

［7］中国共产党第十七次全国代表大会文件汇编［M］．北京：人民出版社，2007.

［8］风笑天．社会学导论［M］．武汉：华中科技大学出版社，2004.

［9］胡子克．马克思主义理论教育概论［M］．北京：人民出版社，2005.

［10］张耀灿，郑永廷．现代思想政治教育学［M］．北京：人民出版社，2006.

［11］王敏．思想政治教育接受论［M］．武汉：湖北人民出版社，2002.

［12］邱柏生．思想教育接受学［M］．太原：山西人民出版社，1992.

［13］朱立元．接受美学［M］．上海：上海人民出版社，1989.

［14］侯钧生．西方社会学理论教程［M］．天津：南开大学出版社，2001.

［15］王岳川，胡经之．文艺美学方法论［M］．北京：北京大学出版社，2003.

［16］尧斯．审美经验论［M］．北京：作家出版社，1992.

［17］尧斯，霍拉勃．周宁，等，译．接受美学与接受理论［M］．沈阳：辽宁人民出版社，1987.

［18］沃尔夫冈·伊瑟尔．阅读活动——审美反应理论［M］．金元浦，等，译．北京：中国社会科学出版社，1991.

［19］德兹曼．接受美学问题［C］．宁瑛，译．世界艺术与美学：第9集．北京：文化艺术出版社，1988.

［20］怀特海．教育的目的［C］．华东师大教育系，杭州大学教育系，编译．现代西方资产阶级教育思想流派论著选．北京：人民出版社，1980.

期刊类

［1］石仲泉．中国特色社会主义社会主义理论体系——当代中国马克思主义创新理论的最新概括［J］．中共党史研究，2008（1）.

［2］田心铭．建立一门马克思主义理论教育学［J］．思想理论教育导刊，2004（1）.

［3］吴江．重新找回马克思［J］．炎黄春秋．2002（7）.

［4］刘先义．论德育接受活动的外导系统［J］．教育评论．1992（3）.

［5］刘先义．接受理论：教育研究的新领域［J］．教育理论与实践，1998（2）.

［6］陆士桢．从青年发展的视角看当代中国马克思主义的传播［J］．中国青年政治学院学报，2007
　　（1）．

［7］朱兆中．意识形态的传播与接受问题研究——兼论中国马克思主义的传播与接受［J］．上海行政
　　学院，2007（4）．

［8］张润枝．当前广大人民群众接受社会主义意识形态的状况以及对社会主义意识形态建设的新要求
　　［J］．当代世界与社会主义，2008（5）．

［9］吴玉荣．"意识形态终结论"的百年历程及其对立［J］．中国特色社会主义研究，2003（2）．

［10］刘岩，李彩华．中国化马克思主义接受问题是项重要的研究课题［J］．求实，2010（6）．

［11］赵卫民．关于青年接受马克思主义教育问题的思考［J］．中国青年政治学院学报，1998（2）．

［12］赵卫民．当代青年接受马克思主义教育趋势的研究［J］．北京青年政治学院学报，2000（2）．

［13］中国社会科学院青年人文社科中心"青年马克思主义信仰状况调研"课题组．青年学生理论素
　　养状况调查［J］．中国党政干部论坛，2005（1）．

［14］邓军彪，甘日栋．大学生接受中国特色社会主义理论体系教育状况［J］．传承，2010（24）．

［15］代渝渝．大学生对马克思主义理论接受状况的对比研究［J］．企业导报，2011（1）．

［16］肖蓉．从接受角度推进高校马克思主义大众化［J］．现代教育科学，2011（7）．

［17］李红花，周金玲．马克思主义理论教育的传播问题研究［J］．中国西部科技，2008（1）．

［18］孙巧利．基于大学生接受特点的高校马克思主义大众化问题研究［J］．出国与就业：就业版，
　　2011（12）．

［19］杨丽慧．接受美学理论渊源及其对教育的新启示［J］．兰州学刊，2004（3）．

［20］王嘉，张瑜．论接受图式在思想政治教育接受中的应用机理［J］．学校党建与思想教育．2012
　　（4）．

［21］葛莉．"90后"高校青年马克思主义者培育机制诠释［J］．大连海事大学学报：社会科学版，
　　2011（3）．

［22］李智裁．高校"两课"教学低效的归因分析及教改策略［J］．教育与职业，2008（27）．

［23］樊葵．论受众选择机制的有限效力［J］．杭州师范学院学报：社会科学版，2003（2）．

［24］徐广田．胡锦涛对中国特色社会主义理论体系的贡献［J］．华北水利水电学院学报．2013（1）．

［25］周新辉，韦殿华．党的十七大以来中国特色社会主义理论体系研究综述［J］．青岛科技大学学
　　报，2010（1）．

［26］中宣部，教育部．中共中央宣传部、教育部关于进一步加强和改进高等学校思想政治理论课的意
　　见．（2012.4.9）［2012.4.26］．http：//szjyb.stiei.edu.cn/s/6/t/9/0e/5a/info3674.html.

［27］楼宇烈做客中青畅谈信仰．中国青年政治学院校园网．（2013.4.11）［2013.4.28］．http://
　　news.cyu.edu.cn/xyyw/jzbg/201304/t20130416_44946.html.

关于北京大学生对中国特色社会主义理论体系接受状况的调查问卷

亲爱的同学：

您好，为了更好地了解北京大学生对中国特色社会主义理论体系的认识，帮助其树立正确的世界观，人生观和价值观，中国青年政治学院马克思主义学院特地设计了此项调查问卷。本次调查采取不记名的方式，数据由中国青年政治学院马克思主义学院统一处理，此问卷不涉及您的隐私，请您放心填写。非常感谢您能够作为学生代表参加调查，提供您的看法与意见，希望能够得到您的大力支持。谢谢！

若有任何疑问，请您联系此项目负责人徐广田，联系电话：15801414507

1. 您就读的大学是＿＿＿＿＿＿＿＿＿＿＿＿＿＿＿＿＿＿＿＿＿＿

2. 您学习的专业属于＿＿＿＿＿＿＿

A. 理工类　　　　B. 文史类　　　　C. 农林医类　　　　D. 艺术体育类

E. 其他

3. 您的性别为＿＿＿＿＿＿＿

A. 男生　　　　　　　　　　B. 女生

4. 您目前所在的年级为＿＿＿＿＿＿＿

A. 大一　　　　　B. 大二　　　　　C. 大三　　　　　D. 大四

5. 您的政治面貌为＿＿＿＿＿＿＿

A. 中共党员或预备党员　　　　B. 入党积极分子

C. 共青团员　　　　　　　　　D. 群众

E. 其他

6. 您父亲供职的单位属于＿＿＿＿＿＿＿

A. 政府部门　　　B. 事业单位　　　C. 国营企业　　　D. 私营企业

E. 自我灵活就业　　F. 其他

7. 您来自_____

A. 直辖市或省会城市   B. 地级市、县级市或县城

C. 农村

8. 在您的规划中，自己期望未来的职业为_____

A. 公务员   B. 国企或事业单位的工作人员

C. 私企或外企的工作人员   D. 自由职业者

9. 您学过《毛泽东思想和中国特色社会主义理论体系》这门政治理论课吗？

A. 学过   B. 没学过

（关于第 9 题，如果您选择 A，请回答 9a 至 9c，如果您选择 B，请回答 9d 至 9e 题。）

9a. 您学习这门课的动机是_____

A. 学习一些理论来指导学习工作   B. 考试有要求，不得不学

C. 为就业做准备   D. 出于自己的兴趣需要

E. 报效国家，提升个人素养   F. 其他

9b. 关于这门课，您逃课的次数大致有_____

A. 0 次   B. 1~5 次   C. 6~10 次   D. 11 次以上

9c. 关于这门课，您当时的成绩大致是_____

A. 60 分以下   B. 60~70 分   C. 70~80 分   D. 80 分以上

9d. 您高中时，您对政治课感兴趣吗？_____

A. 非常感兴趣   B. 比较感兴趣   C. 没什么感觉   D. 比较反感

E. 非常反感

9e. 您高中时，这门课当时的成绩大致是_____

A. 60 分以下   B. 60~70 分   C. 70~80 分   D. 80 分以上

10. 您觉得中国特色社会主义理论体系包括哪些内容？_____（可多选）

A. 毛泽东思想   B. 邓小平理论

C. "三个代表"重要思想   D. 科学发展观

11. 您如何看待中国特色社会主义理论体系？_____

A. 大而空的理论，离生活实践遥远

B. 一种对美好未来的憧憬，"乌托邦"理论

C. 是中国共产党巩固自身政权需要的理论

D. 指导中华民族走向繁荣富强的科学理论

12. 你认为中国特色社会主义理论体系对中国社会主义的建设有意义吗？
_____

    A. 有，有积极意义   B. 有些，作用不明显

    C. 没有作用   D. 对该理论不了解

13. 您是如何看待目前的贫富分化现象的？ _____

A. 社会主义市场经济的必然结果，此现象很正常

B. 差距适度，仍在国家可控范围之内

C. 贫富悬殊，严重影响社会稳定

D. 没什么看法，平时不关注

E. 其他

14. 您如何看待我国未来改革开放的方向？ _____

A. 扩大改革力度

B. 保持原有改革的程度

C. 暂缓改革步伐，立即解决改革带来的诸多问题

D. 没什么看法，平时不关注

E. 其他

15. 目前房价高不可攀，政府采取了一系列调控措施。您如何看待政府的调控能力？ _____

    A. 非常好   B. 比较好   C. 一般   D. 不太好

    E. 不知道

16. 您觉得政府对"7·21"北京房山特大洪涝灾害的灾情处理是否符合以人为本的科学发展观？ _____

    A. 符合   B. 有些出入   C. 不符合   D. 不知道

17. 您大学毕业后愿意到基层工作或到西部贫困地区支教吗？ _____

    A. 愿意，没有服务期限   B. 愿意，有服务期限

C. 不愿意　　　　　　　　　　　　D. 未思考过

18. 您对中国特色社会主义理论的了解主要通过以下哪些方式？＿＿＿＿＿＿

（限选两项）

A. 课堂上老师的讲授　　　　　　　B. 参加校内的学生社团活动

C. 学校组织的德育活动　　　　　　D. 课下自学

E. 同学们的相互交流和讨论

F. 媒体的宣传（电视广播、网络、报纸等）

G. 其他

19. 您认为课堂上老师的讲授对你了解中国特色社会主义理论帮助作用有多

大？＿＿＿＿＿＿

A. 很有帮助　　　　B. 有一些帮助　　　　C. 基本没有帮助

20. 在生活中您会和同学就中国特色社会主义及当前的社会发展状况进行讨

论吗？＿＿＿＿＿＿

A. 经常　　　　　B. 偶尔　　　　　C. 很少　　　　　D. 从不讨论

21. 您和周围同学经常谈论的话题是：＿＿＿＿＿＿（限选两项）

A. 国际或国内时事政治

B. 民主与政治体制改革

C. 通货膨胀、物价或房价等经济问题

D. 毕业分配问题

E. 婚恋问题

F. 日常学习和生活问题

22. 您自学过中国特色社会主义理论体系吗？＿＿＿＿＿＿（若回答 A 或 B 选

项，请回答 22a. 题）

A. 经常自学　　　　B. 偶尔自学　　　　C. 从来不自学

22a. 您自学中国特色社会主义理论体系的主要途径有：＿＿＿＿＿＿（限选两

项）

A. 电视广播　　　B. 报纸　　　　C. 网络　　　　D. 教材

E. 专业书籍或资料　　　　　　　　F. 别人讨论

G. 其他

23. 如果您感觉自己学习中国特色社会主义理论体系的效果不够理想，您认为阻碍您学习与接受中国特色社会主义理论体系的主要因素有：_____（限选两项）

    A. 课堂教学效果不理想   B. 学校的理论学习氛围不浓厚

    C. 教材不够生动   D. 社会现实太让人失望

    E. 自己的主观需求不强烈   F. 家长的消极引导

    G. 其他

班级同伴互动中的校园欺负行为研究
——以北京市某职业中学 A 班为例

□ 孪志君

摘要： 校园欺负是在同伴群体这一微观的社会生态背景下产生与维持的，班级则为青少年的同伴互动和群体发展提供了重要社会环境。笔者以北京市某职业中学 A 班学生为研究对象，通过参与式观察、问卷调查以及访谈等研究方法，在分析资料的基础上，试图解释在同伴互动中的校园欺负行为的发生、持续过程。

笔者从静态和动态两个角度对班级互动中的欺负行为进行研究，首先从结构主义视角下考察 A 班的班级社会结构，并对结构中欺负行为主体间的关系以及 A 班的欺负行为模式及其特点进行分析；其次，通过过程——事件的视角，厘清在班级成员互动中的群体的发展脉络和欺负行为主体间的互动过程，从而呈现 A 班欺负行为产生及持续的过程。本研究以权力、学业成就以及同伴关系为标准分别考察 A 班的三种班级结构，通过班级同伴提名数据得出同伴关系网络，不同于以权力、学业成就所形成的金字塔型的班级分层，同伴关系网络呈现出"中心集聚，边缘分散"的结构特点，进而笔者在分析同伴提名数据中明确欺负者和受欺负者成员。在此基础上，探索欺负行为主体在班级结构中的位置及其关系，笔者发现，班级的同伴关系网络在影响班级互动以及欺负行为主体间关系方面发挥着主要作用。另外，通过整理 A 班学生的日常生活事件，从形成阶段、动荡冲突阶段以及群体发挥作用阶段，呈现出班级结构形成发展与欺负行为发生及持续的复杂过程；进而通过分析欺负者与受欺负者主体间的互动及其采取的行动策略，归纳欺负行为形成的阶段和过程。研究发现，A 班在班级互动中逐渐分化为"中心—边缘"的班级同伴关系结构，欺负行为也具有"'圈子'—个体"模式的特点，欺负行为主体间经过"试探"——"恶意攻击"——"博弈"——"终止或持续"四个阶段。班级固定行为模式的出现，伴随着成员互动中班级结构的形成，结构与行为二者相互作用，但是在互动过程中又具有复杂微妙的关系，笔者通过"互动模型图"呈现出同伴互动、班级结构以及欺负行为三者的关系及其相互影响的过程。

关键词： 同伴群体；互动；班级结构；欺负行为

1 导论

1.1 研究意义

当我们的研究视角逐渐转向校园个体的生活世界，关注青少年健康成长，那么校园中的欺负现象就是不能回避的一个重要话题。国内外研究表明校园欺负是普遍存在于中小学群体中的一种攻击行为，综合国内外有关欺负的研究发现，我们不难总结出一些基本事实：从宏观层面而言，校园欺负行为影响正常的校园秩序，妨碍教学活动的正常开展，增加学校管理的难度，总体上不利于学校环境的建设甚至会影响社会风气；从微观层面来看，对欺负卷入者（欺负者、欺负受害者甚至旁观者）个性的健康发展、生活的正常进行产生了较大的影响，长远来看不利于青少年支持性社会适应能力的形成和发展。但是长期以来对欺负的研究主要以欺负者为研究对象，对欺负受害者方面的研究仅是有关欺负者研究成果的副产品，欺负受害者的生存境遇没有得到研究者的足够重视。并且同伴群体是青少年个体成长的重要生态，考察欺负行为发生的同伴群体的互动及其特征对提供有效的欺负干预策略也是十分必要的。

随着研究的深入，有学者逐渐认识到欺负事件是在欺负者和受欺负者的互动过程中发生的，欺负者和受欺负者的人格也是在他们与成人及同伴的互动过程中形成和发展起来的[1]。笔者综述目前的相关研究发现，各国学者对青少年欺负进行了大量研究，系统探讨了青少年群体中欺负行为的普遍性、欺负的类型特点、欺负的后果及对欺负行为的干预等，近年来研究视角又转向青少年的社会生态系统方面。这些研究不断深化人们对青少年校园欺负的理解，但是现有研究大多数还处于科学性的描述阶段，在理论和方法上需要进一步深化，尤其在社会生态视角下的欺负行为。

迄今开展的许多研究大多是停留在对诸变量因素的静止考察上，而很少对欺负行为系统中诸要素以及诸要素之间的互动过程进行动态的研究。在人际互动的意义上进行研究，才能揭示出欺负这种行为的社会互动本质。本文拟从青少年真实生活情境出发，观察了解同伴群体成员之间的互动过程，以揭示日常的人际互动过程中不同欺负角色动态分化机制，为理解欺负的本质内涵与外延、理解欺负的发生与发展提供新的角度，同时对预防和干预校园欺负进行有意义的探索。

---

[1] 张文新，谷传华，鞠玉翠. 儿童欺负问题与人格关系的研究述评 [J]. 心理学动态，2001 (3)：215－220.

1.2 概念界定及文献回顾

无论"欺负行为"还是"同伴群体",其研究成果主要集中于心理学领域。"欺负"的概念和表现形式、"欺负"的产生原因和发展的机制、"欺负"与青少年发展等是该领域的研究主题。尽管研究视角转向探索同伴群体与欺负行为之间的关系,但是对同伴群体的研究也只是将其作为影响青少年成长的重要心理因素,如同伴支持、同伴排斥等对青少年个体个性及心理发展的影响与作用。围绕本研究的核心,即同伴群体互动中考察欺负行为,笔者主要从欺负行为与同伴群体的相关研究和群体发展过程两个方面对现有相关研究进行综述。

1.2.1 欺负行为研究

欺负行为是现实中存在的问题,并且国内外学者有着丰富的研究成果。从什么是欺负到为什么欺负再到怎样预防和干预这种行为以及欺负行为可能产生的不良结果等,可以说对欺负及其机制的了解也越来越全面而深入。该部分内容包括对欺负概念的界定和对欺负行为研究成果的综述两方面。

1.2.1.1 概念界定

从 20 世纪 70 年代挪威卑尔根大学的 Olweus 最早明确将欺负作为一种不良行为展开系统研究到现在,40 余年的发展历程中先后有 20 余国家和地区的学者针对欺负的内涵、基本特点等方面进行探讨❶。

Olweus 认为校园中的欺负行为是侵害行为的一类,其特点是力量的不均衡以及侵犯行为随着时间而重复发生;还有学者从理论上明确指出,欺负的本质并不在于行为发生的频次或重复发生,而在于行为的主观动机与意图和行为双方力量的客观对比,即表现为在体力或人际关系上占相对优势的个体对较弱者进行攻击,并造成了对方生理或心理的痛苦,即使发生并不频繁或只是偶然发生,也同样应列入欺负的范畴,只不过属于非频繁性欺负。

综上所述笔者认为欺负行为是指,某个学生被其他一个或几个学生不断伤害,受到攻击的行为或现象。其中伤害或攻击行为具体包括肢体上的推、撞或

---

❶ 张文新. 中小学生欺负 / 受欺负的普遍性与特点 [J]. 心理学报,2002 (4):387 – 394.

打，叫外号或者开别人玩笑，排斥某个同学，拿别人的东西或者其他会伤害他人的行为。

就其本质而言，欺负在于双方力量的不均衡性，具体是指在通常情况下欺负是力量相对较强的一方对力量相对弱小或处于劣势的一方进行的攻击，通常表现为以大欺小、以众欺寡、以强凌弱，这种不均衡性既包括客观存在的欺负者体力或社会关系的优势，也包括其主观心理上的优越感。

就其实施方式或表现形式而言，可以将欺负行为具体分为身体欺负、言语欺负与间接欺负。身体欺负（physical bullying）是指利用身体动作直接对受欺负者实施的攻击，如打人、踢人，以及损坏、抢夺他人财物等；言语欺负（verbal bullying）是指通过口头言语形式直接对受欺负者实施的攻击，如骂人、羞辱、讽刺、起外号等或通过第三方来实施的欺负行为，其中包含社会操纵，是"利用同伴中的社会关系来伤害他人的迂回行为"，包括背后说人坏话，对他人讲不要和对方做朋友和社会排斥等❶。

1.2.1.2 欺负行为研究

在欺负研究领域，学者最初在个体层面探讨欺负行为，主要是从欺负者或者受欺负者的家庭教养、学校文化、个性特征等方面进行研究。在研究之初，即有学者提出同伴群体对欺负行为的发生和持续有重要影响，如 Pikas 认为校园欺负行为发生在群体背景中，并且学生会在互动中强化彼此的行为。后期学者对同伴群体在欺负行为中的作用有了更丰富的研究，Lagerspetz 等指出学生中的欺负行为有两个重要的特点：第一，欺负行为是一种集体性行为；第二，欺负行为是基于群体中的社会关系❷。张文新等同样认为，青少年阶段的欺负与受欺负绝大多数发生在同龄人之间，同伴群体构成了校园欺负行为的社会生态背景。此外，以实际干预和预防作为其研究主要目的的心理病理学也将同伴背景纳入到考察欺负行为的主要范畴之中，这也说明了同伴因素在对青少年欺负行为的干预中发挥着至

---

❶ 纪林芹，张文新. 中小学生身体、言语和间接欺负的性别差异——中国与英国的跨文化比较 [J]. 山东师范大学学报：人文社会科学版，2004（3）：21－24.

❷ Lagerspetz, K M J. Bjorkqvist, K. Berts, M. King, E. Group aggression among schoolchildren in three school [J]. Scandinavian Journal of Psychology, 1982（23）.

关重要的作用 ❶。

欺负行为的同伴群体因素早已纳入研究者的视野，至今，该领域的研究经历了几个发展阶段，笔者尝试将相关的研究成果总结如下：

1. 在研究初期，学者更多地将同伴群体作为欺负行为的背景进行考察，从较为抽象的层面整体上论述同伴背景对欺负行为具有重要作用，尽管学者们将同伴群体作为一个整体概念使用，但是也取得具有借鉴意义的理论探索。

如 Bjorkqvist 等（1987）认为同伴群体是欺负行为得以持续且稳定的重要条件，他认为欺负行为发生在相对固定的社会群体中，其中受害者个体几乎很难避免自己的受害者角色，而且欺负者也经常会得到其他同伴的支持，这就使得欺负行为得以持续发生，欺负行为是一个发生于群体内的过程 ❷。Olweus 在 1993 年指出，欺负行为是一种群体现象，并提出四种群体机制在欺负行为中发挥作用，分别是：社会感染机制、对攻击倾向控制力的减弱机制、责任分散机制和因追随欺负者的儿童对受欺负者的感知发生变化等 ❸。

2. 学者对同伴群体的研究逐渐深入，从群体内部结构探索导致欺负行为产生、持续的可能原因，探索同伴群体内的社会性特点。

其中，一些学者认识到同伴群体内部的社会结构特点，并深入剖析了其结构性特征，认为同伴互动形成的社会关系结构对青少年的行为选择以及行为模式的维持有着重要的影响。目前分析同伴群体的社会结构的研究，普遍认为同伴内部存在等级结构，从该视角出发考察欺负者与欺负受害者以及其他参与者角色在同伴群体中的地位，对于学生个体而言其行为模式依赖于其在班级中的社会地位，比如社会地位较低的学生，如果他为受害者说话，那么他自己本身对于受欺负是比较畏惧的。辩证地来看，学生的行为同样对其所处的社会地位产生影响。

对于同伴群体结构性的考察，学者借鉴网络社会学的研究成果，认为青少年

---

❶ 王姝琼. 儿童攻击亚类型、同伴地位与其适应不良的关系 [D]. 济南：山东师范大学，2010.

❷ Christina Salmivalli（2010）. Bullying and the peer group：A review [J]. Aggression and Violent Behavior. 2010（15）：112 – 120.

❸ 王中杰，刘华山. 校园欺负中的欺负／受欺负者和旁观者群体研究综述 [J]. 心理发展与教育，2004（1）：92 – 96.

同伴群体首先作为其成长发展的重要社会因素，个体在长期的社会互动中会形成一定的社会关系网络，从而对青少年的学习成绩、心理健康等产生重要的影响。学者 Espelage 等从社会关系网络的视角检验群体内的结构性问题，研究了社会关系网络中形成的群体规则对欺负产生的影响。Rigby 和 Slee（1993）则提出学生的关系网络中存在三个维度的人际关系，由此反映出班级内的派别：第一类，欺负别人的人；第二类，被欺负的人；第三类，则是亲社会、合作性的其他人。

其他如芬兰学者 Christina Salmivalli 赋予同伴群体中成员不同的参与者角色，观察并研究当欺负者对欺负受害者实施欺负行为时，班级其他成员的态度和行为表现。她假设班级中的所有成员都在一定程度上参与了欺负行为的过程，尽管一些学生可能并没有直接进行攻击，但是默认他们也在这个过程中。因此，在欺负行为发生的过程中，不仅只有欺负者、受害者，"其他人"所发挥的作用也具有重要作用，学者称之为"学生的参与者角色"。

上述研究为进一步开展同伴群体与欺负行为的研究提供了丰富的视角和理论准备，但是总体而言，已有的研究成果在研究方法上或者采取文献分析的方法，讨论同伴群体作为欺负行为发生的重要生态背景的理论价值；或者通过定量研究的方法，静态分析同伴群体与欺负行为之间的关系。而对于同伴群体在欺负行为中如何发挥作用，以及欺负行为在同伴群体中的形成过程缺乏相应的研究。

同伴群体为个体的发展提供了一种社会环境或生态背景，但是同伴群体的存在不仅仅体现为成员、活动场所等有形的存在形式，也不仅仅是作为一个外在的环境或生态影响着群体成员的行为、态度，群体中的个体在经过一段时间的互动后，其形成的稳定性的行为模式会伴随建立一定的关系结构，从而构成群体内的社会关系结构，并且这种关系结构又会影响群体内行为的发生和维持。同伴群体形成一定的关系结构，经历了一个发展过程，该过程中充满个体之间的日常互动。

1.2.2 同伴群体

同伴研究历来是青少年研究领域的重点，最早对同伴进行研究的是 20 世纪 30 年代的莫雷诺，更多关注同伴关系的研究。而传统的研究其切入点更多集中在对同伴接纳（拒绝）或友谊两方面。这一时期虽然意识到同伴在青少年成长中的重要作用，但是其研究成果有限，且并未得到太多学者的重视。到90年代，美国心理学家哈里斯分别在其论文《儿童的环境在哪里？——群体社会化发展理论》和著作《教养的假说》中提出并详尽地论述了"群体社会化理论"，该理论的提出不仅对传统的、认为"家庭是儿童社会化的主要场所"的观点造成了极大的冲击，而且对于儿童期同伴群体研究本身同样造成了深远的影响，这也使得同伴群体研究得到越来越多的关注和研究。群体社会化理论的基本内容可以分为两部分：（1）关于群体现象及儿童的同伴群体；（2）发生在同伴群体中的社会化和社会文化传递的机制。哈里斯指出群体中存在群体内友好行为、群体外敌对行为、群体间对比行为以及群体内的同化行为、异化行为，五种基本的行为，这些行为发生在群体成员的互动中。

目前关于同伴群体的定义，仍存在较大的争论。首先概括同伴关系的术语纷繁复杂，各种概念之间又存在着交叉，缺乏一种概念上的归类。Brown指出，"同伴群体"这一概念几乎可以用于同伴关系的方方面面，既可以指与个体关系密切的朋友，也可以指与个体关系并不密切的一般同龄人。目前来看，指代同伴关系的术语除了"同伴群体"外，"友谊""团伙或小派别"等词也经常会在研究者的报告中出现，这些词虽各有侧重，但又存在某种程度的交叉●。罗伯特·费尔德曼在其《发展心理学》中指出，同伴在青春期为个体提供了社会比较的参照功能，因此同伴作为参照群体为青少年提供了判断其能力和社会成功的一系列规范或标准。另外该学者还认为青少年即使不属于某个参照群体，一般也会属于某个特定的群体，分为两类即"小派别"（由2~12人组成的群体，其成员之间有着频繁的社会交互）和"人群"（比小派别更大的群体，由共享特定特征的个体做组成，但彼此之间可能没有交互）。

学校是青少年社会化的重要机制，具有组织性，也存在各种初级社会群体，同时包括各种交往、互动和社会关系。班级作为学校的基本教学单位，本质上是以社会化学习为中心的社会关系体系，研究班级的社会互动形态也逐渐成为学者的重要关注点。班级是由同龄人组成的群体，从组织特征而言，班级中的成员以

● 刘俊升. 同伴群体研究的现状评析［J］. 当代青年研究，2006（7）：42－46.

类科层制的正式结构被组织起来，同时班级也具有社会群体的特征，班级内存在丰富、生动的互动、交往和同伴关系。从此意义上看，班级可以看作是费尔德曼教授所指的"人群"。同一班级的学生年龄相同，有共同的学习目标，在一定程度上具有共享特征。

同伴群体作为社会群体，具有一般群体发展的过程。学者塔克曼的"小群体发展阶段"理论中将群体发展分为形成、动荡、规范化以及发挥作用和终止阶段，如图1-1所示。

图1-1 塔克曼群体发展模型

形成阶段，成员主要是渴望被群体接受，他们会通过收集彼此之间类似或者差异的印象和数据，关注共同点和共同爱好，以试探彼此的反应，确认群体的安全，并为形成未来子群做准备，对群体目标加以关注，制定规则、培养群体情感。动荡阶段，群体中出现冲突，并不可避免地导致私人关系的出现，形成子群体。这一阶段成员较为关注自己在群体中的位置，关心自己是否被群体和他人接纳。规范化阶段，群体内人际关系具有凝聚力特征，群体成员有合作的默契，建立和维持共同体，成员愿意与其他成员分享思想或观点并愿意接受他人观点，领导阶层被分享，子群体解散，人们开始经历群体归属和一种放松的感觉。发挥作用阶段，群体目标、群体结构、群体规范均已稳定且为所有成员熟悉，规范内化及群体文化产生，群体凝聚力达到最优。终止阶段，群体任务结束，关系脱离❶。

1.3 研究过程及研究方法

围绕研究的核心主题，为了探究班级同伴群体内成员之间的互动过程及欺负行为的形成发展过程，本研究在质性研究指导下，不同的研究阶段采用不同的具体研究方法收集资料，以达到对班级欺负行为的深刻理解的目的。

---

❶ 刘俊升. 同伴群体研究的现状评析 [J]. 当代青年研究, 2006 (7)：42-46.

1.3.1 准备和探索阶段

在准备和探索阶段，本研究主要是选择研究地点并初步确定研究对象。

自 2013 年 10 月到 2014 年 6 月，笔者一直参与某项目组的团体辅导工作，与北京市某职业学校师生建立了良好的合作关系，并有机会参与到他们的日常学习生活之中。基于此，笔者与学校、老师以及班级等已经建立初步的关系，因而能够比较方便地选择某个班级开展调查研究。

也因参与该项目，笔者有机会比较深入地接触到职业青少年学生和老师，接触主要从事团体辅导工作的各位导师，也使得笔者获得了来自导师们有力的支持。因此笔者决定选择该校作为主要调查研究的学校，以主要的团体辅导合作班级中的学生为研究对象。由此笔者确定下来研究地点和研究对象。

某职业中学共分为东城分校和通州分校两个校区，本项目组面向东城分校区的在校学生进行团体辅导服务。2013 年 9 月开始，全校在校学生人数为一千五百名，分三个年级。本次研究的主要研究对象是新入学的高一 A 班新生，该班是由项目组随机选择产生，班级总人数为 29 人，其中女生占少数仅有 4 人，男生占绝大多数 25 人，生源地为北京市各区，学生的学习方式为全日制，非寄宿。研究对象的基本情况如表 1-1 所示。

表 1-1 研究对象基本情况

姓名	性别	职务
H 艾宁	男	卫生委员
Z 京东	男	班长
L 笑宇	男	数学课代表
L 思文	女	宣传委员
Y 大伟	男	
L 野	男	组长
H 晓宇	男	
Y 博卿	男	生活委员
L 桐伟	男	
W 小伟	男	
S 淼	女	

续表

姓名	性别	职务
Y 一鸣	女	语文课代表
L 敏彰	男	
L 原	男	
Z 兴	男	英语课代表
Z 广义	男	纪律委员、组长
L 子凡	男	
D 祖伟	男	体育委员
L 姗	女	学习委员
C 翔	男	
Z 雨锋	男	组长
L 泽轩	男	
W 汉庭	男	
Z 依轩	男	
L 丰林	男	
L 子轩	男	组长
S 硕	男	
Y 晨冉	男	
L 根	男	

注：出于对青少年隐私保护的原因笔者将研究对象的姓名进行了相应处理。

在确定了研究地点和研究对象后，自 2013 年起笔者主要运用文献研究、参与观察、问卷调查和个别访谈的方式进入了调查研究阶段。

（1）文献研究。在本研究中，文献研究主要是指对学术文献的阅读和整理。质性研究认为，研究者在进行理论建构的时候可以使用前人的理论或者自己原有的理论，但必须与本研究所搜集的原始资料及其理论相匹配。在适当使用前人理论的同时，研究者的个人解释也可以在建构理论时起到重要的作用。但研究者一定要养成询问自己和被讯问的习惯，倾听文本中的多重声音，了解自己与原始资料和文献之间的互动关系是如何发生和发展的❶。当前有关青少年的欺负行为研究文献非常繁多，对于文献保持一定的敏感，并时刻反思文献与自身研究的互动关系，是笔者研究过程中需要时刻警觉的。在准备和探索阶段，笔者翻阅了大量的相关文献，对有关国内外关于青少年欺负行为有了较为全面的了解，为进一步的工作奠定了基础。

（2）参与观察。参与观察是指观察者与被观察者一起生活、工作，在密切的相互接触和直接体验中倾听和观看他们的言行。这种观察情景比较自然，观察者不仅能够对当地的社会文化现象得到比较具体的感性认识，而且可以深入到被观察者的文化内部，了解他们对自己行为意义的解释。参与观察是比较开放和灵活的，研究者可以根据研究问题和情境的需要不断调整观察的目标、内容和范围。社会互动理论对参与观察持有非常肯定的态度。如布鲁默认为，人类社会是行动者参与过程的集合，个人的行为是人际互动的结果❷。人类的"知识"产生于人与人之间互动过程和情境脉络中，理解只有通过人际间的互动才可能呈现。因此，研究者只有与被研究者进行互动才能获知对方的意义建构。参与式观察便是研究者与被研究者之间产生互动的一种十分有效的方式。

任何文化群体都有自己的一些假设，而该群体的成员们通常对这些假设习以为常，很难用语言表达出来。因此，如果研究者通过参与式观察，就有可能直接接触到那些隐含在对方行为中的理论假设，进而对有关社会现象进行比较深入的分析。

本研究中参与式观察的主要方式是参与团体辅导项目的各项活动，以及进入班级内观察，通过参与式观察，建立对研究对象的直接印象。笔者的参与观察记录见表1-2。

---

❶ 费梅萍. 次生社会化：偏差青少年边缘化的社会互动过程研究 ［M］. 上海：上海人民出版社，2010.

❷ 陈向明. 质性研究方法与科学社会研究 ［M］. 北京：教育科学出版社，2000.

表1－2　观察概况

观察日期	观察时间	观察地点	实到人数/应到人数
2013 年 8 月 27 日	15：00～17：30	体育馆	29/29
2013 年 9 月 17 日	15：00～17：30	体育馆	29/29
2013 年 10 月 23 日	15：00～17：30	体育馆	29/29
2014 年 2 月 27 日	15：00～17：30	体育馆	29/29
2014 年 3 月 6 日	15：00～16：30	体育馆	29/29
2014 年 3 月 13 日	15：00～16：30	体育馆	29/29
2014 年 3 月 20 日	15：00～16：30	体育馆	29/29
2014 年 3 月 27 日	15：30～16：30	体育馆	29/29
2014 年 4 月 3 日	15：00～17：00	体育馆	29/29
2014 年 4 月 17 日	15：00～16：30	体育馆	29/29
2014 年 4 月 24 日	15：00～16：30	体育馆	29/29
2014 年 5 月 15 日	15：00～16：50	体育馆	25/29
2014 年 5 月 29 日	15：00～16：30	体育馆	25/29
2014 年 6 月 5 日	15：00～16：50	体育馆	25/29
2014 年 6 月 12 日	15：00～17：00	体育馆	25/29

参与观察开始之前，笔者先准备相应的提纲，包括研究对象的外表、打扮、性格、在班级与同学的关系、活动参与情况等，希望通过观察研究对象的各方面表现及细节，从而建立起对 A 班学生的初步认识。之后，笔者及时记录，以形成对班级中每位同学大致的观察印象，包括观察得到的具体表现，以及笔者的感受和思考。

在持续一年的校园青少年团体辅导服务项目参与过程中，以及查阅关于青少年的研究文献等，笔者逐步建立了对校园中青少年的整体看法，对研究对象群体的基本特点、处事方式、行为习惯等有了大致的了解，为笔者展开进一步的深入访谈奠定了良好的基础。

（3）个别访谈。本阶段，笔者也展开了试访谈工作。访谈对象均是 A 班学生，经导师介绍以及自己主动联系，笔者与 2 位学生进行了深入访谈，尝试了解他们在班级同学中的地位，与班级其他同学的关系，以及班里的欺负现象。试访谈工作不仅使笔者开始接触和了解研究对象，明确自己的访谈提纲和研究方向，更主要的还是打破了研究者本人一直担心的遭到学生拒绝访谈的心理压力，为下一步的正式访谈积累了经验。

1.3.2　深入访谈阶段

在准备与探索阶段，笔者明确了研究地点和研究对象，对研究对象的整体情况有了基本了解，参与观察帮助我进一步形成了对研究对象的基本判断，试访谈工作帮助我将研究问题具体化和明晰化，这些都为笔者开展研究奠定基础❶。

本项研究的资料收集工作主要分为三个阶段。第一阶段是 2013 年 10 月至 2014 年 3 月。第二阶段是 2014 年 8 月至 9 月。第三阶段是 2014 年 12 月至 2015 年 1 月。三个阶段合计共对 7 名学生开展了深入访谈。访谈对象的基本情况见表 1 - 3。

表 1 - 3　访谈对象基本情况

编号	姓名	性别	职务	次数
1	C 翔	男		1
2	H 艾宁	男	卫生委员	3
3	YIM	女	语文课代表	1
4	W 小伟	男		2
5	Z 京东	男	班长	1
6	L 桐伟	男		1
7	王老师	女	班主任	1
8	Y 博卿	男	生活委员	1

质性研究的理论抽样是"一种以目的为发展理论的资料收集过程，分析者将资料进行收集、编码，并对其进行分析，决定下一步要收集的资料，在哪里可以找到，并从这种资料中发展出理论"❷，理论抽样过程的基本问题是：人口中哪些

❶ 费梅萍. 次生社会化：偏差青少年边缘化的社会互动过程研究 [M]. 上海：上海人民出版社，2010.

❷ 费梅萍. 次生社会化：偏差青少年边缘化的社会互动过程研究 [M]. 上海：上海世纪出版集团，2010.

群体或亚群体事件和活动是研究者下一阶段资料收集的对象？究竟出于什么理论目的要收集它们？这样资料收集过程就被出现的理论所控制，理论抽样的标准就取决于"理论目的和相关性"❶。根据这一宗旨，研究者就要不断地调整对资料收集过程的控制，以确保资料的相关性❷。

在资料收集中的理论抽样原则的指导下，笔者在开展深入访谈的过程中首先采用指引性提问，向受访对象提出"2013 年 9 月入学以来，新的班级生活是怎样的"这个提问是开放式的，给予受访者充分的空间来阐述他们自己对一年来班级生活的看法，也十分有利于我在受访者所提供的开放性资料中发现受访者在班级的同伴互动情况和班级中同学之间的整体关系状况，便于从访谈资料中提炼概念。

在第一阶段的参与式观察中，笔者发现 A 班中存在欺负现象且同学分化为不同的小群体。在团体辅导第一期活动结束后，笔者对 A 班学生进行班级同伴关系问卷调查，由此得出的班级关系网络图表明，班级中存在一个主要的"小团体"，个别学生处于班级的边缘地位；再通过欺负提名问卷的调查结果，笔者发现欺负行为主要是由"小团体"的成员对边缘地位的学生实施的。笔者在下一步的访谈中随机找到 2 位同学做试访谈。

第一阶段的试访谈，为下一步深入访谈工作积累了经验，并初步形成两个层面的访谈思路，第一层面，以开放的形式，以受访者自己讲故事的方式开展访谈，以了解受访者在班级中的状况和他眼中的班级内同伴关系的状况；第二层面，就研究问题询问受访者的相关情况，着重了解事情的有关细节。依据第一阶段的试访谈经验和结果，遵循不断比较和理论抽样的原则，笔者确定了下一步需要访谈的对象以及需要收集的资料。

第二阶段，笔者选择了处于班级不同同伴地位的学生共 3 名作为访谈对象，获得了与第一阶段的试访谈相对更为丰富的调查资料，"同伴""玩""哥们"

---

❶ 费梅萍. 次生社会化：偏差青少年边缘化的社会互动过程研究 [M]. 上海：上海世纪出版集团，2010.

❷ 阮曾媛琪. 中国就业妇女社会支持网络研究——"扎根理论"研究方法的应用 [M]. 北京：北京大学出版社，2002.

"老实人"等概念逐渐浮现。这些是受访对象访谈过程中出现频率最高的词汇，这些概念反映出处于青春期阶段的青少年同伴生活中的交往方式，与他们的价值取向和行为规范也密切相关。因此，这些词汇成为本研究最初的本土概念。

第二阶段除了一些本土概念浮现，班级中同学互动的阶段性也逐步明晰起来，如图1-2所示。

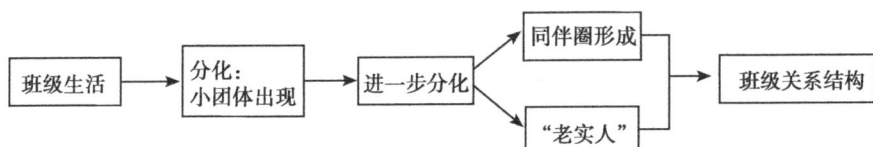

图1-2　班级互动发展阶段

班级内同学关系演变的阶段明晰之后，在每个阶段学生的互动方式和特点是怎样的？他们阶段性的关系发展与欺负行为的出现是什么关系？因着研究问题以及访谈资料的呈现内容，遵循着比较和理论抽样的原则，笔者进入下一个深入访谈的阶段。

第三阶段的深入访谈中，笔者依据前期的访谈资料选取班级中主要的受欺负者、欺负的内涵，并努力收集涉及形成和影响欺负现象的班级内互动过程的不同的资料。比如，关于"玩"的概念，笔者深入探索"玩的时间""玩的类型""玩的内容""玩的方式"和"玩的功能"以及"玩与行为规范和形塑角色的关系""玩与同伴关系""玩与交往规则"等有关"玩"的不同属性。

1.3.3　资料分析阶段

在质性研究中，资料分析是一个持续的过程。每次访谈结束后，笔者不断反思访谈及其过程，以及反复出现的与研究相关的主题。每一阶段的访谈结束后，笔者把谈话或QQ聊天转录为文本文字，并进一步重复阅读和分析，以寻找已经出现的与研究相关的主题或概念，在此基础上，提出下一个访谈中的问题从而进一步收集资料。

资料分析是一个将收集的资料分解并概念化，将概念再重新组合的操作过程。首先，将资料进行分解，即按照每个句子、每一个段落或文件、观察或访问的形式打散；然后进行归类，即将属于相同现象或特征的资料归为一类，并进行概念化，为发展出相应的范畴打基础；通过借鉴既有的研究文献，为范畴命名；最后是发展范畴，使范畴覆盖的特征或归因更丰富，并探讨范畴间的关系及其与现象之间的关系。

在具体操作的过程中，笔者首先对转录好的资料进行一遍又一遍的阅读和分析，根据上述资料分析过程，将概念化的文本总结放在第一位。在这个过程中，不断的比较和提问是经常使用的两种分析方法，在该过程中笔者逐渐将同类概念归纳，比如在初识阶段，学生主要通过"座位离得近""同在一个区（行政区）""家住的近在一个小区"以及"初中是同一个学校的"，这些空间上的距离，提炼为"空间地缘上的差序格局互动"。

1.4 研究思路与全文结构

欺负行为发生在同伴背景中，欺负行为有一个发展过程，笔者的调研发现，这一过程与班级同伴之间的互动以及在互动中形成较稳定的班级关系结构之间存在复杂的相互作用关系，并且在不同的班级环境中，欺负行为表现的具体形式不同。在本项研究中，笔者通过运用质性研究方法，在访谈和参与式观察中收集资料，并通过莫雷诺的社会测量法来测量、分析该群体成员间的关系状态以及该群体结构的基本形态，从而总结出班级内同伴之间的互动特征，探索互动中欺负行为的产生逻辑。研究发现，欺负行为的发生过程，明显地与班级同伴之间的互动过程息息相关，班级关系结构直接影响欺负行为的发生。具体的论证将在后文中展开，这里首先需要说明的是，在互动中欺负行为的产生可以概括为两个阶段：分别是第一阶段班级结构的形成，出现"权威性"同伴圈；第二阶段，欺负行为的出现。

基于研究结果，本文分为三个部分共四章展开论述。第一章导论部分，分别介绍研究意义、文献综述、研究方法，构建了研究的思路和全文结构。第一节从现实和理论两个层面阐述了本研究的价值和意义；第二节分别从欺负行为研究、班级结构研究、社会结构与行为的关系研究、文献总结等部分对本项研究所涉及的相关研究文献进行了梳理，从而为本项研究确定了研究方向和可能的研究空间；第三节主要交代研究方法和研究的开展过程；第四节对全文的结构进行说明。第二章从结构主义视角下分析了班级内欺负行为主体之间的关系。全章共分两节，首先笔者呈现并探讨了班级成员之间的关系状态，主要分为班级的正式结构、班级同伴关系结构两部分，第二节则主要考察欺负行为的主体在班级结构中的状态及其之间的关系。第三章主要分析欺负行为的形成过程。本章分为两节，从小圈子形成和欺负者、受欺负者之间的张力互动两方面展开班级内欺负行为的形成逻辑。第四章是本文的最后一章，主要讨论班级互动中的欺负行为特点和形成机制，基于研究发现基础上提出预防和消除班级内欺负行为发生的思考，并对本项研究的不足之处以及今后的研究方向进行反思。

2 结构—行为视角下欺负行为主体间关系分析

2.1 结构—行为视角下的行为主体研究

在社会学理论中，对结构与行为关系的探讨主要包括传统结构主义、社会建构理论和结构与行为互构的三种理论范式。

2.1.1 传统结构主义中的结构与行为关系

传统结构主义，尤其是在早期的社会学奠基人的理论中，强调研究人类一切活动要把社会性要素放在首位，排除了"有认识的和能动的行动者"，坚持客观性原则，具有很强的"社会决定论"色彩。其代表人物迪尔凯姆，他强调外部的制约因素和"强制性的社会事实"，认为客观的社会性就像"物"一样是一种客观事实，因而具有客观实在性，是外在于人的意识而具有普遍性，并且能支配人的行为，具有强制性。另外迪尔凯姆的理论以社会团结一致性为主题，重视以共同的价值观为基础的群体团结，关注社会整合问题以及社会整合的必要条件和满足这些条件的机制，其中突出了结构的机制，从这些论述中我们可以看到迪尔凯姆思想中的社会实在论、整体论，即社会整体大于部分之和并与个体主义相对立，其功能论即功能分析优于因果考察，从而拒斥各种形式的化约论。"迪尔凯姆的结构理论是一种在宏观结构上的功能主义和进化主义，具有决定论的性质"❶。

2.1.2 社会建构理论个体行动的建构

而社会建构理论认为个体行为对社会过程有更为深刻的影响。现象学和常人方法学理论即体现出社会建构主义的思想。舒茨在其理论中特别提出并专门阐发了"生活世界"（the lifeworld）和"主体间性"（inter-ubjectivity）两个重要的概念，并把它们作为该领域核心范畴加以讨论。在他看来，"生活世界是按照人们的常识意义被加以理解、解释和建构起来的，而常识起源于人的社会性。社会行动者根据常识解释、界定情境，领会他人的意图和行动动机，实现主体间有效理解并协调行动，以达到把握社会世界的目的。"❷ 伯格（P. Berger）和拉克曼（T. Luckmann）在其著作《实在的社会建构》（1966）一书中，指出社会实在可分为客观实在和主观实在，所谓"社会"也就是主观实在（意义）的客观化（外化）以及透过外化过程而建构出的互为主体性的常识世界。换言之，社会世界是通过思想、信念、知识等主观过程社会地建构出来的，这个建构的社会实在表面看来似乎是一种客观实在，但它除了由行动者及其角色构成的客观内容之外，还包含有由信仰体系加以合法化的各种制度等主观过程。从这个意义上说，习俗、规范、权力、知识和科学等都有其社会学起源，亦即都是社会地建构起来的❸。在这种理论范式下强调个体作为行动主体的自主选择性和主体能动性。

2.1.3 结构与行为互构的基本观点

可以说，结构与行为互构的理论思想中对社会结构与行为之间关系的探讨与研究，是建立在前两个研究阶段的发展与反思基础之上。

2.1.3.1 吉登斯的结构二重性理论

国外社会理论大师吉登斯吉登斯在对社会理论内部的二元论矛盾进行综合性反思，主张把各要素统合成一种对各种理论传统的综合，并强调人的行为的主动性和反思性，不再把行为诉诸于某种外在于人的因素，即那些人既不能控制也无

---

❶ 杰弗里·亚历山大. 迪尔凯姆社会学 [M]. 戴聪腾，译. 沈阳：辽宁教育出版社，2001：128 – 201.

❷ 苏国勋. 社会学与社会建构理论 [J]. 国外社会科学，2002（1）.

❸ 苏国勋. 社会学与社会建构理论 [J]. 国外社会科学，2002（1）.

法解释的力量❶。吉登斯将结构概念化为行动者在跨越"空间"和"时间"的"互动情境中"利用的规则和资源，正是使用这些规则和资源，行动者在时间和空间中维持和再生产了结构。吉登斯把社会结构看作是被行动者所用的东西，而不是到处挤压行动者的外在现实。在吉登斯看来，结构不是一个神秘的符号系统，也不是如同迪尔凯姆及其他宏观结构学家所说的那样，是一个施加于行动者身上的决定性尺度和外在约束。他认为，社会结构充满了转化性和灵活性，它是行动者在具体情境中的"一部分"，且被他们用来在时空之中创造社会关系的模式，即规则和资源建造了结构，它们同时又是包括结构性框架的结构性原则的组成部分；这些结构特征包含于互动系统的制度化之中；这些互动系统由区域化和例行化的进程组织起来；所有这些进程又受到实践和话语意识的影响，这样，社会互动和社会结构就交互地嵌套。因此，结构化就是一个双向的过程，在其中规则和资源在时间和空间的跨度中被用来形成互动，并且在这种使用中使这些规则和资源得到了再生产或者转化。

因此，吉登斯的结构理论认为结构化是一个双向的过程，在其中规则和资源在时间和空间的跨度中被用来形成互动，并且在这种使用中使这些规则和资源得到了再生产或者转化。

2.1.3.2 社会互构论

国内社会学者郑杭生对当代中国个人与社会的关系给予了具体思考，提出"社会互构论"。❷

"社会互论论"强调多元主体的相互建构与型塑。它在理论预设上不主张对于个人与社会其中一方的优越性选择（这意味着对其中另一方的排斥性选择）；在实践中不赞成具体的个人与社会的关系上的主导或从属、支配或服从、强制或被制的观念。既不主张"社会中心主义"，也不主张"个人中心主义"❸，他将社会与个人的关系作为社会学研究的基本问题，突破和超越了西方社会学对个人与社会关系的僵死的、静态的、绝对的二元对立的理解，认为"个人"和"社会"

---

❶ 刘少杰. 当代国外社会学理论 [M]. 北京：中国人民大学，2009：217−220.
❷ 郑杭生，杨敏. 社会互构论：全貌概要和精义探微 [J]. 社会学科学研究，2010（4）.
❸ 吴鲁平. 青年研究的理论范式转型及其学科意义 [J]. 中国青年政治学院学报，2014（2）.

同属于人类生活的共同过程，表征了人类生活共同体的双重性，二者之间是互构与谐变的关系。❶

对于班级的概念和理解，国内外有着不同的解释，西方学者大多集中注意于学科课堂环境（classroom environment），很少涉及班级环境（class environment）。就其原因主要包括两方面：第一，传统课堂环境的研究主要属于所谓"教学效能"这一范畴，研究者的目的主要在了解学科课堂的心理社会环境与学生在相应学科上的学习成绩和学习态度的关系。因此，研究者认为没有必要考虑一个班级里那种跨学科课堂的社会环境。第二，西方的中学实行"分道制"（tracking），学生在学校里并不固定在一个班，因而"班级"的概念非常淡薄，因此班级所具有的功能也很薄弱。由于对班级的这种看法，因此国外对同伴群体以及欺负行为的研究，从班级切入而进行理解的研究者自然较少。

但在中国的学校制度下，班级却有着特别的价值。与西方相比较而言，班级是中国学校的基本构成单位，并且这个单位具有极大的稳定性。班级由一定数量的学生，一位班主任，以及另外若干位教师共同构成，它自学生入学之日起基本就确定下来，并且在此后的数年里一般保持不变。在这数年之内，学生在同一个班级里，跟同学和几位教师学习、生活、游戏，进行各种社会性交往和互动。班级无论作为一个社会组织还是初级群体，本身是一个结构性的存在，包含了各种不同的构成要素，具有各种不同的内在联系。

2.2　班级结构类型

学生进入班级，首先按照科层制的方式被组织起来，形成了权力地位的垂直分层，在这种结构的影响下进行初步的互动和学习；按照学业成就划分，也是班级对学生进行地位分化的一种方式，以特定的标准将学生按成绩高低分为优等生、中等生、普通生和差生，甚至以此作为班级空间排列的标准，班级权力和学业成就成为学校主要管理学生、建构学生结构秩序的标准和手段，因此在此基础上形成的班级分层，我们称之为班级的正式结构。另外由于学生在兴趣爱好、个

---

❶　吴鲁平，杨巧. "社会互构论"视野下的大学生政治社会化 [J]. 社会学评论，2014（1）.

体性格以及经济状况等方面的差异，在班级内部经过长时间的互动会形成班级非正式的同伴关系结构。

2.2.1　班级的正式结构

班级是学校基本的教育教学单位，具有社会组织的特性。因此，首先从班级的组织体系来看，班级成员即学生由类似科层制的班级权力结构组织起来，形成班级内重要的结构秩序；另外，"班级由学生所组成，学生的首要属性是'学习者'，其基本任务是学习"[1]，现实教育中，学生的学业成就则成为评价学生的主要依据，也成为决定学生地位的基础，对许多学校而言甚至成为唯一标准。无论是班级权力资源的分配还是学业成就的获得，遵循一种理性原则对学生进行结构分层。因而形成两种正式结构，一种是按照权力划分的垂直体系，一种是以班级成员学业成就为标准的划分。

2.2.1.1　班级权力结构

班级无论作为一种社会组织还是社会群体，其社会性特点不容置疑。作为学生实际生活的微型社会，班级具有社会环境、时间过程性、空间性以及具体的内容，因此学生在班级内形成的社会关系对学生的影响真实、直接、具体。

班级作为一种组织结构，存在着比较正式的分工和权力分配，班级中的领导形成也是自觉的。班级成员以及他们之间的互动，按照一定要求和角色预先规定的比较正式的规范发生，因而也使得班级中的互动关系具有组织性特点。

在我国中小学，班级的正式结构一般按照权力的大小分成四层，第一层为班长，与其他班级成员而言具有最大的权力，相应的处于班级权力结构金字塔的最高层；第二层则是班级生活、卫生、学习、宣传等班级委员和各科课代表；第三层为学习小组的组长；最后则为组员。整体而言，实际上存在着两个较为稳定的分层即"干部层""群众层"。这种结构呈现出垂直体系分层的特点。

A 班主要的班干部职务由班主任任命，如班长及其他班委，而课代表和小组长则是班主任结合学生的自荐推选产生。整体而言，A 班的正式结构具有外置性特点，不是学生自己推选产生。A 班正式结构的基本形态如图 2 - 1 所示。

---

[1]　吴康宁. 论作为特殊社会组织的班级 [J]. 教育理论与实践，1994（2）：10.

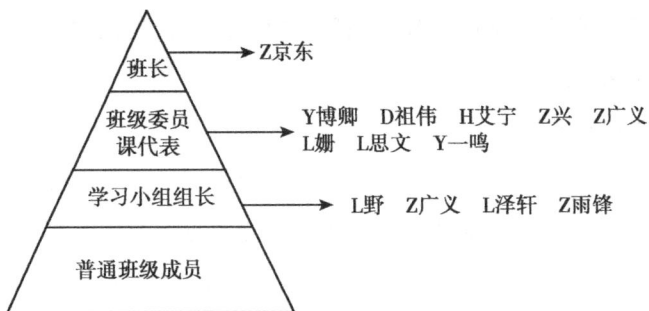

图 2-1　A 班内权力垂直分化图

　　班干部在班级中具有重要的地位和作用，承接着学生和老师（学校）之间的联系和沟通，代表老师管理班级，并且在 A 班班干部长期集中在上述学生身上，其他大部分学生几乎未担任过任何管理角色，长期以往，在一定程度上造成机会的不均衡，也形成了从班主任、班干部和普通学生之间的垂直"社会距离"。从制度化结构角度而言，班干部相对于其他同学具有较大的权力、较高的职务，理论上班干部与普通学生之间应是基于服务——被服务的关系，但是在实际情境中这种服务——被服务的关系之间存在着班级资源的给予和剥夺。

　　　　班长最难选，选他并不是因为他学习成绩特别的优秀，但是也不能太差，我主要是看他的"号召力"（组织能力），一开始在入学教育的时候，我们组织学生分组做活动，他自荐做组长，表现比较积极主动，并且在活动里给组员分工，还有包括他的整个状态，挺有"小领导"的感觉。军训结束后做自我介绍的时候，我发现这个孩子的表达能力也挺强的，而且不拘束，还有一个特点是观察到他和我们班几个学生已经比较熟，而且还有点"小头目"的感觉。总体上来说，他给我的最初印象还不错，而且也比较符合班长这个职位（受访者 7）。

　　班干部与普通学生这种垂直分化的地位差异本身在主观上和客观上会促成学生不同心理状态和自我认知，无形中将学生关系等级化，从而形成学生对班级分层的意识。在班级生活中，班干部享有任务配置以及资源分配的权力，以此在一定程度建构其他学生的行动，并享有相应的积极的评价方式。而普通学生经常被无形地排除在"特权"之外，这种"旁观者"的位置会影响他们的心理状态和行为，一开始可能会因不能参加而愤愤不平，久而久之就会对这种不公平默认，把自己的分内事看成是分外事，"自觉"放弃一些参与机会，从意识上将自己排除在外，这样就促成普通学生在心理上对自己成员资格的消解，成为一个非参与者。另一方面，也正是由于班干部角色带来的成就感和其他优势资源，一些学生通过非正式的互动强化权威和地位。

2.2.1.2 学业成就结构

笔者了解到 A 班学生的学习成绩排名表，并以成绩优等、中等、普通以及差生将班级学生按照 20%、35% 和 45% 的比例划分为四个等级，如图 2 - 2 所示。

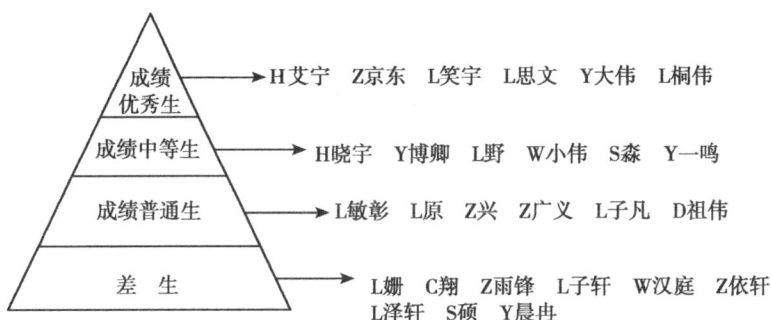

```
成绩
优秀生  →  H艾宁  Z京东  L笑宇  L思文  Y大伟  L桐伟

成绩中等生  →  H晓宇  Y博卿  L野  W小伟  S淼  Y一鸣

成绩普通生  →  L敏彰  L原  Z兴  Z广义  L子凡  D祖伟

差  生  →  L姗  C翔  Z雨锋  L子轩  W汉庭  Z依轩
              L泽轩  S硕  Y晨舟
```

图 2 - 2 A 班内学业成就分化图

班级的权力结构与学业成就结构有一定的重合，一些班干部如 Z 京东、Y 博卿等成绩属于班级的中上等。但是仍然存在较大的差异和不一致，成绩优秀的学生未必担任学生干部，而学习成绩处于班级中下的学生则担任班委或课代表等职务。由于该校是职业学校，本身对成绩的要求和重视比一般学校的要求低。

我们主要注重学生的综合素质，并不以学生的成绩作为唯一的评价标准（受访者7）。谁成绩好来这里上学啊，我觉得我们学校都是在初中时候要不不爱学习，要不就是来这里瞎混个证儿，学习个什么劲啊，而且上了这个学校还当学霸，那不是装出来吗？（受访者3）。

虽然班级对学生成绩仍会排名，但只是作为学生评价的一种标准而存在，并且在绝大多数学生本身看来，这一阶段的学习成绩并没有太大的意义，因此学生也不重视自己的学业成就如何。从学生的角度来看，班级内的学业成就分化在班级活动或者学生互动中并不会起到太直接的正面作用，有时成绩好的学生反而会遭到其他学生的嘲笑和不屑；从老师来看，仍是倾向于对学习成绩好的学生有比较多的关注和照顾，但是由于学业标准在学生内部评价中不占主要地位，因此即使某些学习成绩优秀的学生得到班主任的照拂，对其班级地位也无济于事。

2.2.2 班级非正式结构

如果说班级的科层制组织是作为班级的存在形式，那么学生之间直接、面对面的互动交往则是班级生活的内容。班级是学生实际生活的微型社会，在班级中形成的学生之间的社会关系对学生的影响真实而具体，可以说学生的发展是在相互的交往互动、在社会关系中实现的。因此，如果将班级生活狭隘化理解，将班级生活从其所处的具体社会环境、时间、空间及具体的内容等因素剥离开来，抽掉学生在班级中的日常交往、相互作用，这样只是对班级中学生的发展的简化认识，尚不能揭示班级社会关系的本质和班级生活的社会性特点。

在班级中不仅存在以权力和学业成就为标准而形成的正式结构，学生作为班级中的主要成员，在长时间的面对面的互动交往过程中，逐渐以个体的兴趣爱好、性格特征等形成不同于正式结构的非正式的群体分化形态。在某种意义上，社会结构是由个人的行为和互动所构成和保持的❶。

在社会学范畴中，网络分析抓住了社会结构的重要本质即社会单位间关系的模式，任何一个社会结构的概念化核心都是结构，包括实体之间的关系与联系。整体社会网则是分析网络的结构，需要在封闭群体内开展研究。社会网络分析被用来建立社会关系的模型，发现群体内行动者之间的社会关系，描述社会关系的结构，研究这种结构对群体功能或者群体内部个体的影响。社会关系网络指社会行动者及其相互关系的集合。一个社会网络是由多个点（社会行动者）和各点之间的连线（行动者之间的关系）组成的集合。本项研究采用社会网络分析的方

---

❶ 乔纳森·特纳.社会学理论的结构（第6版下）[M].邱泽奇，译.北京：华夏出版社，2001.

法，运用社会网络分析的理论和方法直观呈现 A 班的关系结构。笔者在 2014 年 6 月对 A 班学生进行同伴提名问卷测量，并将收集的数据通过社会网络分析软件转换成网络关系图，直观呈现 A 班同伴关系的基本形态，如图 2 - 3 所示。

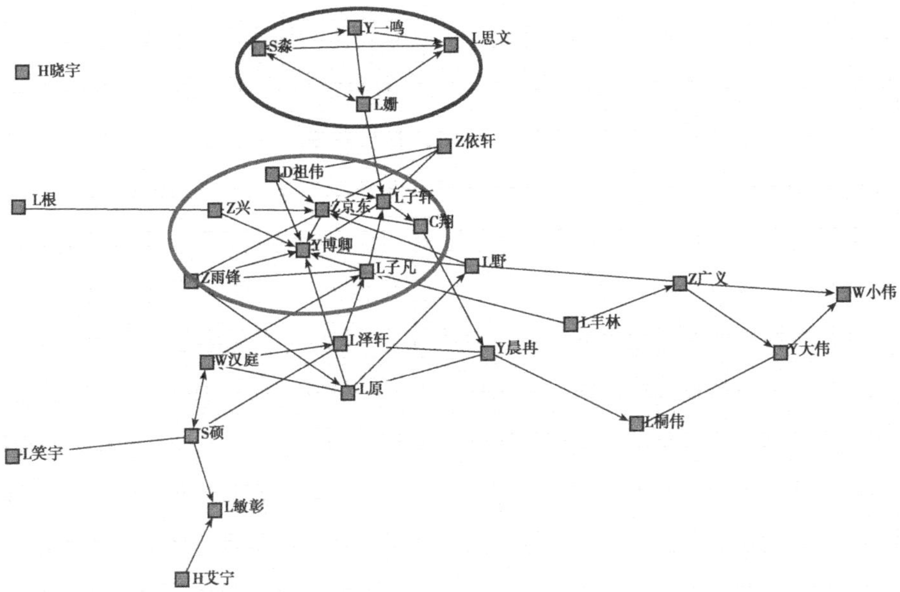

图 2 - 3　班级同伴关系网络图

注：其中点表示每一个学生个体；图中带箭头的线段联结两个点，表示两个个体之间的关系。若 p→q：表示在提名问卷中 p 提名 q，但是 q 没有提名 p；若 p←→q 则表示在提名问卷中 p、q 互相提名。

A 班学生由 4 名女生和 25 名男生组成，在图 2 - 3 中最上面椭圆部分是女生，其关系呈现出明显的闭合特点。由于班级女生数量较少，男生的绝对优势在一定程度上从外部加强了女生之间的"团结"，似乎也对于男生的事情持"独善其身"的态度。

除去女生，笔者集中分析男生的关系形态特点。首先，从点的分布上看，呈现出"集中和分散"的特点，意味着班级男生之间的关系存在"亲疏远近"的分别；其次，从箭头的指向分析，个别学生被提名的次数较多，呈现出中心位置的特点。因而整体上 A 班的同伴关系具有"中心集中，边缘分散"的特点。

其中 Z 京东、Y 博卿、C 翔、L 子轩、D 祖伟、Z 兴、Z 雨锋几个同学构成一个封闭圈，并且他们互相提名彼此，并且其中形成以 Z 京东、Y 博卿和 L 子轩为核心，即处在中心的同学被同伴提名的次数较多且关系线的距离较短，他们之间的关系密度和强度较班级成员之间的相同指标而言都更大。在访谈和参与观察中笔者发现，位于"小圈子"内的成员之间具有较高的同质性，表现为：性格脾气较相似，我、Z 京东、L 子轩、Z 兴我们几个在学校谁都不份儿，谁也不服谁（受访者 1）；有着共同的兴趣爱好，抽烟、打台球等。另外，相对而言他们的家庭条件都比较优越，自己可自由支配的零用钱较多，"经济"比较富裕。

在网络图中，我们能明显发现越往边缘，无论从成员密度上来看，还是被提名的次数上，成员之间表现出的联系越来越不紧密，这意味着关系越为分散，甚至出现没有被同学提名的成员。其中 H 艾宁、L 桐伟、L 笑宇、H 晓宇、W 小伟等同学位于关系的最边缘位置，相比较位于核心位置的同学而言，这些同学或者是因为"学习好但是爱装，不好玩被他们排挤（受访者 1）"，或者性格脾气好，容易被当成"靶子"，但是位于边缘的学生相互之间的关系却较为分散。其他同学既不在属于核心层的小团体，但是又不至于处在边缘位置，构成班级中的中间层，他们与前两者的关系较为微妙，处于该位置的同学有时也被核心成员以不公平的对待。

社会学家莫雷诺提出将社会结构概念化为由角色和位置组成的社会网络，通过明确社会个体之间的连接点，即自我对相应角色的领会从属于人们对相关地位网络期望的内在理解，对社会结构进行分析和理解。纳德尔提出分析结构要将其视角放在关系的特质中理解，通过对具体人口及其行为的抽象概括出社会结构，是指有能力相互进行角色扮演的行动者之间关系的模式或网络。通过网络分析，将相关个体的联系模式排列在形象的图形中。首先能明确了解网络中的点是有关系的，在网络中个体间的"联系"最重要；其次结构的特征一览无遗。

库恩指出在互动中常常创造出关系网络，在微观互动过程中把握网络中的联系是如何建构和维持的，即"是什么连接着网络中的这些点"，以及什么样的结点之间流动着什么样的资源和力量，资源的流动又会产生怎样的模式和结构。

A 班学生中考分数普遍较低，学习成绩相对于普通高中的学生而言较差，进入职业高中他们没有学习的压力和动力，而是取得一个进入社会的文凭。学校本身对成绩要求也较低，整体而言，学校对学生的要求不是以分数作为衡量一切的标准。在课堂上老师的管理相对宽松，学习压力相对较小，因此，学生有更充分的时间和空间进行互动和交往，班级的非正式关系也较为丰富和复杂，在学生的班级生活中发挥着主要作用。笔者采用参与式观察、访谈等方法深入班级生活，观察学生之间的互动，把握个体之间相互吸引和排斥的过程，进而展现出欺负行为的产生、维持和变化。

从 2013 年 9 月入学到 2014 年 6 月一学年结束，A 班学生从彼此不认识的陌生个体，经过这一年的班级生活，既形成了稳定的班级正式结构，也在日常的交往互动中形成特点鲜明的非正式的同伴关系。笔者因参加中学团体辅导项目，对 A 班进行观察，在整理观察笔记中发现学生在活动中的"分化"。

2014 年 3 月 13 日　星期四　观察笔记六

今天我们设计的大组预热活动是"一只青蛙跳下水'呱'"。在大组导师陈莹给同学们讲解了游戏规则后，由小组导师组织同学们围成一个大圈站好，先让大家示范着玩了一次，效果还不错，孩子们对这个游戏挺感兴趣的，对他们的反应速度和能力的确是个挑战。

活动进行的挺激烈，速度也挺快，不一会儿班里一大波同学就被淘汰了。随着游戏的进展，人数越来越少，难度也逐渐增加，最后只剩下三名同学还在尽全力数着青蛙。不知不觉，热身游戏变成了一场小比赛。三名同学分别是 LMA、L 思文、Z 京东，为了增加游戏的趣味性和为这三名同学加油鼓劲，陈莹让同学们选择自己支持的同学，站在他的身后以示鼓励。说来也巧，继续比赛的三位选手分别代表者班里不同的群体，其中 L 思文是少数女生的代表，Z 京东是班里"上层"的代表，而 L 敏彰则是网络信息专业方向的少数男生和其他"底层"学生的代表者。26 名同学迅速选好自己的"盟友"站好，等待着胜负的决战。这样谁和谁是"一类热人"，就明显地分化出来。

一开始认为班里分成三个"群体"，在活动进行半年后，我们组织学生照集体照，由学生自己选择和谁站在一起，活动导师、班主任老师以及学校德育领导都没有进行干预。由于隐私保护，笔者将图片进行处理，在保证不更改学生之间关系状态的前提下，将合影如实呈现如图2-4所示。

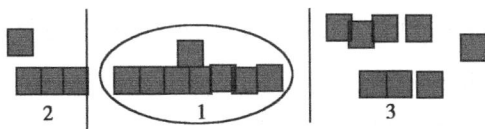

图2-4　集体合影分析图

由于班级男女生比例差距较大，而且女生自成一个小团体，因此在此图中忽略女生。我们可以看到班级男生之间明显分化成"1""2""3"三个部分。位于照片中心"1"范围内的学生与班级社会关系网络结构中处于核心位置的成员基本吻合，他们是我们班的"上层"（受访者4）。该从班级分化的微观层面观察，同伴圈内又分为核心成员和随从；从班级分化的宏观层面而言，不仅有"小圈子"存在，而且也有处于边缘位置的单独个体。

班级中虽然存在三种特点不同的结构类型，但是对于青少年而言，由于其在意识中对人际关系的分化程度较低，尚不能在真正意义上区分班级中分工或者权力分配所形成的互动和同学或朋友之间的互动有什么区别。因此在实际的班级生活中既有学生之间的正式的角色关系，也有他们之间各种非正式的互动关系。

正式结构具有外置性特点，A班的组织权力结构以及学业成就分化等是学校（社会）外加于学生的，但是班级生活是学生构成的，一方面，在现实的班级活动或互动中，各种非正式群体恰恰是班级学生进行交往和开展各种活动的重要方式和载体，学生常常是通过班级中各种非正式群体的关系，理解和接受班级和学校的各种正式规范的；另一方面，学生通过利用班级正式结构中提供的权力资源和规则，在互动中建构出非正式结构，从而影响班级成员行为、态度的形成。

2.3 班级中的欺负者与受欺负者

2.3.1 对欺负者和受欺负者的提名统计及分析

笔者采用提名问卷的方式，在 A 班进行欺负行为的问卷提名，收集关于欺负者和受欺负者的同伴提名数据，运用社会网络分析软件 Ucinet6 将欺负者和受欺负者分别在班级中呈现，如图 2-5、图 2-6 所示。

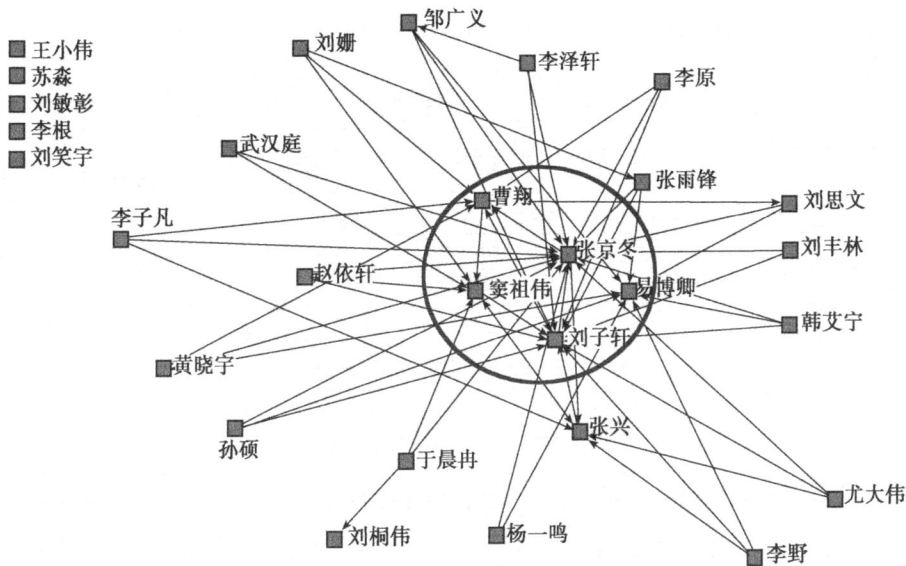

图 2-5 欺负者同伴提名图

在问卷中，每位同学提名三个他们眼中的欺负者，其中有五名同学没有提名任何同伴其图例呈现于网络图的左上角，由于废弃问卷数量尚在被允许的范围内，并不影响分析结果的准确性。图 2-6 受欺负者的同伴提名同样。

从网络图整体来看，较为集中，意味着班级同学对提名的对象具有较高的一致性；另外我们可以明显看到处于中心位置的成员，即是班级欺负者，主要有 Z 京东、L 子轩、D 祖伟、C 翔以及 Y 博卿等学生。而且笔者在团体辅导活动中观察到，被集中提名的几位同学，其行为有"起外号"，通过外号对其他同学进行嘲笑和辱骂，并在活动中"排斥""整"其他同学。在班级生活中，命令同组其他同学做值日等行为。

另外，笔者整理出班级同伴提名的受欺负者数据，分析得出班级中受欺负对象的网络图，如图 2－6 所示。

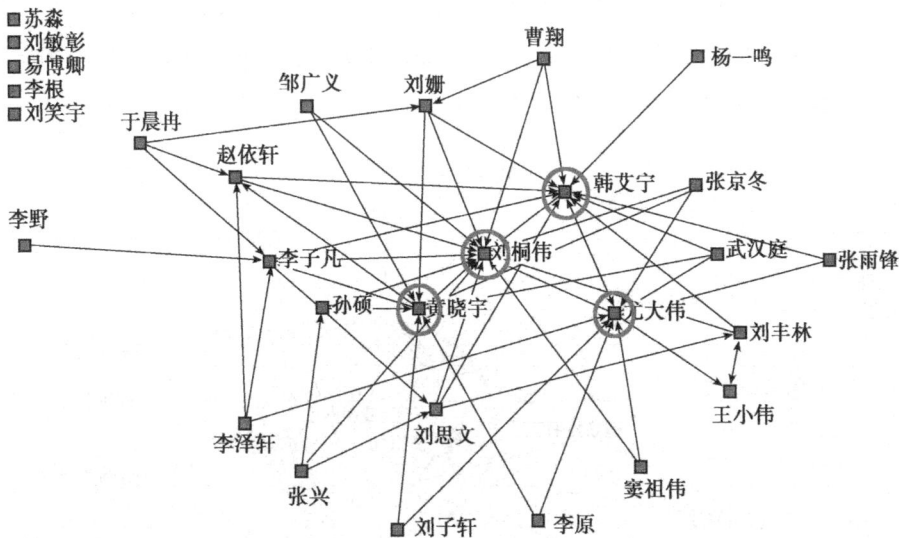

图 2－6　受欺负者同伴提名图

在受欺负者同伴提名的网络图中，其网络紧密度相对于图 2－6 而言，整体较为分散，并且被提名较多的同学之间也呈现出分散的特点，如图 2－6 中圆圈部分所示。

在此基础上笔者分别将班级同伴提名的欺负者和受欺负者的名单整理如表 2－1 所示。

表 2－1　欺负行为主体提名统计情况

欺负者		受欺负者	
姓名	票数	姓名	票数
Z 京东	17	L 桐伟	14
L 子轩	13	H 艾宁	10
Y 博卿	10	H 晓宇	7
D 祖伟	7	Y 大伟	8
C 翔	6		

注：欺负者和受欺负者的提名数分别在 5 票以上。

2.3.2　欺负行为主体在班级结构中的位置分析

通过文献回顾，欺负行为与同伴群体的相关研究成果表明二者存在着密切关系，欺负行为是发生于同伴群体中的现象，同伴构成了欺负发生的背景，而同伴群体作为个体存在的一种社会环境，在长期的个体互动中逐渐形成一定的关系结构，而个体的行为及行为模式的生成和持续则是在关系结构的影响和作用下发生的。本研究以班级为切入点，通过班级中同伴群体各种结构性特点对欺负行为中的欺负者和受欺负者进行分析和研究。

在上文中笔者呈现了 A 班内三种不同的班级结构，在本部分笔者主要分析班级结构中欺负者和受欺负者分别所处的位置及二者之间的关系。

2.3.2.1　班级权力结构中的欺负者与受欺负者

权力的占有是获取相应地位的重要资源。班级中的权力主要是在班级组织性的基础上形成的，为完成班级工作任务而服务的相应角色则成为班级中的权力者。"这里所说的班级工作任务是一个比较宽泛的概念，包括校规校纪的监督、课程学习的互助、课外活动的开展、学校与教师交给的各项任务的执行等。"❶ 为完成班级工作，将班级成员适当组织形成班级的权力结构。在我国，班级学生被组织为金字塔型的结构，如图 2-7 所示。在此基础上，笔者首先分析班级中同伴提名的欺负者和受欺负者在权力结构中的地位。

在图 2-7 中，欺负者大部分位于班级权力结构的中上层，如 Z 京东、Y 博卿、D 祖伟、Z 兴，而同时欺负者的 C 翔和 L 子轩则位于普通成员行列。至于被提名为受欺负者的同学，既有学生干部也有普通的班级成员。班级权力与学生的切身利益具有密切的关系。

　　学生的综合素质考核情况对于学生能否参加学生会、入团等一系列考评很重要，一般担任班干部和学生会干部以及入团入党等对于以后找工作还是有一定的优势的（受访者7）。

---

❶ 吴康宁. 班级中的工具性角色、表意性角色及其引导 [J]. 教育评论，1991 (5).

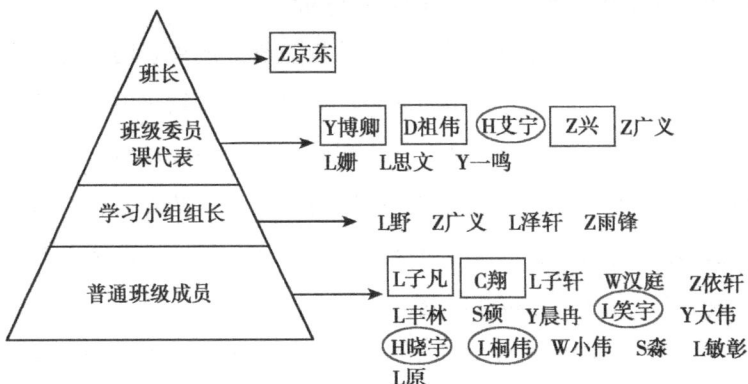

图 2 - 7　A 班内权力垂直分化图

注：方框标记代表欺负者椭圆标记代表受欺负者。

笔者在参与式观察中发现 A 班的班长直接决定某个同学在班级中的纪律表现情况，与教师的距离相对其他同学而言更近。并且在权力分配中存在着机会分配不均的现象，班干部的职位长期被少数同学占有，尤其是班长长期是某位同学，而大部分同学没有担任过任何职务，因此造成学生之间产生较大的社会距离。

2.3.2.2　班级学业成就结构中的欺负者与受欺负者

一般而言，班级是以学习为主要目标任务，学生首先作为"学习者"成为班级中的一员。在现实学校中，学生的学习成绩成为衡量学生的重要标准。班级中学生成绩名次高低也成为学生的重要的校园资本。笔者以 A 班学生的成绩名次表为依据，呈现出 A 班以学业成就为标准划分的金字塔结构图，并分析欺负者和受欺负者在该结构中的分布与地位，如图 2 - 8 所示。

在图 2 - 8 中，受欺负者的分布较为集中，被提名的几个学生处于中上的成绩排名中，如图中以椭圆标注的成员；而欺负者的分布较为分散，既有优等学生也有成绩较差的学生。学生的学业成就在班级中对学生实际地位的分化所起到的作用有限，成绩并不是学生所认可的标准。

2.3.2.3　班级同伴关系结构中的欺负者与受欺负者特点

综合同伴对欺负者和受欺负者的提名，笔者得到图 2 - 9，在班级整体水平上分析欺负者和受欺负者的同伴关系地位。我们发现受欺负者基本位于班级的边缘

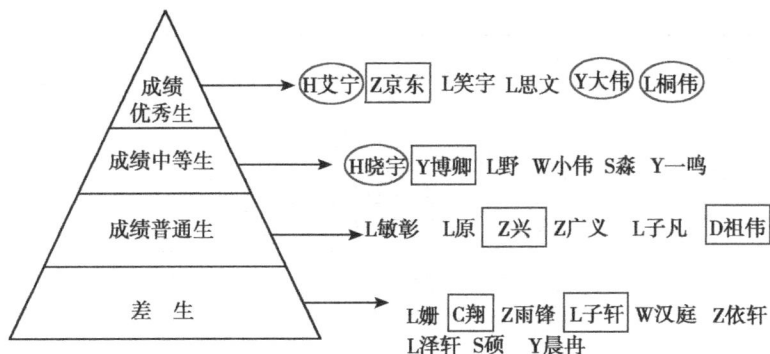

图 2 – 8　A 班内学业成就分化图

注：方框标记代表欺负者椭圆标记代表受欺负者。

位置，而位于中心位置的学生则被班级学生提名为欺负者，并且欺负者之间相互提名，呈现出封闭、聚合的特点；在后期的访谈中，笔者了解到其中 Z 京东、L 子轩、Y 博卿所代表的学生是该小圈子内的核心成员，D 祖伟、C 翔、Z 雨锋是处于随从者的角色。处于被欺负角色的同学，其班级内同伴关系薄弱，位于边缘位置，并且从其分布的特点上看，呈现出分散的状态，也就是说，被欺负者相互之间联系并不密切，一方面是他们基本不存在相互提名；另一方面笔者在参与观察和访谈中都了解到，这些学生之间的联合度少之又少。

2.3.3　班级结构对欺负行为的影响

综上分析，笔者发现 A 班内的欺负行为整体上表现为"'圈子'—个体"的欺负模式，通过对某个个体的长期欺负，不断强化圈子内的联系和结构，同时也向其他班级成员显示出"同伴圈"内成员的权威和地位，并通过拒绝他人加入来维持其圈子的排外性，以此达到巩固班级内等级秩序的目的。

　　我们在学校的共同话题就是逗土豆、Y 大伟。心情好了就去逗逗土豆，合伙藏他的眼镜让他找不到、给他录视频黑他，特别好玩；心情不好了就去骂 Y 大伟，他就是个傻子，说起话来能笑死你，他一急说出来的话就把我们逗乐了（受访者 1）。W 小伟和土豆也算能聊得来的吧，他实在看不下去，

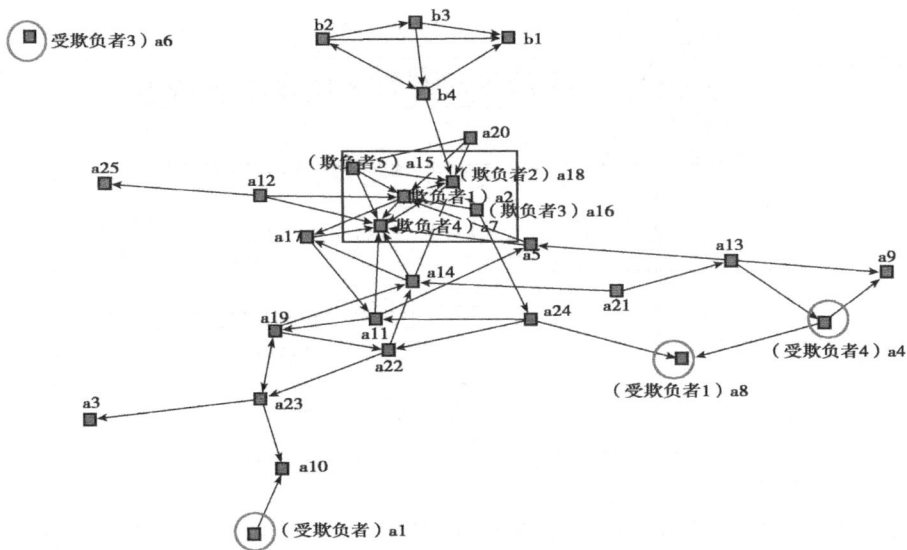

图 2 - 9　班级群体内欺负者与被欺负者的网络图

注：方框标记代表欺负者椭圆标记代表受欺负者。

有一次就说了班里欺负别人的同学几句，也被他们整了，在班里说他泄顶，还一直叫他"泄教官"。谁都不愿意给自己惹事，也就只能看着，没办法啊（受访者 2）。

班级结构的产生是行动者互动的结果，并且行为与结构之间又是相互影响、相互作用的。班级为个体的发展提供了社会环境，其存在不仅仅体现为成员、活动场所等有形的存在形式，群体中的个体之间经过长时间的互动，所建立的稳定性行为模式必然伴随建立一定的关系结构，构成同伴群体的社会关系结构，并且这种关系结构又会影响群体内行为的发生和维持❶。A 班欺负行为的发生和持续，欺负者之间"抱团"形成小圈子，受欺负者为班级内的几个同学并固定扮演这种"角色"，最终将班级内的秩序结构稳定下来。那么，这 29 名同学从 2013 年 9 月

❶　陈光辉. 中小学生欺负／受欺负的本土化内涵、基本特点及其与同伴背景的关系 [D]. 济南：山东师范大学，2010.

入学，彼此之间不熟识，是经过怎样的互动过程逐渐分化出边缘的受欺负者以及班级内的"核心小圈子"呢？班级的这种结构在最终形成并显现特点之前，不同主体之间又经历过怎样的挣扎和张力？因此，笔者试图从过程事件分析的视角并结合一手的访谈资料、观察资料等进行详尽的分析和探索。

3　过程—事件视角下同伴欺负行为的形成过程

在上一章的内容中笔者探讨了 A 班存在的三种班级结构及其特征和相互之间的关系，但是"结构分析"是把社会现象当作一种静态的结构和结果来加以看待，因而并不能揭示班级生活的真实奥秘和欺负行为的出现。另外，结构最终只不过是人们之间具体互动的反映，社会互动的结果导致了社会现象的出现，而对社会现象的大量见解，可以通过理解其得以产生和持续的基本互动过程来达到❶。而在过程分析的视角下，采用"过程—事件分析"的研究策略，把社会现象当作一种动态的过程来加以看待，才能够作出更为适当的描述和理解。"过程—事件分析"的分析方法试图摆脱传统的结构分析或制度分析方法，从社会的正式结构、组织和制度框架之外，从人们的社会行动所形成的事件与过程之中去把握现实的社会结构与社会过程。孙立平认为，"过程—事件分析"研究策略的最基本之点，就是要"力图将所要研究的对象由静态的结构转向由若干事件所构成的动态过程❷"。

本章笔者从"圈子"的形成过程和欺负者与受欺负者之间的互动及其采取的策略两部分，探索 A 班内欺负行为的形成和持续过程。

---

❶　乔纳森·特纳. 社会学理论的结构（第 6 版下）[M]. 邱泽奇等，译. 北京：华夏出版社，2001：11.

❷　谢立中. 结构—制度分析，还是过程—事件分析？——从多元话语分析的视角看 [J]. 中国农业大学学报：社会科学版，2007（4）：12 – 13.

3.1 班级"圈子"的形成及欺负的常态化

社会互动发生在以某种方式或因某种共同属性而联系在一起的人群之间。学生在开学之初被分到一个班级，虽然每个人存在很多差异，但是因共同的学习目标和"学习者"身份集中到一个具体的时空环境中，即班级。尽管同伴群体是一个特殊的社会群体，但是也具有一般群体的阶段性特点。本研究借鉴学者塔克曼关于小群体发展的阶段理论，结合笔者收集到的关于 A 班群体互动发展的资料，呈现出班级内部的分化以及欺负行为的出现。

3.1.1 形成阶段

在形成阶段，群体成员互相接触，彼此试探对方的反应，个体采取行动，同与自己在空间位置上临近的成员聊天，在集体活动中观察他人等，收集他人和自己之间相类似和差异的数据和印象，关注彼此的共同点和共同爱好，以形成未来子群体的偏好。

2013 年 9 月 1 日，北京市商务科技学校西校区新生入学，A 班一共 30 名学生，其中男生 26 名，女生 4 名。学生分别来自北京各个区县，彼此认识的不多。

> 为了让同学们能够彼此熟悉，开学第三天学校组织的入学教育结束后，在班里我组织了一次自我介绍活动。希望同学们能通过自己的表达尽快熟悉起来，结识新的朋友、适应新的学校生活。学生的座位主要是按照学生的中考成绩从高到低依次安排的（受访者 7 班主任）。

3.1.1.1 空间地缘上的"差序互动"

共同所处的客观环境，是陌生个体结识彼此的共同条件。班级座位排列，不可改变地将个体置于一定的位置，学生个体经常会通过与周围同学聊天，增进彼此的感情与了解。让自己快速适应班级的新生活，接受并确认新群体的安全性。通过访谈笔者发现，班里基本上所有同学都是先和自己的前后桌、同桌的关系熟络起来，然后范围逐渐扩大。

除了因班级中的座位产生的空间互动之外，学生之间的住址也成为彼此认识的一个途径。学生的家同在一个行政区，或者同在一个社区，这种客观空间上的距离差异，在一定程度上也对学生先认识谁、后认识谁，产生重要影响。

> 我（W 小伟）和 L 丰林座位离得比较近，他坐在我的右边，在自我介绍的时候，发现只有我俩是海淀区的，也就有更多的话题，下课后也经常聊天，放学一起坐车回去（受访者4）。Z 京东和 L 子轩他俩的小区离很近，就在我们学校旁边（受访者1）。

初中在一个学校的学生，相对其他学生而言，有更强烈的亲切感。

> 在班级自我介绍上，知道 Z 雨锋和我初中是一个学校的。我们的座位不算近，但是下课后也会找他聊天，中午一起吃饭什么的，聊天发现我们回家也顺路，就经常在一起（受访者8）。

第一次见面，总是先找熟悉的同学，逐渐扩大认识的范围。

无论是班级座位距离，还是家庭住址、初中学校的一致性，都为班级成员的互动交往提供了"相似性"的归属感，但是这种同质仍是浅层次的，因空间地缘发生的"同质性选择"对于交往和互动有一定的限制。

3.1.1.2 同质性吸引的"同类互动"

同质性的吸引是青少年建立选择朋友并建立朋友关系的重要因素。随着交往逐渐深入，单纯从客观因素上的结合，发展到逐渐追求相似的生活方式、共同的兴趣爱好和习惯、合得来的性格等更为深层次的同质性互动，在这种逐步"聚焦"的互动过程中找到了与自己更为相似的人，而这种相似性较之前的浅层互动显得更为深刻和内隐。

首先是"共同的生活方式"。抽烟行为所带来的娱乐化、身份化、符号化的象征，是青少年所不可抗拒的，在一定意义上抽烟已经成为青少年自主选择的一种"大众消费行为"和"生活方式"。抽烟本身是一种个人行为，但是在一定意义上，抽烟成为除空间地缘差异外较快认识同学的另一种途径，这种共同生活方式为"聚焦"关系提供了契机。

从 A 班的班级制度而言，规定学生在校期间禁止抽烟，班内的少数抽烟学生因其"非正规"的行为而不被学校、同伴认可。因此，厕所成为班级少数"烟民"的聚集地，也因为抽烟，一些成员跨越空间地缘造成的互动限制，扩大自己的交际圈。

受访者 5 本身自己是"烟民"成员，从发现班里的其他"烟民"，结识并和他们在厕所聊天，到通过抽烟技术"筛选"伙伴，这一系列的过程呈现出个体寻找"同类项"的变化。

> 一开始，我并不知道谁抽烟啊，刚进校谁也不认识谁。我们当时都得穿校服不是，裤子口袋浅，L 子轩坐我右上角，我明显就看到他口袋里装着烟和火儿，下课就叫他一起去抽。我们学校不让抽烟，只能躲在厕所，这不就能知道班里谁抽谁不抽了。以后就一下课叫着去厕所抽烟，有时候谁没带烟的就给他一根。我们边抽边聊，聊自己什么时候学抽的烟，抱怨学校中午的盒饭难吃，还有就是一起吐槽老师和某个同学，算是有共同语言，慢慢就认识了。S 硕、Z 广义，抽烟抽的是 10 块钱左右的，我们不愿意抽那些烟。W 汉庭和 Y 晨冉他们俩从来都是不带烟的主儿。C 翔现在抽玉溪是 22 块钱一盒，我现在抽黄山，L 子轩也抽着玉溪呢，就我们几个天天带好烟、抽好烟。而且 Z 广义、S 硕还有 W 汉庭他们抽烟，那纯粹是装 ＊，抽烟不过肺，吸嘴里就吐出来了，还不够丢人呢。

受访者 2 在描述自己与他人互动时，提到大家能不能合得来，玩到一起去也很重要。通过对受访者的话语分析，玩到一起去背后隐藏的是更为深层次的性格特征和兴趣爱好的相似性，"这会让我们感觉我们是一类人"。在解释他认为能玩到一起的几个同学时，他说："课堂上不约而同和老师抬杠"，并且在解释和其他同学感觉"疏远"时他认为"我们班其他人老老实实上课，没劲，肯定没共同语言"。而在提到一位和他现在关系比较好的同学时，他更是直接提到了性格特征和兴趣爱好，他说："我俩脾气比较投，都是国安的球儿迷，经常在班里讨论足球。"

在关系形成的初步阶段，班级成员之间基于"性格和兴趣""生活方式""习惯"进行"同质性"的寻找和选择，个体被包含在一定的关系中。在经过该阶段的初步筛选后，群体成员出现越来越明显的"聚焦"趋势，这些同质性的吸引成为班级子群体出现的契机。

3.1.2 动荡阶段：同伴圈子形成

通过上一阶段的相互了解和彼此吸引，一些个体间的私人关系已经显现，也为建构小群体做了充分准备。在这一阶段，冲突开始出现，并不可避免地导致了更大范围关系的建立，成员较为关注自己在班级中的位置，关心自己是否被群体和他人接纳，并形成了班级中的子群体。哈里斯的群体社会化理论指出，在群体发展中存在着群体内友好行为、群体外敌对行为、群体间对比行为以及群体内的异化和同化行为。

同伴圈这一子群体是随着认识的加深以及玩伴关系的建立而逐渐形成的。但是认识、玩伴关系等并不一定就会形成同伴圈。当同伴之间有共同的需求和利益，如玩友、相互支持和结成同盟；或者同伴与其他同伴或个体之间发生冲突，大家一致对抗的时候，同伴圈的形成才有可能，即发生了群体外的敌对行为和群体内的友好行为。班级中不可能只存在一种类型的同伴关系，并且多种类型的同伴关系之间可能存在相互交叠等。频繁而密切的接触、有共同的娱乐爱好、指向以及亲密的情感是同伴圈形成的重要因素。青少年同伴群体有自己独特的思想、价值观念，彼此间交往频繁，并且重视群体成员的身份、文化标志，群体成员构成相对复杂，且群体内聚力强，对其他群体成员有着较强的排斥。这些是班级内同伴圈的重要特点也是判断的重要标准。结合 A 班的实际情况，笔者在分析资料和相关理论的基础上，总结出该班级同伴圈的形成经历了三个主要的阶段：首先是玩伴关系的建立；经历过来自内部的冲突以及与外部其他成员的敌对行为以及更深入的交流互动和集体活动，形成了共同的规则，班级中的子群体同伴圈形成；圈子在团结内部成员和确立本身地位的过程中，"同仇敌忾整人"，寻找共同话题和群体活动形式，出现欺负行为。

3.1.2.1 玩伴关系的建立

上一阶段的班级互动，个体之间初步建立了友好的私人关系，但是更多是停留在二元水平的同伴关系，即某两个学生之间的友谊。玩伴关系是指年龄相同或相近的青少年之间的一种共同活动并相互协作的交往过程中而建立和发展起来的一种人际关系。因此，共同的集体活动是团结不同"私人关系"的重要活动载体，通过这种集体活动的形式，寻找共同的话题，进一步强化关系，形成班级子群体。访谈中 A 班学生提及的他们主要的集体活动有：比较正式的活动包括生日聚会、团体竞技类网游以及班级的一些集体活动等，而非正式的集体活动主要是指一起抽烟、吃午饭。

受访者 8 提到他认为能促使关系发生变化的重要活动，"我们是在 Z 京东的生日聚会上才算搭上关系的，以前在班里也偶尔说两句，但是交流也不多。"可见，Z 京东在不同的私人关系中首先起到一个"桥梁"的作用，其次他组织活动将大家伙联系起来。在谈到具体细节时，受访者 8 描述了他们几个关系变化的过程，"我和 Z 京东本来是一个初中，刚入校那会儿班级自我介绍又发现都喜欢国安，性格也投的来，关系比较好。班团日志活动上 C 翔和 L 子轩俩说相声，之后关系就很好了，L 泽轩玩手游天天酷跑，C 翔介绍给 Z 京东帮忙刷记录。Z 兴和 L 子轩关系好，L 子轩和 Z 京东入学前就是朋友。Z 京东是十月份的生日，他就把我们都叫上，一块儿吃饭，唱 K（KTV 唱歌），看电影，晚上去 Z 京东家过夜。那天活动也较多，男生嘛，你一句我一句就聊起来了，后来在学校也经常在一起，打球啊、抽烟、吃饭基本上我们五六个人约着一起。"

在玩伴关系建立之初，学生通过活动、交流等收集其他成员的数据和印象，从家庭情况、兴趣习惯、思维方式以及性格脾气等方面觉得彼此很"像"，因为这种同质性的吸引，而形成小范围私人关系，我们主要觉得彼此是同一种人，能玩到一起（受访者1）。各种关系的桥梁及其自觉地组织集体活动，私人关系突破小范围关系的限制，形成具有彼此认同和归属感的小圈子。受访者在谈到他们的小伙伴时说："大家愿意聚在一起，一块儿玩，互相帮助互相支持"。

3.1.2.2 同伴圈形成

同伴圈形成，群体内人际关系具有了凝聚力特征，成员之间也具有合作的默契，彼此建立和维持共同体。这一结果的出现是经过"子群体危机"后而形成的整合状态，"子群体危机"是指在上一阶段玩伴关系建立，出现同伴圈的雏形，但是它面临着或者分化解散或者内聚力强化的不同发展可能性，这一时期会出现群体内和群体外的冲突。也就是说，同伴圈子的形成是在一个充满竞争和冲突的班级环境中，解决冲突以及为解决冲突而不断加强的同伴交往关系，形成同伴联盟，不断形成圈子内旳凝聚与圈子外的排斥的过程，该过程分为两个重要阶段即冲突阶段和解决冲突形成圈子内的文化、规范，习得认同。

1. 冲突

美国心理学者哈里斯（Judith Rich Harris）的"群体社会化发展理论"，认为同伴群体中存在群体外的敌对行为，即人们对不同于自己所在群体的别的群体有一种强烈的、甚至是互相伤害的敌对行为；群体间的对比行为，即不同群体之间会由于群体内的友好行为与群体外的对立行为作用而使原来并不明显的群体差异不断加大。除此之外，还存在群体内部的发展机制即异化行为和同化行为。美国社会学家萨姆纳也提出了内群体与外群体的概念，通过这两个概念来描述群体成员对自己人或对别人群体的感情。在内群体中，成员具有相互爱护及相互同情的情操，与同属于一个群体的人在一起，彼此容易认识和了解，因而感觉自然自在。内群体中的成员对外群体成员普遍抱有怀疑、偏见，容易有着蔑视、厌恶、仇视、挑衅的态度，内外群体彼此之间没有任何归属感，相互隔离，甚至处于对立、敌对的地位。

A 班形成的同伴圈与班级内其他同伴群体、个体存在着彼此的排斥。受访对象表示，相对于非圈子内成员来说，他们占据班级内的权威地位，其群体内部有着较强的凝聚力和认同感，对非圈子成员而言有着自然的隔离和障碍。

> 当时大家都在玩手游（手机游戏）"天天酷跑"和"部落冲突"，C 翔、L 子轩、D 祖伟还有我，我们几个一起组建了一个部落，和网上其他别的部落打（受访者 4）。

尽管是虚拟空间的活动，但是通过游戏中的合作、分工以及互动，对其他部落进行攻击，在一定程度上使得群体内的凝聚力增强。

　　班级内部的冲突以及冲突的解决，进一步巩固了圈子内的凝聚力，甚至发展了同伴圈，并使得圈子内的规范、认同更加明显，与班级其他同伴群体或成员的界限和层级进一步分化。一方面，通过打压竞争者宣示圈子在班级内的权威；另一方面，对班级中"沉默的羔羊"的欺负也成为维持其权威的途径。

　　　　刚入学，C翔在初中同校的一个哥哥，马上就高三毕业实习，叫L晓天，在商科西校区算是个"风云人物"，就经常去他们班看他，还给他买吃的；L子轩呢，他大哥是学校的L威，L威和L晓天是一派的，他俩也就在一起聊聊自个儿是怎么认识自个儿的大哥。L子轩在社会上也认识一些人。L子轩和Z京东家住的近，顺路，一块儿回家什么的。班里的同学也就明白这些人的"社会背景"了。班里有个同学叫H玉铎，他在班里是那种谁都不服气，特别横，但是又不把谁放在眼里，在班里当着大家的面儿打电话，声儿还特大，吹牛说我叔叔有多狠；谁跟谁打架了，赶紧过去之类的。我们特看不惯这种人，容不下别人，我们几个就经常抽烟骂他，和我们一起抽烟的Z兴，说叫人收拾他。后来L子轩、C翔也叫了几个人，在校外把H玉铎打了。我们几个没出面，但也传得沸沸扬扬，后来这个H玉铎转校了。一开始，我们有点看不惯Z兴，他太能吹牛，不过从发型、走路姿势就能看出来他是"混"的人。他也经常和我们一起抽烟，而且我们也经常抽他的烟，并且经过这件事觉得他挺仗义，有事儿就出来帮忙（受访者4）。

　　以Z京东、C翔、L子轩和D祖伟组成的同伴圈，在和班级中的"竞争者"H玉铎发生冲突时，圈子内成员的凝聚力因为解决外部冲突得到加强，并发展了同伴圈的范围。

　　　　军训的时候给L桐伟起了个外号叫土豆，他坐在门口，我们进进出出也会逗逗他。Z京东要给D祖伟录视频，D祖伟说完：我是D祖伟我为自己代言，之后就把旁边土豆的凳子快速拖出来，"咣"一声土豆坐地上了。课后，

Z京东他们拿着土豆的眼镜玩儿，让土豆追着他们跑，由此玩得过分了，把土豆眼镜给弄坏了。还有一天土豆换了个新手机 iPhone 5，换就换了吧，在班里得瑟，搞得我们就看不惯，骂他，动手打他脑袋，Z京东打完、C翔打、之后D祖伟、L子轩、Z兴一个接一个打他，土豆就急了，就打Z京东，上来就用手掐住Z京东的脖子，但是Z京东胳膊长也掐住他了，俩人死掐，别看他个子低，劲儿特别大，然后C翔、D祖伟、Z兴就帮Z京东，一起打土豆。其他同学没有管，也没人敢管，也都不想惹事（受访者1）。我们心情好的时候就去欺负土豆，他特别好玩；心情不好的时候就去骂Y大伟，他说话特别逗，把我们就逗乐了。

Y大伟刚进学校就是个傻子，他上课被老师叫起来回答问题，站起来说不会。我们几个就嘎嘎嘎乐，他就急了，跟我们说你们笑啥，有啥好笑的，他急的样子也特别好笑，下课后我们就骂他，说：笑的就是你，傻子一样。他的说话也特别搞笑。那以后就经常逗他。有一次，学校让班里选出仪仗队，C翔、Z京东、L子轩、D祖伟还有Y大伟，要换仪仗队的衣服，那衣服是新的，Y大伟特别搞笑，就把自己的衣服全脱了，去穿仪仗队的衣服，我们几个看见就黑他。我们心情不好的时候就去逗Y大伟，他说话还有那个表情特别搞笑，一逗他我们就高兴了（受访者9）。

通过对"土豆"和Y大伟名两同学的经常性欺负行为，在学校期间，圈子内成员有了共同的行为目标和话题，并采取一致的行动，甚至协同合作，增强了圈子对其他成员的排斥和内部的团结。同时，在班级同学面前的欺负行为以及反抗的失败，使得圈子内成员在班级中的权威地位巩固，"沉默的羔羊"处境更边缘。

2. 圈子内文化、行为、习惯的习得和认同

布迪厄认为一个场域可以被定义为在各种位置之间存在的客观关系的一个网络（network），或一个构型（configuration）。场域制约着个人心理、行为及其地位和作用等。对青少年来说，班级内形成的同伴圈子是一个场域，场域里的行为、价值、生活方式等对青少年有着结构性的制约和影响，形塑其行动方式和价值观念。在班级中频繁交往，并逐渐成为圈子一员的过程中，青少年渐渐认识、

习得并认同和圈子内特有的文化、行为和习惯，在玩、欺负行为等的形成过程中不断的加深和强化，并形成自主性的行动。这样的价值文化也在很大程度上迎合并满足了青少年本身追求自我满足、自我实现的价值导向。对圈子的依赖和认同感的建立。皮亚杰等一些发展心理学理论家认为，同伴圈子对儿童和青少年的发展起到了重要的作用，其重要性甚至超过了父母和学校的影响。同伴之间有着同等的地位和权力，有着相互的理解、妥协和合作，即使生活在不同的环境，有着不同的父母，也能够成为同样的人，且与同伴的交往能够有效弥补不平衡家庭氛围、残酷学校竞争中难以有效获得的社会能力的发展。对同伴的依恋以及依赖，是青少年在成长发展过程中重要表现，寻求同伴接纳而提供的安全感并认同与依附他们，是青少年自主发展的必要步骤。

> 国庆假期开学后，我们几个约着一起去买摩托车，并自己查资料买零件，自己改装摩托车。学校不让骑摩托车，我们不管，把车停校门外，放学后去停车地儿抽会儿烟，商量晚上去哪儿玩。有一次我们一起骑车去西单炸街，喝了酒的开的贼快（受访者1）。

> 我们都知道各自的生日几号，到谁过生日了，我们就一起出去吃饭、K歌、喝酒，喝完酒把空瓶子在包房里砸喽，玩得很晚，就去我家过夜。不管我们几个谁过生日，都是这样。Z京东家有钱，有时候出去打个台球，看个电影什么的，他就请客了，挺够意思的。而且我们在班里闹的严重了，也会出面和班主任说，够仗义（受访者4）。

圈子内的成员用有共同的符号标志、行为习惯，并形成自己的规范，包括游戏、穿着、如何思考如何行动等，以求进一步的成为"同类人"，深化对圈子的认同。同时也体现出对班级中其他成员的排斥，通过对边缘成员的攻击行为达到对中间成员的威慑目的，并逐渐固化班级中的生态环境。

3.1.3 发挥作用阶段：欺负行为常态化

群体的形成阶段是指群体已趋于稳定，群体文化以及共同规范均已形成，群体成员自发地维护他们之间的友好关系，对与他们敌对的冲突行为，他们就会采取一定的行动对之惩罚，以维护自己在班级同伴群体中的地位。与此同时，班级的社会结构也因子群体的形成而分化成熟，小圈子成员作为班级资源、权力的拥有者，他们按照自己的规则行事，通过寻找共同话题，寻求群体行动来加强小圈子内部的凝聚力和班级地位，"同仇敌忾整人"即欺负行为则成为群体在班级内共同行动的主要形式，他们首先选定了在班级中本身位于边缘地位的"老实人"。

通过整理 A 班的访谈资料和观察笔记，笔者发现由于该年龄阶段学生的行为特点以及受新班级文化的影响，存在于 A 班的欺负行为更多是在日常学习、活动中表现出来既有身体攻击、言语欺负，也有间接欺负。其中身体攻击是指经常和别人打架，惹是生非，或者经常动手动脚（如故意推人、撞人、踢人），惹人生气。

> 土豆特别好玩，我们经常去逗他，他坐在门口，经过的时候就打他头一下。有一次，Z 京东打完，换我打，之后是 L 子轩、D 祖伟、Z 兴，我们几个挨个扇他脑袋。土豆被惹急了就一下子掐住 Z 京东的脖子，他的力气特别大，我们几个全都上去帮 Z 京东收拾土豆（受访者 1）。

言语欺负是指通过口头言语形式直接对受欺负者实施的攻击，如羞辱、讽刺、起外号等，经常会嘲笑别人，有时还会骂人。有一次放学下大雨，Y 大伟的爸爸骑着摩托车来学校接他，被同学看到。第二天 Z 京东、C 翔、L 子轩等同学就说："呦，DW 你家还有摩托车啊，你很社会啊，你全家都社会（'社会'是指混混、流氓的意思）。"说完就嘎嘎嘎笑（受访者 5）。间接欺负中包含社会操纵，表现为关系攻击，是"利用同伴中的社会关系来伤害他人的迂回行为"，如排挤别的同学，在背后说别的同学的坏话等（张文新，2003）。

> 我们班就是关系好的抱团，晾着不喜欢的人——晾着跟我们关系不好的人。一般不怎么理，要理也是跟他们吵啊什么的（受访者 5）。
> 2013 年 8 月 27 日　观察笔记二（节选）
> 刚见班里的同学，觉得每个孩子长得都一样，名字也很难记。有几个同

学大家都不叫名字，而是他的绰号，可以说也因为这几个孩子的"绰号"我对他们有了些印象。叫"土豆"的学生，后来听其他同学说因为他长得丑，个子又低，脑瓜子扁圆扁圆的，就被起了这个外号。还有一个同学叫"阿炳"，只是因为他的近视眼镜在阳光下自动变成黑色，而且他说话哼哼唧唧就像不着调的二胡，就有人叫他"（瞎子）阿炳"，也就在班里传开了，即使后来这位同学换了眼镜，同学们还是这样打趣他。

2013 年 10 月 23 日　观察笔记三（节选）

活动还是照常在三点钟开始，两点三十五分学生们下了体育课陆陆续续进来到活动场地，凤凰小组的几个组员先到，坐在他们组的凳子上聊天，等着活动开始，其中 H 晓宇坐在 Z 京东平时坐的位置上，Z 京东和 Y 博卿形影不离，一起走了进来，看到 H 晓宇坐在哪里，走过去大声喊："谁让你坐这儿了，不知道老子一直坐这儿？你有什么资格和我平起平坐？" Y 博卿也说了几句，当时气氛挺僵，H 晓宇没说什么就走开了，站在组内其他同学那边。

在班级成员的日常互动中，以空间地缘、兴趣爱好以及集体活动、人脉资源等为契机逐渐分化出小圈子，并由于圈子内成员在班级正式结构和非正式结构中占有一定的资源，由此逐渐确立了该圈子成员在班级的核心位置。与此相反，缺乏强势群体所重视的资源的学生则逐渐在此生态环境中被排斥到边缘位置，成为攻击、受害的对象，班级的结构特点则主要通过欺负行为中欺负者和受欺负者之间的关系表现出来，因此受欺负对象的确定以及受欺负者与欺负者之间的张力和互动则成为该欺负模式确定的重要内容。

3.2　欺负行为中双方主体间的互动策略分析

以 Z 京东、L 子轩、C 翔、Y 博卿等为主要成员的班级"小圈子"，拥有经济、权力和文化等方面的资源，主导着班级内的互动，并制定了班级运行的规则。吉登斯认为地位的变化取决于本身所掌握的资源，只有掌握足够的资源才能具有主动权，因此在权力斗争中也才能处于主动地位。"小圈子"内的成员在学校内有较广泛的"混混人脉",这在无形中对班级学生构成一定的威慑力,且内部成员具有班干部的身份,拥有较大的权力资源,相对于班级内的绝大多数学生而言,他们的经济条件很优越。一些资源的存在与被学生意识到,产生了班级内的"抱团"和分化。班级分化和结构的形成与欺负行为的产生与持续之间相互交织,关系复杂。

笔者以欺负行为的进行过程为主线分析 A 班关于欺负行为发生的访谈资料和观察资料,发现欺负者实施欺负行为经历了试探——恶意攻击——与受欺负者博弈——做出选择:行为终止或持续四个阶段。每一阶段,受欺负者的反应和采取的应对策略影响和建构着欺负者下一阶段的行动。具体的互动过程如图 3-1 所示。

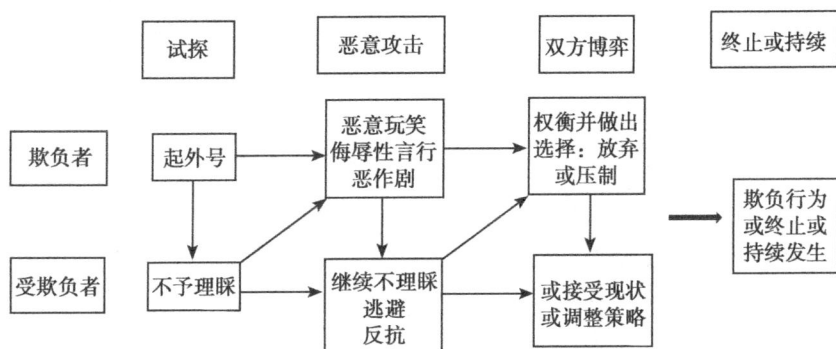

图 3-1　A 班欺负者与受欺负者的互动过程图

在试探阶段,欺负者采取"起外号"的方式对班里的"老实人"进行初步接触,观察他们的反应。外号在学生本身看来,并不一定就能产生被欺负的感受,也不一定用来实施欺负行为,在他们眼里外号一方面,对与自己关系好的伙伴则代表同学间的亲密和感情,因此此种类型的外号更随和;另一方面,还有一类外号则具有侮辱性和挑衅性,其对象多是在班里处于边缘地位的"老实人"。受欺负者对于外号的反应更多是不予理睬或者忍耐,尽量不去招惹起外号的人。

当欺负者经过一段时间的试探,获取到对方的安全信号,他们进入恶意攻击阶段,对不同的受欺负者采取的具体行动有所差异,而受欺负者在这一阶段的反应也各有不同，通过逃避或者直接反抗来回应欺负者的进一步行为。也因不同的受欺负者在面对欺负者的变本加厉时的不同行动，欺负者对自己的行为也做出相应调整，并在权衡中做出选择。

A班的欺负行为表现为"'圈子'—个体"模式，即欺负者"抱团"，受欺负者在班级中则处于边缘孤立的地位。从收集到的资料分析，可以发现A班的欺负行为大体上都经历了以下三个主要的阶段：起外号——恶意攻击——行为持续或终结。在该过程中，欺负者和受欺负者在相互较量中改变自己的行为策略，在互动中加剧了班级的分化与结构的形成。

在欺负行为发生的初期，行为的实施者和对象的关系并不稳定，可能是由于偶然的一次接触产生的行为。欺负者在班级内搜寻到"猎物"，要经过一系列的行为试探、行为重复以及对对方反应的应对等具体过程，而确定自己的行为对象。案例一中的欺负行为及双方主体的互动过程如图3-2所示。

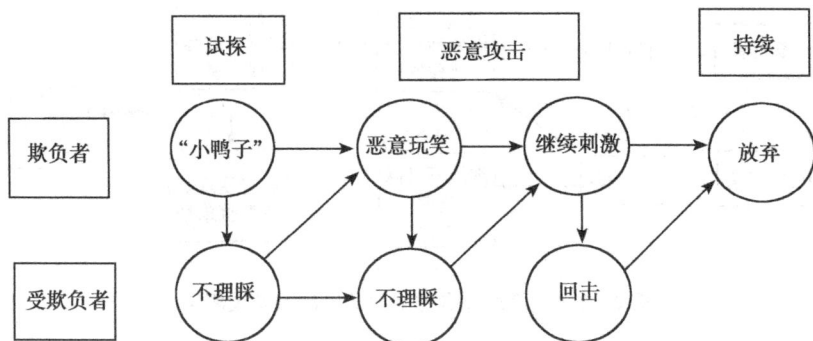

图 3 - 2　案例一欺负行为过程

"拣软柿子捏"成为欺负者寻找班级内受欺负者的规则，在案例一中，欺负者采取的行动主要分为两个阶段：第一，给目标对象起外号，外号在学生中间是一种普遍的现象，对大多数的学生而言，更容易接受或者不易引起反感，欺负者通过"起外号"这一行为对欺负对象进行试探和考察，这一阶段的欺负行为程度相对较轻，对双方都不至于产生较为严重的后果；第二，恶意攻击阶段，对案例一中的受欺负者S同学，欺负者采取恶意玩笑的方式，当众嘲笑戏弄他，甚至变本加厉对受欺负者施以更强烈的刺激"我做值日那天帮助同学抬水，他们用桌子把我堵在班门口，让我从下面钻进去，他们还要压我让我钻（S同学）"。

受欺负者的反应及采取反抗行为的结果，也决定了欺负者和受欺负者之间的关系。在案例一中受欺负者S同学对欺负者的行为采取了两种回应策略：第一，不予理睬；第二，反抗回击，受欺负者在遭到过分对待时，不再忍耐，而是用防狼喷雾回击对方。该事件惊动班级的最高管理者班主任，并对欺负者进行了警告，也禁止学生使用喷雾等能造成人身伤害的东西。在班主任老师的介入下，平息了这次风波，S同学也终止了自己受欺负者的角色。

第一次欺负行为尝试的最终失败，欺负者调整策略，他们更加认真"考察"受欺负者的"资格"。案例二为我们呈现出欺负行为的另一种形态，其过程如图3-3所示。

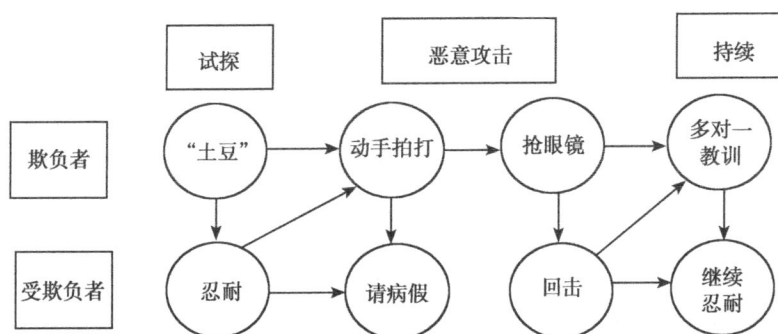

图3-3　案例二欺负行为过程图

欺负者变换策略得到不同的结果，"我们看谁比较老实，比较好玩儿，就老去逗他"，欺负者在选择欺负对象时不仅仅考虑到性格因素，还综合考察目标对象的各种资源，如经济情况、是否有靠山等等。欺负者通过外号进行初步的试探，并对受欺负者采取轻微的身体攻击；在长时间的"互动"中，欺负者在班级中通过看似"游戏"的活动维持着欺负行为。

不同的受欺负者的反应存在差异，在案例二中受欺负者的行动分为两个阶段，第一阶段是对欺负行为的忍耐和逃避；在发现这种逆来顺受的策略只会带来变本加厉的恶意对待，因此在第二阶段，受欺负者采取回击的方式，向欺负者表明自己的态度，但是被欺负者圈子内的成员击败，因寡不敌众而宣告自己反抗的失败。最终沦为班级内固定的受欺负对象，也进一步加剧了自己地位的边缘化。

案例三的受欺负者在经历了试探和恶意攻击两个阶段，既没有采取继续忍耐的逃避策略，也没有奋起反击，而是"投其所好"，努力和他们成为一类人。该案例中的欺负行为过程如图 3-4 所示。

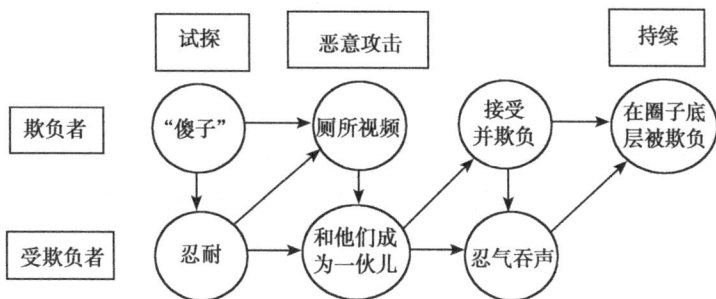

图 3-4　案例三欺负行为过程图

受访者 1 作为欺负者成员，在谈及案例三中受欺负者 Y 大伟的变化时，说："我们卫生值日他会过来帮忙，而且也不知道啥时候 Y 大伟还开始抽烟就是技术还不怎么样，有时候也买烟给我们抽"。当受访者在描述圈子成员对 Y 大伟的变化时提到，"也没有什么变化，就是打球会叫他一起还有抽烟，大伟说话特别搞笑，就会让他去欺负 L 桐伟，他俩闹起来更有意思。我们心情好呢，就去逗 L 桐伟，心情不好就去找 Y 大伟，一欺负他我们就乐呵了。"可见，案例三中的受欺负者即使采取策略亲近欺负者，甚至成为他们的"帮手"，但是仍然改变不了被欺负的境遇。

在班级日常互动中，逐渐演化出分层的资源类属和吸纳、排斥学生的班级文化现象。小圈子形成的过程，正是班级结构的塑造过程，他们采取欺负行为作为加强其内部团结、强化有他们主导的班级结构，受欺负者的同学恰恰是班级边缘地位的一种"宿命"；反之，欺负行为中，欺负者和受欺负者的互动和张力，也在一定程度上塑造着班级结构，班级结构和欺负行为相互影响，关系复杂。

4　研究结论与讨论

通过对欺负行为研究的文献回顾笔者发现过往的研究者对同伴群体和欺负行为这一主题的探讨主要是以定量的研究方法分析同伴群体和欺负行为之间的关系。在此基础上，本研究选取某中学 A 班为研究对象，运用质性研究方法，以同伴群体为中心，从"结构""过程—事件"视角建构同伴群体的互动，对欺负行为的发生、持续做了静态和动态的分析，并得出初步的结论。

4.1　研究结论

4.1.1　A 班欺负行为现状及其特点

本研究笔者采用提名问卷、参与观察和访谈的方式，收集 A 班欺负行为的数据和资料，发现欺负者在班级中形成同伴"小圈子"，而受欺负对象之间的关系较为分散，欺负行为过程中，往往是"小圈子"对受欺负者个体进行欺负，形成了"'圈子'—个体"的欺负行为模式。

A 班欺负行为模式的出现，是在班级同学之间的日常互动，以及欺负者主体和受欺负者主体的互动博中孕育并逐渐固定化，进而影响班级其他"旁观者"成员的行为和态度，再生产着班级结构。

4.1.2　同伴关系结构与欺负行为

本研究首先从结构主义视角分析班级中存在的三种结构，即以权力和成绩为标准划分的两类正式的班级结构，以及班级学生经过日常的互动形成的非正式关系结构。在此基础上，笔者对欺负行为主体的结构位置和特点进行了分析和解读。相对成人而言，由于青少年学生根本上具有同质性，并且在意识中对社会身份及角色的分化程度认识较低，尚不能完全对班级中由于权力分配所形成的互动，和一般同学、朋友之间的互动进行明确的区分。因此在实际的班级生活中既有学生之间正式的权力关系，也有他们之间各种非正式的互动关系。在现实的班级活动或互动中，各种非正式群体也恰恰是班级学生进行交往和开展各种活动的重要方式，学生也常常是通过班级中各种非正式群体的关系，理解和接受班级和学校的各种正式规范的。因此，班级的非正式结构成为班级中的主要社会结构，而发挥作用。A班的关系结构呈现出"中心聚合边缘分散"的特点，进而笔者分析欺负者与受欺负者在班级关系结构中的位置及其关系，从而归纳出A班"'圈子—个体'"的欺负行为模式。

4.1.3　同伴圈子与受欺负者分化中欺负行为产生

群体成员的长期互动形成了班级的关系结构，本研究在"过程—事件"分析视角的指导下，通过对班级学生互动资料的分析和整理，呈现出班级这一同伴群体的发展过程以及班级内"小圈子"的形成过程。学生从入学时陌生的个体，在同质性吸引中形成私人关系和玩伴关系，并逐渐形成班级子群体。初期形成的小群体具有不稳定性，吸收新的成员或者改变成员的开放性，经过冲突以及群体内同化、异化行为，班级的"小圈子"形成并确定下来，与此同时，班级被成员被分化为"中心—边缘"的同伴关系结构。群体内的冲突及异化行为主要是通过欺负行为实现，而"小圈子"形成之后，在发挥作用阶段，通过欺负行为继续进行小群体内的同化行为和群体外的异化行为，使得班级结构逐渐稳定下来，在这种结构下，受害者难以改变自己的处境。

4.1.4　受欺负者的行动策略影响欺负行为持续与否

在班级结构中，欺负者"小圈子"拥有丰富的资源：班级权力、同伴关系以及其他非正式的资源如经济条件、文化资源等，进而产生相应的权威与权力，他们在欺负行为关系中处于主导的地位，其行动在一定程度上决定了班级的规则和行为模式，但是位于班级结构边缘的受欺负者的行动策略对欺负者采取下一步的行为产生影响，二者在互动、博弈中共同决定了欺负行为的发生与维持。

4.2　"同伴互动""班级结构"与"欺负行为"三者的关系

4.2.1　结构中的"旁观者"

班级成员的结构化，在过程上以及班级活动、群体活动中依赖于学生之间例行化和区域化的互动。而互动模式的例行化则使其在时间上保持延续，因此，为再生产班级结构提供了可能。同时例行化使行为具有可、预见性，区域化的互动将成员安置在相互联系的空间，并限制了学生如何表现自己，采取相应的行动策略来固定空间中的行为，规定了班级成员中的互动。由于班级同伴关系结构的建立和成熟，"'圈子'—个体"的同伴欺负模式固定化，L桐伟、Y大伟等班级边缘个体长期成为受欺负者。而班级中的旁观者成员，对欺负行为和受欺负者的处境、欺负者的行为等采取默认的态度，在一定程度上参与了班级结构的形成与固化，反过来，欺负者与受欺负者之间关系的固化和例行化，对旁观者的行动也产生了建构的影响和作用。

4.2.2 结构与行为在互动中的复杂关系

在研究中笔者发现，A班的同伴关系结构与欺负行为在过程中存在复杂的关系，以往关于结构与行为二者互构的理论研究中，一方面在宏观层面提出理论建树，对宏观问题的研究具有重要的指导意义，但是对微观层面结构与行为的研究较为缺乏；另一方面，结构与行为在互动的过程中产生，而已有研究对过程为的探讨不充分。

笔者借鉴学者 Sameroff A J 提出的互动模型，在此基础上结合本研究的实际探索同伴群体互动、班级社会结构及欺负行为三者复杂又微妙的关系。

互动模型是发展心理学领域的创新，Sameroff（1995），Sameroff & MacKenzie（2003）提出互动模型的主要观点是要将儿童的发展看作是一个动态的过程，在这一发展过程中各种因素会随着时间发生双向交互作用，从而对儿童的发展产生影响。在儿童早期影响发展的各种因素，例如，基因类型、气质、依恋类型和其他生活经历共同"塑造"了儿童的行为方式。虽然互动模型体现出互动的连续性，但是对于互动每一阶段发生的变化及其对下一阶段产生的影响没有涉及。

笔者呈现出学生从入学彼此不熟识，从初期"不是一类人"的分化，到学生抱团产生核心层，通过凳子分配、组内活动的成员不合作、卫生值周等事件，不断强化分层，最后 Z京东和 L桐伟之间的正面交锋，将班级中各角色的地位反映出来。通过具有历时递进性的互动事件，勾勒出班级欺负行为的发生和持续。

班级同伴群体在互动中形成同伴关系结构，以家庭经济、"人脉"以及兴趣爱好等分化为不同的群体，并通过欺负、受欺负产生班级分层，形成核心—边缘型班级结构。并且核心层发展中又不断以欺负行为作为强化其权威的手段，在核心—边缘的班级结构中，受害者难逃被欺负的厄运。

综上分析笔者尝试将三者的关系表示如图 4 - 1 所示。

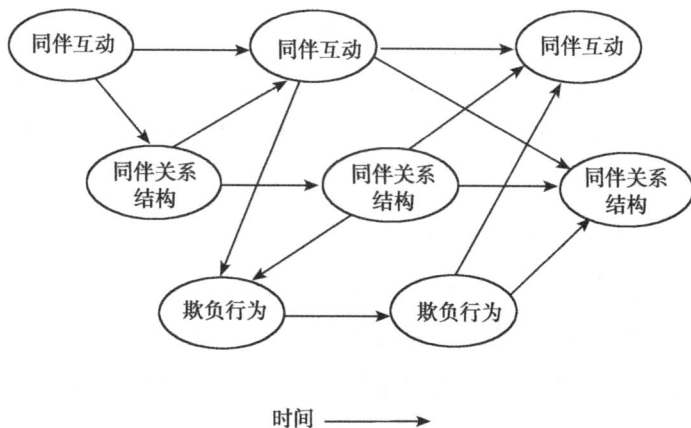

时间 ⟶

图 4 - 1　同伴互动中的欺负行为

初期，班级成员通过外在的、初步的印象进行互动，如班级座位、家庭住址以及穿着等外表性的符号象征，了解同伴，互动范围以及水平较低，因此班级的分化也处于较低的水平。欺负行为在这一阶段的特点表现为，从欺负行为的具体表现方式来看，欺负程度较低，一般是通过起外号、嘲笑等方式发生；从受欺负的对象来看，受欺负者是班级中的"沉默者"，与班级其他成员的互动水平较低。

班级成员的互动从外在转向深入，学生逐渐以人脉资源、兴趣爱好等发生分化，这一阶段学生因同质性的投缘，在外貌打扮等方面出现趋同现象，班级形成"小圈子"。欺负行为在这一阶段的表现：从欺负行为的具体表现方式来看，欺负不再停留在外号等行为上，而是通过恶意攻击来明确和维护欺负者在班级内的权威和地位；从受欺负者的对象来看，在选择目标时，欺负者不仅考虑其性格，并综合其在班级中的地位、学校和社会上的人脉资源等因素，因此往往是班级中处于边缘地位的"老实人"成为受欺负者；另外，"小圈子"的出现和形成共同对受欺负者实施欺负行为，造成寡不敌众的局势，成功"镇压"来自受欺负者的反抗，形成班级内固定的受欺负者，一方面对班级其他成员形成威慑，另一方面在一定程度上强化了"小圈子"内部的关系。班级成员的互动也成为团体内的局部性互动。

总而言之，同伴群体互动和班级社会结构是一种双向互动的关系，二者在一定程度上都会对欺负行为的发生产生影响；横向箭头随着时间推移不断加粗，表示班级学生的同伴互动程度、社会结构的稳定性以及欺负行为的发生出现加剧发展的过程；欺负行为指向同伴互动的箭头要比后者指向前者的箭头明显，表示在学生之间互动初期，欺负行为表现得并不明显，且在较高程度的互动中以及班级结构形成后，欺负行为对班级的互动和结构的形成、维持具有反作用，且反作用较大。

4.3 研究不足

本研究主要集中于班级互动中欺负行为的产生过程，探究同伴群体因素如何导致了青少年欺负行为的发生，在欺负行为产生的过程中青少年进行了怎样的同伴互动，这种互动关系及其形成班级结构对欺负行为的形成有怎样的推力和影响，在欺负行为发生后，其持续对班级互动和结构又有怎样的反作用。

通过这种对"过程/行为"的动态分析和深度解读，建立一种青少年欺负行为形成过程的分析与解释，也为青少年偏差行为的预防和处理工作提供有益的借鉴。因此，本研究的创新点在于"过程/行为"分析视角的新颖以及研究结果的创新。运用参与观察和深度访谈的方法，对行为形成过程的深度解读和对其班级生活的跟踪了解，并将社会结构与个体行为的交互建构与型塑机制融入过程分析中来。

研究的不足之处在于，由于研究者主体限制和研究对象及其所在学校等客观方面的制约，样本的选取的代表性不明显。本文所访谈的对象全部是 A 班内学生，而其他类型学校和班级的欺负现象，因访问条件受限而未能有所接触。青少年的欺负现象一般发生在同伴中，具有很强的群体性和依从性的特征，同伴群体对青少年的欺负行为有着较为重要的影响，然而，欺负行为有一个消解的过程，青少年个体如何能够与群体建立亲密、稳固的关系，在群体内的交往状况、支持状况如何，这一微观的阶段与表现，不是仅仅一段时间的访谈或调查所能得出的。若能够长期的跟踪调查及活动参与，或能将对这一问题有所回答。

参考文献

中文参考文献

[1] 蔡春凤，周宗奎. 童年中期儿童受欺负地位稳定性与社会能力的关系 [J]. 心理发展与教育，2009 (8)：21-26.

[2] 陈光辉. 中小学生欺负/受欺负的本土化内涵、基本特点及其与同伴背景的关系 [D]. 济南：山东师范大学，2010.

[3] 陈世平，乐国安. 中小学生校园欺负行为的调查研究 [J]. 心理科学，2002 (3)：355-356.

[4] 陈向明. 质的研究方法与社会科学研究 [M]. 北京：教育科学出版社，2000：7-9.

[5] 陈欣银，李正云，李伯黍. 同伴关系与社会行为：社会测量学分类方法在中国儿童中的适用性研究，心理科学，1994：198-204.

[6] 费梅萍. 次生社会化：偏差青少年边缘化的社会互动过程研究 [M]. 上海：上海人民出版社，2010.

[7] 谷传华，张文新，秦丽丽. 儿童期负研究的问题与前瞻 [J]. 心理发展与教育，2003 (1)：85-88.

[8] 吉登斯. 社会学 [M]. 李康，译. 北京：北京大学出版社，2009.

[9] 纪林芹，张文娟，张文新. 学校欺负与同伴背景的关系 [J]. 华南师范大学学报：社会科学版，2004 (5).

[10] 姜英杰，李广，邵涵玉. 欺负行为测量：问题与解决 [J]. 心理科学，2007 (3)：654-656.

[11] 雷雳，王燕，郭伯良，张雷. 班级行为范式对个体行为与受欺负关系影响的多层分析 [J]. 心理学报，2004 (5)：563-567.

[12] 雷雳，张雷. 初中生受欺负状况的某些预测变量 [J]. 心理学探索，2002 (4).

[13] 林聚任. 社会网络分析：理论、方法与应用 [M]. 北京：北京师范大学出版社，2009.

[14] 刘丽琼，肖少北. 国外校园欺负行为的学校整体干预方案述评 [J]. 外国中小学教育，2010 (3)：51-53.

[15] 陆益龙. 定性社会研究方法 [M]. 北京：商务印书馆，2011：133-136.

[16] 苗凤祥. 趣缘群体的社会互动研究——以户外运动爱好者群体为例 [D]. 金华：浙江师范大学，2011.

[17] 裴小茹. 青少年吸毒行为形成过程分析——以上海市为例 [D]. 上海：华东理工大学，2012：30-45.

[18] 乔纳森·特纳. 社会学理论的结构 [J]. 邱泽奇，译. 北京：华夏出版社，2001.

[19] 石国新. 社会互动的理论与实证研究评析 [D]. 济南：山东大学，2013.

[20] 斯科特. 社会网络分析法 [M]. 刘军，译. 重庆：重庆大学出版社，2007.

［21］孙晓军，张永欣，周宗奎．攻击行为对儿童受欺负的预测：社会喜好的中介效应及性别差异［J］．心理科学，2013（2）：383－389.

［22］王吉．一个校园安全的建设蓝本：奥维斯校园暴力预防计划简介［J］．外国中小学教育，2004（8）.

［23］王美芳，张文新．中小学中欺负者、受欺负者和欺负—受欺负者的同伴关系［J］．心理发展与教育，2002（2）.

［24］王姝琼．儿童攻击亚类型、同伴地位与其适应不良的关系［D］．济南：山东师范大学.

［25］肖少北，刘丽琼，朱铭，张燕妮．欺负及受欺负小学生同伴关系分析［J］．中国学校卫生，2011（11）.

［26］谢立中．结构—制度分析，还是过程—事件分析——从多元话语分析的视角看［J］．中国农业大学学报：社会科学版，2007（4）：12－31.

［27］约翰.J.麦休尼斯．社会学［M］．风笑天，译．北京：中国人民大学出版社，2009.

［28］殷建华．走向教育家：一位小学校长社会化研究［D］．上海：华东师范大学，2011.

［29］张文娟，裴丽颖，宫秀丽．学校欺负干预研究综述［J］．山东师范大学学报：人文社会科学版，2004（3）：25－28.

［30］张文娟．初中生在欺负情景中的参与角色与同伴地位［D］．山东师范大学，2005.

［31］张文新，谷传华，鞠玉翠．学校欺负与社会生态分析［J］．华南师范大学学报：社会科学版，2004（5）：97－103.

［32］张文新，王益文，鞠玉翠，林崇德．儿童欺负行为的类型及其相关因素［J］．心理发展与教育，2001（1）：12－17.

［33］张文新，武建芬，程学超．儿童欺侮问题研究综述［J］．心理学动态，1999（3）.

［34］张文新．中小学生欺负/受欺负的普遍性与特点［J］．心理学报，2002（4）：387－394.

英文参考文献

［1］Antonius H. N. Cillessen. New Perspectives on Social Networks in the Study of Peer Relations［R/OL］. Social Network Analysis and Children's Peer Relationships: New Directions for Child and Adolescent Development, 2007.

［2］Brown B. B. , Lohr M. J. Peer-group affiliation and adolescent self-esteem: An integration of ego-identity and symbolic-interaction theories［J］. Journal of Personality and Social Psychology, 1987（52）: 47－55.

［3］Cairns, R. B. , Cairns, B. D. , Neckerman, H. J. , Gest, S. D. , Gariepy, J. Social networks and aggressive behavior: Peer support or peer rejection［J］. Developmental Psychology, 1988（24）: 815－823.

［4］Christina Salmivalli. Bullying and the peer group: A review［J］. Aggression and Violent Behavior, 2010（15）: 112－120.

［5］Christina Salmivalli, KirstiLagerspetz, KajBjörkqvist, Karin Österman, Ari Kaukiainen. Bullying as a Group Process: Participant Roles and Their Relations to Social Status Within the Group［J］. Aggressive Behavior, 1996（22）: 1－15.

［6］J. Sutton, P. K. Smith. Bullying as a Group Process: An Adaptation of the Participant Role Approach. Aggressive Behavior, 1999（25）: 97－111.

［7］ Laura D. Hanish, Philip C. Rodkin. Bridging Children's Social Development and Social Network Analysis ［R］. Social Network Analysis and Children's Peer Relationships: New Directions for Child and Adolescent Development, 2007.

［8］ Olweus D. Bullying at School: What We Know and What We Can Do ［M］. Oxford: Blackwell, 1993.

［9］ Pellegrini A D. Peer Harassent in School: The Plight of the Vulnerable and Victimized ［M］. New York: The Guilford Press, 2001.

［10］ Sameroff, A. J. General systems theories and developmental psychopathology ［G］. D. Cicchetti, D. Cohen. Developmental Psychopathology: Theory and methods. New York: Wiley, 1995 （1）: 659 – 695.

［11］ Sameroff, A. J. Developmental systems and psychopathology ［J］. Development and Psychopathology, 2000 （12）: 297 – 312.

［12］ Sameroff, A. J, MacKenzie, M. J. Research strategies for capturing transactional models of development: The limits of the possible ［J］. Development and Psychopathology, 2003 （15）: 613 – 640.

［13］ Whitney I, Smith P K. A survey of the nature and extent of bullying in junior/middle and secondary schools ［J］. Educational Research, 1993 （35）: 3 – 25.

附录一 "同伴互动与欺负行为"访谈提纲

（一）同伴互动

刚进入新学校、新班级，你是通过什么方式和其他同学认识和交流的？

1. 和你玩得比较好的同学，说说你们友谊建立的故事

（1）和班里其他同学相比，他／他们为什么是你的朋友？

（2）你们在一起共同都做什么？

2. 班里其他同学的情况

（二）欺负行为

1. 班里有欺负现象吗？你觉得那些行为是欺负行为？

2. ［对受欺负者的访谈］

（1）在班里有比较反感的或者不喜欢的同学吗？什么原因导致你讨厌他们？（冲突、矛盾或者其他事情）

（2）他们欺负你，你是怎么应对的？觉得有效果吗？

3. ［对欺负者的访谈］

（1）哪些同学会成为你／你们的目标？

（2）你们在"欺负"同学时，班里其他同学是什么表现？

附录二 同伴提名问卷

1. 在班里，受欢迎的同学有_____？

2. 在班里，不受欢迎的同学有_____？

友谊建构的路径研究

——基于6位大学生的访谈分析

□ 沈永辉

摘要："友谊"一直是东西方哲人所珍视的人类情感。基于6位大学生的质性访谈，本研究试图通过静态和动态两种方式对受访者友谊建构路径进行分析，以阐明大学生对友谊的概念及其发展的建构。使用类属分析的方法，对受访者友谊建构路径的静态分析发现受访者通过"内部路径"和"外部路径"建构友谊的结构、形态与发展模式。具体包括：受访者通过"外部路径"，即友谊与其他人际关系的区别，在"情感性—工具性"、"自愿性—强制性"以及"揭露性—封闭性"三个维度上建构了友谊的"外部结构"；通过"内部路径"，即友谊内部的评价要素，受访者在"情感交换"和"同质性选择"两个维度上建构了友谊的"内部结构"，并区分了友谊内部的四种基本形态；友谊内部四种基本形态的动态变化构成了友谊发展的三种模式：友谊的渐进式发展、友谊的断裂式发展与友谊的逆向式发展。在此基础上，本研究采用情境分析的方式，将受访者的交友故事结合进互动仪式理论的分析框架中动态地呈现了受访者关于友谊动态发展的建构。研究发现：友谊的渐进式发展是伴随着互动仪式从"寻欢仪式"过渡到"分享仪式"进而最后进入"团结仪式"的情感能量的逐步累积的过程；友谊的断裂式发展或是由于"公共的仪式"所造成的身份的界限与情感的封闭，抑或是由于不同的"解决冲突的仪式"所形成的情感的断裂；在"反思的仪式"中我们可以看到情感的排斥所造成的友谊的逆向式发展。因此，本研究认为大学生的友谊是个体特质与情境力量共同建构的情感团结。

关键词：友谊；建构路径；互动仪式；情感团结

1　问题的提出

在西方的文化、历史尤其是文学中，友谊经常被作为哲学反思的焦点。亚里士多德、西塞罗、蒙田等哲学家都认为友谊是一个值得分析的现象。亚里斯多德将所有的人与人之间的关系都视为"友谊"（friendship），如夫妻之间、父母与子女之间、施恩者与受恩者之间、兄弟之间等。在中国传统文化中，"友谊"位于"五伦"之末，而且受到君臣父子关系的影响。杨适认为中西方文化在建构"友谊"概念时存在差异，并且这种差异可以从不同的历史发展轨迹中找到根源。❶事实上，在当下的语境中，无论是中国还是西方，"友谊"不再被建构为泛化的人际关系，而是成为了更加具体的范畴。但是，"友谊"建构的文化差异仍旧存在。陈向明教授在跨文化人际交往过程研究中发现她所调查的中国留学生都未能与美国人交上他们所谓真正意义上的"朋友"。因此，她认为相对于美国文化来说，中国人的"朋友"在情感性、主动选择的程度以及交往深度上都有着独特衡量标准。❷尽管陈向明教授已经对友谊这一具有文化特殊性的人际关系概念做了中国化的阐释。但是，概念的建构除了空间维度的影响外，时间向度的作用也不容忽视。因此，对于今天的研究者来说，当下大学生对于"友谊"的定义是否发生了改变？此外，即使同在中国，个体经验的差异对于"友谊"概念的建构可能也会存在影响。所以，探讨当下大学生对于"友谊"概念的建构是本研究的起点。

"物以类聚，人以群分"是我们对人群进行区分的朴素方法，我们通常会以"我们很投缘"或者"我们的想法很一致"来解释我们对朋友的选择。事实上，许多心理学领域的研究者也是沿着这条思路探寻友谊是如何发展而来的。因此，"同质性"（homophily）成为了他们研究的核心概念，研究者们用个体内在的心理特质来解释友谊双方的同质性选择机制。而在社会学领域，友谊更多地被视为具有共同体性质的情感团结。布莱恩·S. 特纳指出社会学在文字上是对友谊和伙伴的科学研究（"社会学"包含了"伙伴"（socius）词根），而伙伴观念来源于拉丁文"面包"。伙伴是一桌人分享一顿互惠的饭菜的结果，食物在相互信任的人之间进行交换，因为大家都处在同一个仪式团体中。❸随着"仪式"理论在社会学，尤其是微观互动领域研究的深入，兰德尔·柯林斯提出了"互动仪式链"理论，试图通过日常互动的"小仪式"来阐释社会情感的动态发展。站在不同的角

---

❶ 杨适. "友谊"（friendship）观念的中西差异 [J]. 北京大学学报：哲学社会科学版，1993（1）.

❷ 陈向明. 旅居者和"外国人"——留美中国学生跨文化人际交往研究 [M]. 北京：教育科学出版社，2011：180－186.

❸ 布莱恩·S. 特纳，克里斯·瑞杰克. 社会与文化——稀缺和团结的原则 [M]. 吴凯，译. 北京：北京大学出版社，2009：34－35.

度，研究者们以不同的方式建构友谊的动态发展。以受访者为中心，这里我将思考采用怎样的方式能恰到好处地呈现受访者对于友谊动态发展的建构。

不同的生活经历及其反思给予我们看待世界不同的视角。对于研究者来说，这也不例外。本科毕业后，我继续留校读研，因此经历了一次和"朋友"的分离，原有的"圈子"没有因为毕业而散了，只是我们互动的方式发生了变化，但实质没有改变。对四年本科生活的回顾，我开始反思我和我的"朋友"是如何认识，如何从普通同学发展出这样紧密情感，并且这样的关系还将如何发展。跳脱一个"当局者"的身份，以一个研究者的姿态来审视今天的大学校园，我仍能体会到大学人际关系较之校园之外的关系是有区别的，正如大多数人的感叹"工作之后就没有朋友了"。相对于中学，大学班级的概念似乎更为松散，学生的活动相对个人化，因此，我们会发现大学校园里的人际关系更多的是以"圈子"的形式存在。布迪厄在《继承人——大学生与文化》中对"大学生群体"这样的标签产生质疑，他认为我们应该思考"大学生群体"能否成为一个同质的、独立的和一体化的社会群体，因为共同生活和居住这个简单的事实无法使它具有协调群体的能力。布迪厄指出为一个群体提供一体化框架的不是空间，而是在时间中对空间的有规律和有节奏的使用。因此，传统的象征性地使以往大学生得以一体化的传统目前已经支离破碎，大学生阶层更接近于一个松散的集合。❶ 这样也就激发了我的想法：我所想要探讨的"友谊"能否作为透视大学生这样一群人的方式？如果这样的方式可行，那么布迪厄所指出的"在时间中对空间的有规律和有节奏的使用"是什么？因此，我想探讨大学生中的"友谊"，试图分析大学生是以何种方式建构友谊及其发展，以此来回应我在理论和现实中的困惑。

2 文献回顾

从学科来看，"友谊"研究主要集中于社会学和心理学两个领域。其中"友

---

❶ P. 布迪厄，J. - C. 帕斯隆. 继承人——大学生与文化 [M]. 邢克超，译. 北京：商务印书馆，2004：36 - 40.

谊"概念的维度与结构、"友谊"发展的机制、"友谊"与青少年发展是心理学领域"友谊"研究的主题；而在社会学领域，"友谊"的社会团结功能则是一个经典命题。围绕本研究的核心，即"友谊"的概念、"友谊"的动态发展以及对动态发展的解释，我将从"友谊"研究的"结构—功能范式""互动—发展范式"以及对于微观互动解释的理论三个方面对现有相关研究进行综述。

2.1 "友谊"的结构—功能范式研究

"友谊"结构—功能范式研究存在两种取向，即个体取向和社会取向。个体取向的研究主要着力于探求"友谊"概念的结构要素，突出"友谊"对于个体发展的功能性作用。社会取向的研究则重点关注"友谊"对于社会运行的功能性机制。

2.1.1 "友谊"的结构特征：判断与评价

研究者们大多采用实证研究的方式试图描绘"友谊"所具有的某些特性或者是建构友谊质量评价的具体指标。至于"友谊"的结构模型，即将"友谊"与其他人际关系区分开的外在结构与"友谊"本身的内在结构，研究的成果较少、价值有待仔细斟酌。

莎伦·布雷姆等在《亲密关系》中对"友谊"的分析借用了德弗里斯的观点，他将友谊概括为三个方面：情感的、共享的或共同的，以及社交的因素。情感性的组成包括个人思想和感情的分享（如自我表露），关于亲密性、欣赏的相关表达（包括热情、关系和爱）等。友谊的共享或共同维度是指参与共同的活动、相似性、给予和得到非情感性的帮助。而社交主题认为朋友是"消遣、趣味和娱乐的来源"。❶

通过对过往研究的总结 Newcomb 等人通过"宽—窄类型"（broadband-narrowband categories）在积极参与（positive engagement）、冲突管理（conflict management）、任务活动（task activity）以及关系特征（relationship prosperities）四种宽类型上对朋友关系进行评价。每种宽类型又可细分为若干窄类型。积极参与，

---

❶ 莎伦·布雷姆，等. 亲密关系［M］. 郭辉、肖斌，译. 北京：人民邮电出版社，2005：174.

包括社会接触、交谈、合作与积极的情感表达；冲突管理在冲突引起与冲突解决两个过程中进行区分；任务活动包含两个窄类型：任务交流与任务执行；关系特征包括相似性、平等性、控制性、相互情感联系和依恋、亲近性（自我暴露程度）以及忠诚性。●

国内研究者李伟等依据激活扩散模型，采用"友谊"一词为刺激，通过被试的自由联想提出的高频词汇，认为友谊概念在大学生群体心目中有4种表面特征：关心与支持、分享与交流、共同活动与联系、矛盾与冲突。●

关于"友谊"的结构模型大部分研究者提出的是上述平行化的结构模型，即将友谊所包含的内容要素进行系统地整合，但是这对于友谊关系的区分价值有限。而实际要将友谊概念操作化需要的是一种纵向的结构模型。在现有的友谊纵向结构研究中研究者们又偏重友谊的外部结构，将友谊关系与其他人际关系区分。

Hartup将友谊区分为表层结构（surface structure）和深层结构（deep structure）。表层结构指的是友谊双方实际的社会交换内容（social exchange）随着个体的发展表现出阶段性和年龄性，而深层结构指友谊双方的互惠性（reciprocity）。并且他认为这种互惠性具有跨时间、跨情境的一致性，是决定友谊关系本质的特征，也是友谊关系区别于其他人际关系的依据。●

Newcomb等采用的"了解—喜爱"（knowing-liking）模型在纵向结构的研究中迈出了重要一步。通过在"了解"（knowing）与"喜爱"（liking）两个维度上的结合将人际关系区分为陌生人（stranger）、讨厌的同伴关系（dislike peers）、同伴关系（acquaintance）与朋友（friend）（具体见图2-1）。●

● Andrew F. Newcomb, Catherine L. Bagwell. Children's Friendship Relations：Ameta-analytic Review ［J］. Psychological Bulletin，1995，117（2）：306－347.

● 李伟，李朝旭，韩仁生. 友谊的结构研究——一项对大学生友谊内隐观的调查研究［J］. 心理科学，2006，29（5）：1096－1100.

● Willard W. Hartup，Nan Stevens. Friendships and Adaptation in the Life Course ［J］. Psychological Bulletin，1997，121（3）：255－370.

● Andrew F. Newcomb，Catherine L. Bagwell. Children's Friendship Relations：Ameta-analytic Review ［J］. Psychological Bulletin，1995，117（2）：306－347.

喜爱（liking）

| 同伴关系 | 朋友 |
| 陌生人 | 讨厌的同伴 |

了解（knowing）

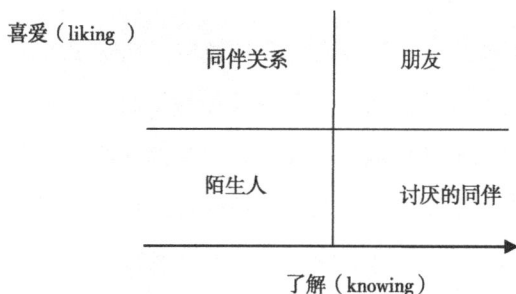

图 2 - 1 Newcomb 等"liking-knowing"模型

Gerhard 等从人际网络发展的过程着手将人际网络区分为：陌生人（stranger）、中立关系（neutral）、友好关系（friendly）、朋友（friend）与好朋友（best friend）。❶ 但是该研究对于各类关系的区分相对模糊，他们只提出了朋友关系比友好关系更加亲近、自愿，因此难以将"友谊"概念操作化。

2.1.2 "友谊"的功能：自我认同与社会团结

"友谊"的功能也可以在个体取向和社会取向上进行区分。个体取向的友谊功能研究主要集中在心理学领域，探讨在生命历程中"友谊"对青少年的心理发展以及社会化过程中的功能。❷ 社会取向的功能研究重点将友谊作为一种非制度化的社会关系，探讨其对自我认同与社会团结的作用。

社会取向的友谊功能研究其理论渊源应该来自迪尔凯姆。社会团结是贯穿迪尔凯姆作品的主线，在《社会的劳动分工》一书中，他认为没有社会整合以及伴随它的一致情感是现代社会的主要特点之一。在《论自杀》中他假设缺乏社会整合和社会调控都是利己主义自杀率较高的原因。露丝·A. 华莱士和雪莉·F. 哈特利结合迪尔凯姆在《宗教生活的基本形式》中的论述认为友谊与宗教具有相似的特征，因此具有社会团结的功能。❸

---

❶ GERHARD G. VAN DE BUNT. Friendship Networks Through Time: An Actor-Oriented Dynamic Statistical Network Model [J]. Computational & Mathematical Organization Theory, 1999, 5 (2): 167 - 192.

❷ Willard W. Hartup, Nan Stevens. Friendships and Adaptation in the Life Course [J]. Psychological Bulletin, 1997, 121 (3): 255 - 370.

❸ 露丝·A. 华莱士，雪莉·F. 哈特利. 友谊的宗教因素：以经验为基础的迪尔凯姆理论 [M] //杰弗里·亚历山大. 迪尔凯姆社会学. 戴聪腾，译. 沈阳：辽宁教育出版社，2001：127 - 147.

Graham 认为社会学关注的友谊更强调其社会性而非仅仅个人性。这里 Graham 关于友谊的理解体现出了互构论的理论倾向。他指出友谊通过个人行为得以建构，但是个体的行为又受到社会、经济条件的限制。同时，个体又通过所建构的朋友关系建构了自己的社会地位与身份。结合吉登斯的后现代或者晚期现代性理论，他指出社会结构的变迁使得社会团结的形式也发生变化：即新型的社会团结突出自我实现（individual fulfillment）而非群体的义务或责任（collective commitment or constraint）。制度化的关系（家庭）在后现代的碎片化下分解，因此，非制度化的友谊关系对于自我认同的探寻作用越发突出。❶ 沿着这一思路，国内研究者罗朝明也认为友谊的主体间性构造可以实现"与自我一致"，是主体实现自我认同的真正的社会关系空间（场域）。并且，他还认为友谊主体间能形成"与他者一致"的团结机制，因此有可能破解社会团结的危机。❷

2.2 "友谊"的互动—发展范式研究

互动—发展范式的友谊研究都以人际互动为切入点，试图解释友谊关系的发生、发展及其关系实质。杨宜音在"友谊"的研究综述中指出，对于友谊关系的发生与发展存在两种取向：探寻个体在人生不同阶段的友谊关系发展；抛开年龄因素寻找友谊关系的一般发展模式。❸ 这样的框架对于我的研究意义不大。因此，通过对现有研究的梳理，我认为还可以将现有研究区分为交换理论取向与同质性选择取向。

2.2.1 交换理论取向

社会交换理论（social exchange theory）产生于 20 世纪 60 年代，主要代表人物有霍曼斯（G. G. Homans）、布劳（P. M. Blau）和艾默森（R. M. Emerson）。这一理论试图以交换关系来说明人与人之间的互动，进而推进及团体和社会以致文

---

❶ Graham Allan. Friendship, Sociology and Social Structure [J]. Journal of Social and Personal Relationships, 1998, 15 (5): 685 – 702.

❷ 罗朝明. 友谊的可能性——一种自我认同与社会团结的机制 [J]. 社会，2012, 32 (5).

❸ 杨宜音. 友人关系 [J]. 社会心理学研究，1990 (3).

化变迁的机制。[1] Gerhard 等人在社会交换理论指引下通过"付出"与"报酬"的动态变换来研究友谊这种特殊人际关系的动态发展，提出了关系类型的变化模式（见图 2 - 2）。[2]

结合社会交换理论的观点，Altman & Taylor 提出"社会渗透论"（social penetration theory）为友谊何以发生提供了一种解释，他们认为自我暴露（self-disclosure）即将自己的个人信息告诉给另一个人在友谊发展中起决定性作用。随着关系发展的深入，双方互换的信息也会由表面信息深入到私人化和范围更广的信息。同时研究者还认为自我暴露对关系的解体也很重要，当关系出现问题时，就会发生"去渗透化"，即友谊发展中会出现一种逐步增长的自我暴露过程，去渗透化则是对这一过程的逆转。随着揭示信息数量和亲密性的减少，人们在情感上退出关系。[3]

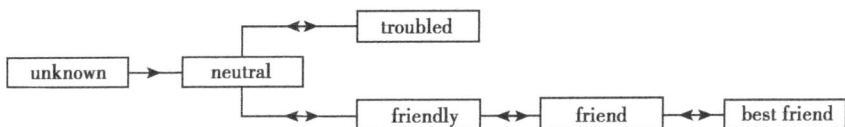

图 2 - 2　Gerhard 等提出的友谊发展模式

但是，伯格提出自我暴露存在跨文化的差异，他指出，相对于集体主义文化的人来说，来自个体主义文化的人能在更多种环境中揭示有关自己的更多信息。对于这种差异研究者从人格中的个人主义与集体主义的价值取向论述了差异的实质。他们提出了个人主义与集体主义两种不同文化传统中的友谊关系模式：在个人主义文化传统中，"自我"是一个独立的单位。在这种关系中，每个人仍旧保持某种独立，因此才有"自我表露"，才强调明确的互惠。而在集体主义文化中，"自我"在人际关系中淹没了，只见关系，而不见"自我"，因此特别强调相互介

---

[1]　杨宜音. 友人关系 [J]. 社会心理学研究，1990 (3).

[2]　GERHARD G. VAN DE BUNT. Friendship Networks Through Time：An Actor-Oriented Dynamic Statistical Network Model [J]. Computational & Mathematical Organization Theory，1999，5 (2)：167 - 192.

[3]　理查德·克里斯普，里安农·特纳. 社会心理学精要 [M]. 赵德雷，高明华，译，北京：北京大学出版社，2008：282 - 283.

入、相互依赖和责任，其规范以"分享"为主要特征。●

2.2.2　同质性选择取向

同质性（homophily）概念是起源于 Cartwright 和 Harary 人际互动的 P－O－X "平衡论"（balance theory）模型。该模型认为在人际互动中如果 P 喜欢 O，由于 X 喜欢 O，因此为了使得人际关系的平衡 P 也会与 X 发展关系。由此 Coleman 提出人际关系发展于双方共同的品味和兴趣，这样的结果就是双方变得相似。Lazarsfeld 和 Merton 在文章《友谊：社会交往的形式》 （Friendship as a Social Process）中提出了"同质性"（homomphily）和"异质性"（heterophily）的概念。● "同质性"选择包括两个层面：社会互动中的同质性根源于社会结构的特征，社会结构使得相似的个体能够拥有更多机会发展关系，其中包括，人口分布（population distribute）、个体属性（individual attributes）和亚文化群体或者是小群体（foci）； "同质性"选择的另一个层次强调那些引起对与自己相似的朋友喜爱的因素。●

在"同质性"选择的假设下，研究者们将"同质性"进行具体化，研究其在友谊发展中的作用。Denise 在药物使用、教育期待、政治倾向与越轨行为的参与四个方面对同质性进行操作化，探求其在友谊形成与解体中的作用。并且，他也支持了同质性导致的人际吸引使得朋友选择发生，个体同时在与朋友的互动中社会化了，进而使得友谊双方变得相似。● Berna 等也肯定了同质性选择效用的存在，并运用此证明了儿童在不同时期朋友选择的一致性。●

随着研究的深入，对于同质性的作用机制也有着更为全面的分析。David R.

● 杨宜音. 友人关系 [J]. 社会心理学研究，1990 (3).

● James A. Davis. Structure Balance, Mechanical Solidarity, and Interpersonal relations [J]. American Journal of sociology, 1963, 68 (4)：444 −462.

● David R. Schaefer, Olga Kornienko, Andrew M. Fox. Misery Does Not Love Company：Network Selection Mechanisms and Depression Homophily [J]. American Sociology Review, 2011, 76 (5)：427 −436.

● Denise B. Kandal. Homophily, Selection, and Socialization in Adolescent Friendship [J]. American Journal of Sociology, 1978, 84 (2)：427 −436.

● Berna Guroglu, Antonius H. N. Cillessen, Gerbert J. T. Haselager, Cornelis F. M. van Lieshout. "Tell me who your friends are and I' ll tell you who your friends will be"：Consistency and change in social competence in adolescent friendships across school transitions [J]. Journal of Social and Personal Relationships, 2012：1 −23.

等研究者在个体抑郁质水平同质性的基础上探讨了这种同质性在个体选择中的 3 种可能的机制:"偏爱"(preference)、"排斥"(avoidance)与"退出"(withdraw)。并且实证数据证实同质性中的"退出"机制影响了朋友的选择。[1] Marijtje A. J. 等在研究大学新生友谊网络的变化时主要研究"接近"(proximity)、"表面相似性"(visible similarity)、"深层相似性"(invisible similarity)以及"网络机会"(network opportunity)的影响。他们认为"接近"和"表面相似"影响友谊关系建立的早期阶段,"网络机会"在友谊关系发展的始终都有重要作用,而"深层相似性"对友谊发展的影响并不显著。[2] 此外,Nancy K. 探讨音乐品味的同质性对友谊关系维护的影响时,指出兴趣的同质性或许能够强化"弱关系"(weak ties),但是对于"强关系"的维护作用相对较小。[3]

2.3 日常互动的理论视角

无论是"同质性选择取向"还是"交换理论取向"在探讨"友谊"的动态发展时都肯定了"友谊"产生于互动之中,并且在个体互动过程中不断发展。Thomas Luckmann(1999/2007)在友谊的现象学社会学分析中认为,友谊作为社会关系的一种形式必须要还原到"生活世界"(life-world)的具体情境之下个体主观意识的构成条件之下进行分析。[4] 因此,我首先对日常生活中的微观人际互动理论进行梳理。

2.3.1 微观社会秩序的理论取向

从 20 世纪初开始社会理论家就开始关注微观的人际互动,致力于发现人际互动的基本过程。他们认为,从某种意义上说,社会结构最终是由个体的行动和互

[1]　David R. Schaefer, Olga Kornienko, Andrew M. Fox. Misery Does Not Love Company: Network Selection Mechanisms and Depression Homophily [J]. American Sociology Review, 2011, 76 (5): 427 – 436.

[2]　Marijtje A. J. van Duijn, Evelien P. H. Zeggelink, Mark Huisman. Evolution of Sociology Freshmen into a Friendship network [J]. Journal of Mathematical Sociology, 2003 (27): 1537191.

[3]　Nancy K. Baym, Andrew Ledbetter. Tunes that Bind?: Predicting Friendship Strength in a Music-Based Social Network [J]. Communication & Society, 2009, 12 (3): 408 – 427.

[4]　Jochen Dreher. Phenomenology of friendship: Construction and Constitution of an Existential Social Relationship [J]. Human Studies, 2009, 32 (4): 401 – 417.

动所构成和保持的。● Lawler & Thye 认为微观社会秩序（micro social order）是两个或更多的参与者在四个维度上重复性的活动：参与者以"社会单元"（social unit）中的成员的行动为行为导向；他们在互动中体验到了"基础性情感"（global emotion）；行动者感知到了他们作为一个"社会单元"（social unit）；经过一段时间后，个体形成了对于更大社会单元的情感依附（affective attachment）。他们对微观社会秩序的理论进行了梳理，认为存在 4 种理论取向：理性选择理论（Rational Choice Theories）；社会建构理论（Social Constructionist Theories）；认同理论（Identity Theories）；社会交换理论（Social Exchange Theories）。❷ 理性选择理论，以"理性人"为出发点，广义上解释具有目的性的行动，理性行动不仅仅是追求经济效益，而且还包括社会的（如团结）、文化的（如道德规范）、情感的（如友谊）政治的（如权威）等目的。❸ 社会建构理论强调"共享意义"（consensual meaning）和个体在常规或重复的互动中产生的内在解释。认同理论，强调社会互动如何创造并维系与结构角色相关的自我定义（self-other definition）、社会分类（social categories）以及群体依附（group affiliation）。● 社会交换理论突出信任（trust）和义务（commitment）在关系维系上的作用。

2.3.2　互动仪式理论

各种理论对于微观社会秩序的探讨更加体现了人们日常互动的复杂性，然而我认为这种复杂性中蕴含着一条清晰的线索：由互动产生的情感团结，并且得到参与者的感知。Richard A. Quantz 引用了 David Kertzer 的观点认为"仪式"可以作为一个"分析上的分类"（analytical category）将复杂的人类经验置入一个清晰的框架。❺ 事实上，这样的努力早从涂尔干关于宗教和社会团结的研究就开始了。

---

❶ 乔纳森·H. 特纳. 社会学理论的结构（第 7 版）[M]. 邱泽奇，张茂元，译. 北京：华夏出版社，2006：323.

❷ Edward J. Lawler, Shane R. Thye. Social Exchange and Micro Social Order [J]. American Sociological Review, 2008, 73（8）：519 – 524.

❸ 杨善华，谢立中. 西方社会学理论（下卷）[M]. 北京：北京大学出版社，2011：3.

● 迈克尔·A. 豪格，多米尼尔·阿布拉姆斯. 社会认同过程 [M]. 高明华，译. 北京：中国人民大学出版社，2011：1.

❺ Richard A. Quantz. School ritual as performance：a reconstruction of Durkheim's and Turner's uses of ritual [J]. Educational Theory, 1999, 49（4）：493 – 513.

因此，这里我们将对微观社会秩序探讨的"互动仪式"理论进行梳理。

从 19 世纪开始"仪式"一词作为专门性的词语出现，它被确认为人类经验的一个分类范畴上的概念❶。跨学科的仪式研究（Ritology）对于"仪式"究竟是什么投入了大量的精力。仪式研究经历了早期的"神话—仪式学派"到后来的"功能主义""结构主义""解释主义"有一个明显的从"宗教"到"社会"的内在变化印记。从涂尔干开始，仪式研究从较为单一的宗教范畴扩大到了"世俗社会"的领域。越是到了现代，"仪式"的表述范围就越大❷。

早期的仪式研究关注"神话—仪式"，将"仪式"界定为象征性的、表演性的、由文化传统所规定的一整套行为方式。在《宗教生活的基本形式》中，涂尔干提供了一种说明团结和共有的符号是如何在小群体中通过互动而产生的模型。功能主义的仪式研究重点在于"仪式"与团结的链接，突出仪式所带来的社会团结。受到涂尔干"神圣/世俗"划分的影响拉德克里夫–布朗（Radcliff-Brown）强调仪式理论的核心是"神圣态度"（attitude of sacredness），他称之为"仪式态度"（the ritual attitude），他认为仪式可以被看作是某种情感的有规则的象征性体现。❸

在建构主义看来当代社会理论的"理性"往往使得"非理性"成分被忽略，在他们看来非理性的社会机制比正规的机制在建构社会上发挥更大的作用，因此他们更多地关注日常生活中的小仪式。在定义仪式时，他们不关心作为一种行动类型的仪式，而是强调仪式作为行动的一个方面。❹ 从戈夫曼"互动仪式"的提出，仪式研究在微观社会学里则更多地关注了日常生活。与人类学研究不同，微观社会学更倾向将仪式看作是微观情境行动的主要形式，并且突出仪式的流动性。戈夫曼认为仪式是一种表达意义性的程序化活动，尽管"互动仪式"是非正式和世俗的，但是他认为互动仪式是人们各种行为姿势相对定型化的结果，人们

❶ 彭兆荣. 人类学仪式研究评述 [J]. 民族研究, 2002, 2.

❷ 彭兆荣. 人类学仪式的理论与实践 [M]. 北京：民族出版社, 2007：1 - 3.

❸ Richard A. Quantz. School ritual as performance：a reconstruction of Durkheim's and Turner's uses of ritual [J]. Educational Theory, 1999, 49（4）：493 - 513.

❹ Richard A. Quantz, Peter M. Magolda. Nonrational Classroom Performance：Ritual as an as Aspect of Action [J]. The Urban Review, 1997, 29（4）：221 - 238.

做出这些姿势以形成和维持某种特定的社会关系。个体的自我意识就是在日常互动中建构并得以展示，社会实在（social reality）也在互动仪式中得以建构。但是，个体的建构在其中几乎没有余地，是情境（situation）本身的强迫性驱使个体的行动遵从。❶

在此基础上兰德尔·柯林斯（Randall Collins）系统地建构了"互动仪式链"理论。他认为仪式是互动的原型（archetype of interactions），这些仪式将成员连接（bind）在一个网络（network）或者道德共同体（moral communities）中。互动的目标是产生团结。社会团结具有调节情感能量（emotion energy）的象征性功能，而这种情感能量能够产生成员身份（membership）以及群体结构（group structure）。❷ 在传统的仪式研究的基础之上，柯林斯定义了互动仪式的5个相互关联的成分：（1）人们的共同在场（situational copresence）；（2）相互关注焦点（interaction focus）；（3）社会团结（social solidarity）；（4）社会关系的符号象征（symbolism）；（5）情感能量（emotional energy）。❸

3 研究方法：质的研究方法

关于"质的研究"陈向明在《质的研究方法与社会科学研究》一书中给了一个初步的定义，她认为"质的研究是以研究者本人作为研究工具，在自然情境下采用多种资料收集方法对社会现象进行整体性探究，使用归纳法分析资料和形成理论，通过与研究对象互动对其行为和意义建构获得解释性理解的一种活动"。❹为了探究个体对于"友谊"的概念建构以及"友谊"关系在主体间动态的发展过

---

❶ Jennifer A. Johnson. The window of ritual: seeing the intentions and emotions of "doing" gender [J]. Gend. Issue, 2009, 26 (1): 65–84.

❷ Paget Henry. Randall Collins, Ideas and Ritual Solidarity [J]. Sociology Forum, 2001, 16 (1): 167–174.

❸ David Goss. Enterprise Ritual: A Theory of Enterpreneurial Emotion and Exchange [J]. British Journal of Management, 2008, 19: 120–137.

❹ 陈向明. 质的研究方法与社会科学研究 [M]. 北京：教育科学出版社，2010：12.

程，本研究选择了质的研究方法。在具体操作层面，包含以下几个部分：

3.1 研究对象的抽样

"抽样"指的是根据研究的需要对有关的人、时间、地点、事件、行为、意义等进行选择的行为。[1] 针对本研究的主要内容——"大学生的友谊"，我采用"目的性抽样"（purposeful sampling）的方法进行抽样。为了让样本能够最大限度地提供有"价值"的材料，本研究采用了典型个案抽样的策略，而这一抽样策略的目的是对典型个案做展示和说明而不是证实和推论。具体的抽样方式是方便抽样。在研究的初期阶段，我在我所就读的本科学校中选取了一位刚毕业的本科生作为典型的个案进行研究。考虑到"校园文化"的影响，在研究后期结合研究的需要，我尝试寻找来自不同地区或学校的大学生进行研究。由于现实因素的限制，最终我选取了从外校考入我所在学校的研究生，了解他们在各自的本科院校中交友的"故事"。最后本研究选取了6个个案，分别使用受访者1~6作为身份的编号。由于个体的交友过程是本研究的重点内容之一，所以我格外关注受访者与每一位"朋友"的交往。在访谈中，我发现就单个个体来说，大学四年会遇到不同的"朋友"，而受访者和每一位朋友的交往过程都是一组独立的个案。因此，以6位受访者为中心，本研究共有31组个案（具体情况见表3-1）。

3.2 资料的收集方法

本研究使用的收集资料的方法包括：访谈、观察和非正式的交谈、实物分析。

首先本研究的主要资料都是通过访谈得到的。在校园里的西餐厅我分别对个案进行了访谈，每次访谈时间都在一个半小时左右。但是，对于受访者6的访谈在其他情境下也进行过。我的访谈主要围绕3个核心问题：①他们对"友谊"的定义，②他们在大学期间和朋友的"故事"，③以及这些发生在他们之间的故事对于他们的意义。针对主要的问题，我预先设计了一份访谈提纲（见附录一）。

---

[1] 陈向明. 质的研究方法与社会科学研究 [M]. 北京：教育科学出版社，2010：103.

观察和非正式的交谈。在选题阶段，作为在大学校园中生活的个体，我开始观察校园中的自习室、图书馆、食堂中同学间的"小圈子"现象，即每个个体都有属于自己的朋友圈子。而事实上，在大学期间我也收获了自己的"友谊"，受访者6也是我所在的朋友圈子中的一员。因此在资料的收集中，一方面我作为研究者"客观"记录，另一方面我又作为朋友互动的参与者"体验"着"友谊"，所以在受访者6的资料中有一部分的细节是来自于日常的观察和非正式的交谈。

除此之外，在和受访者的互动过程中，我还收集到了一些受访者提供的与他们友谊相关的"实物"。比如受访者2给我提供的朋友送给她的一份特殊的"跨年礼物"，又比如受访者6给我提供的一些关于他和朋友互动的"微博""日记""照片"和"礼物"。这些实物资料的分析对于研究来说意义重大。首先，实物资料作为一个"线索"有利于受访者"故事"的呈现，弥补了访谈这种事后回忆的资料收集方式的不足。其次，实物资料作为一个"证据"验证了受访者"当下"的情感体验，有利于还原更为"真实"的"故事"。

表3-1　样本的基本情况

受访者	性别	本科就读地区	受访者的朋友（共31人）
受访者1	女	河北	"损女""纯妹""胖女孩儿""大姐""小女孩儿"（5人）
受访者2	女	山西	"小安""小石""小白""小敏""室友"（5人）
受访者3	男	山东	"同乡""宅男""官二代""伪学霸""同性恋""屌丝""班长"（7人）
受访者4	男	黑龙江	"老大哥""老二""老三""河北人""东北人""同乡"（6人）
受访者5	男	湖北	"鹏哥""华哥""老师""艾姐"（4人）
受访者6	男	北京	"成飞""文博""杨烁""苏研"（4人）

注：根据访谈的实际情况，受访者1、2、6的朋友的名字经过相应技术处理，而我继续使用受访者3、4、5描述朋友时使用的"绰号"。

3.3　资料的分析与理论的建构方式

结合研究目的的需要以及资料本身的特点选择合适的归类方式是对所收集的

资料进行归类的重要原则。❶ 首先我选择了类属分析的方法以静态的方式呈现受访者对于"友谊"的概念建构。类属分析中所运用的材料有三部分：第一，在访谈的初期阶段引出的两个问题，即"当我谈到'友谊'时你首先联想到的是什么？"和"你觉得用那些词汇来描述'友谊'比较合适？"针对性的回答以及他们对答案的解释有利于我对访谈材料的归类；第二，在访谈中，受访者在描述他们与朋友相处的"故事"时所用到的一些描述性词汇以及他们所透露的倾向性；第三，在访谈的最后阶段，每位受访者都被问到了"通过今天我们对大学时期朋友的回忆，你觉得你关于'友谊'的定义是什么？"通过受访者在回答这些问题时提到的一些"本土概念"，我尝试勾画出受访者们的"友谊"。考虑到类属分析对于本研究的局限性，即无法呈现受访者"友谊"发展的动态过程，在类属分析的基础上，我采用了情境分析的方法，寻找受访者"故事"的"线索"。在随后的分析阶段，通过情境分析的方法试图呈现一个完整的、坐落在一个真实情境中的"故事"。❷

杨善华等在《作为意义探寻的深度访谈》中提出了意义探究的具体路径是"三层次的文本分析"。❸ 因此，在资料分析和理论建构中，本研究是沿着"解释性交往行动主义"的思路，重视对个人经历的叙事、倾听与理解。对于解释性交往行动主义者来说，问题重重的活生生的经验是考察对象，这类经验涉及两个或两个以上的个体之间的符号交往行动，解释着必须将这类经验中的意义解释清楚。邓金认为这种解释性方法探寻的是存在主义意义上的"真实"，关注的是"心灵发现"，而"心灵发现"有四种类型：重大影响的、积累型的、启示性与微小的、事后醒悟型的。❹ 因此，在成文时我以受访者的个人经历作为"心灵发现"的呈现，同时结合"解释性"的策略对受访者的人生故事展开分析。

❶ 陈向明. 质的研究方法与社会科学研究 [M]. 北京：教育科学出版社，2010：289.
❷ 陈向明. 质的研究方法与社会科学研究 [M]. 北京：教育科学出版社，2010：292.
❸ 杨善华，孙飞宇. 作为意义探究的深度访谈 [M]. 谢立中. 日常生活中的现象学社会学分析，北京：社会科学文献出版社，2010：20.
❹ 诺曼·K. 邓金. 解释性交往行动主义 [M]. 周勇，译. 重庆：重庆大学出版社，2004：37-42.

4 友谊建构的路径分析

"陪你一起笑过的不一定是朋友，但陪你一起哭过的你一定忘不了（受访者1）。"这是受访者在总结什么是"友谊"时给出的定义。在过往的研究中，研究者们根据自己研究的需要和话语体系不断建构"友谊"的概念。

心理学和社会心理学领域的研究者突出友谊的"关系"属性，他们以人际互动为切入点，认为"友谊"是人际关系的一种。比如，在儿童问题研究中，国外研究者 Marion K. & Duane[1]，Wendy E. & Lynne[2]，Willard W. & Nan[3]，Nirit & Cory[4] 以及国内的扶跃辉[5]都将"友谊"视为友伴关系，认为友谊是指在儿童身心发展、社会化过程中具有重要意义的同伴互动关系。社会学领域内的研究者更多的是强调"友谊"的情感性，并且强调这种情感的社会属性。比如，罗朝明认为友谊并不只是社会交往的形式，更是主体借与世界发生联系、生产存在性意义和社会团结的机制。[6] 陈向明在对中国学生跨文化人际交往的研究中，认为中国留学生对"朋友"这一概念的定义十分严格，是不同于一般的"熟人"，他认为"朋友"是那些与自己志同道合、互相关心、情投意合，彼此可以倾吐心曲、在感情上可以互相依赖、有亲密关系的人。[7] 这一定义和其他定义的区别在于，这

[1] Marion K. Underwood, Duane Buhrmester. Friendship Features and Social Exclusion : An Observational Study Examining Gender andSocial Context [J]. Merrill-Palmer Quarterly, 2007, 53 (3): 412 – 438.

[2] Wendy E. Ellis, Lynne Zarbatany. Explaining Friendship Formation and Friendship Stability : The Role of Children's and Friends' Aggression and Victimization [J]. Merrill-Palmer Quarterly, 2007, 53 (1): 79 – 104.

[3] Willard W. Hartup, Nan Stevens. Friendships and Adaptation in the Life Course [J]. Psychological Bulletin, 1997, 121 (3): 255 – 370.

[4] Nirit Bauminger, Cory Shulman. The development and maintenance of friendship in high-functioning children with autism [J]. The National Autistic Society, 2003, 7 (1): 81 – 97.

[5] 扶跃辉. 友谊对儿童和青少年社会性发展的影响 [J]. 天津师范大学学报：基础教育版, 2006, 7 (3).

[6] 罗朝明. 友谊的可能性——一种自我认同与社会团结的机制 [J]. 社会, 2012 (32).

[7] 陈向明. 旅居者和"外国人"——留美中国学生跨文化人际交往研究 [M]. 北京：教育科学出版社, 2011: 186.

是一个扎根于受访者的本土化定义。而对于本研究来说，扎根于受访者的本土概念无疑是本研究的核心。然而，对于要探讨友谊的动态发展过程的本研究来说，陈向明的定义在操作化层面上不够清晰。受到"友谊"的"结构"研究的启发，我试图通过受访者对于"友谊"的描述去探寻受访者是如何建构"友谊"的概念。

在访谈中有两个直接的问题涉及受访者关于"友谊"概念的建构。在访谈开始阶段，就"友谊"的定义我的问题较为直接，我问道："提到'友谊'你会想到什么？在你心中哪些词可以用来描述你所认为的'友谊'？"在访谈接近结束的时候，聆听完受访者的交友"故事"，我要求受访者给"友谊"下一个定义。此外，整个访谈都是围绕着受访者与他们大学期间的"朋友"的互动进行的，所以每个部分都有机会去窥视他们关于"友谊"概念的建构。通过对访谈资料的类属分析，我发现受访者在建构"友谊"的定义时主要沿着两条路径："外部路径"，即将友谊关系与一般的人际关系相区别；"内部路径"，即对友谊内部要素的评价。沿着这两条路径，受访者关于友谊概念的建构有了清晰的结构：内部结构与外部结构。基于友谊概念的结构受访者形成了对友谊形态的划分。而友谊各个形态的动态变化过程也就构成了友谊的动态发展模式。

4.1 友谊概念建构的两条路径：外部路径与内部路径

在"友谊"研究的文献中，大量研究集中于建构一种平行化的结构模型，即将"友谊"所包含的内容要素进行系统地整合。而对于"友谊"概念的操作化而言，具有区分意义的纵向的结构模型意义更为重大。所谓纵向结构指的是能将"友谊"和其他人际关系相区别并且能够从内部将"友谊"进行区分的结构要素。这里我将扎根于受访者的资料，寻找他们关于"友谊"概念的建构。

在访谈中，每位受访者都给出了自己关于"友谊"的定义：

> 受访者1：陪你一起笑过的不一定是朋友，但陪你一起哭过的你一定忘不了。

> 受访者2：可以分享我心中的秘密，可以无底线的支持我。就算全世界

抛弃了你，我还会和你站在一起。我们一定睡过一张床，吃过一碗饭，互相信任，不能骗我，可以做我的伴娘，是一辈子的。

受访者3：脾气相投，互相关心，将心比心，有共同的志向。

受访者4：发自内心的感受，在你需要的时候给你帮助，充实你的生活，让你高兴，缺少他们的话生活就有不足，是我大学美好的记忆。

受访者5：更多的是一种感觉，一种很舒服的感觉。是一种精神上的鼓励和愉悦。不是一种刻意追求的，不是功利的。

受访者6：不同于一般的同学，更像一种"家人"的感觉。

受访者1和受访者6明确地将他们心中的友谊与一般的人际关系进行区分，在我看来这是受访者使用"外部路径"来建构"友谊"概念。"友谊"概念建构的外部路径在"友谊"纵向结构研究中也被研究者使用的较多。Gerhard等从人际网络发展的过程着手从亲密性和自愿性两个方面区分友谊关系和一般人际关系。[1]而Newcomb则是在"了解"和"喜爱"（knowing-liking）两个维度上进行区分。[2]对于受访者而言，在使用"外部路径"进行概念建构时采用了不同的标准。从受访者1的话语中可以看出，她认为友谊区别于一般人际关系的重点在于"共担痛苦"。受访者6将"友谊"关系和"同学"关系区分，认为"友谊"关系在情感上类似于"家人"，这可以从Gerhard等人的"亲密性"上进行理解。然而，受访者的区分标准还需要进一步分析。

受访者3和受访者4在建构"友谊"概念时更为直接地概括出他们所认为的"友谊"的特征，即采用"内部路径"进行概念的建构。其中受访者3提到"关心""脾气相投"和"共同志向"是"友谊"所包含的要素。受访者4认为"友谊"来源于"内心感受"，重视"友谊"带来的"帮助"和"愉悦"。与两位受访者类似，过往研究中也有研究者采用"内部路径"建构"友谊"的特征。这里

---

[1] GERHARD G. VAN DE BUNT. Friendship Networks Through Time: An Actor-Oriented Dynamic Statistical Network Model [J]. Computational & Mathematical Organization Theory, 1999, 5 (2): 167 – 192.

[2] Andrew F. Newcomb, Catherine L. Bagwell. Children's Friendship Relations: Ameta-analytic Review [J]. Psychological Bulletin, 1995, 117 (2): 306 – 347.

我们可以发现，通过"内部路径"受访者建构的"友谊"概念与德弗里斯概括的"友谊"的三个方面：情感的、共享的或共同的、以及社交的因素基本一致。受访者 4 的"内心感受"属于"友谊"的情感因素，受访者 3 的"脾气相投""共同志向"属于"友谊"的"共享的或共同的要素"，而受访者 3 的"关心"和受访者 4 的"帮助""愉悦"则属于"友谊"的"社交的因素"。

受访者 2 和受访者 5 同时采用了"内部路径"和"外部路径"来对友谊进行定义。受访者 5 首先采用"内部路径"提出友谊的"精神力量"，之后又使用了"外部路径"认为友谊是非功利的，他还补充到"之前我觉得朋友很多，但是现在发现那些可能不是朋友，以前可能更多是功利性的考虑。"可见，受访者 5 认为"非功利性"是友谊和一般人际关系区分的标志。受访者 2 倾向于从友谊的"共享"和"支持"来解释友谊关系不会像其他关系那样"抛弃彼此"。

通过受访者对"友谊"的界定，我发现受访者们在建构"友谊"概念时采用的"内部路径"和"外部路径"（见图 4－1）。在初步的分析中受访者在不同的路径上界定友谊时所指出的"要素"有了粗略的呈现，并且与过往的研究有重合之处。但是，我希望通过进一步的分析，能够更加明确受访者具体在哪些维度上进行"友谊"的建构。

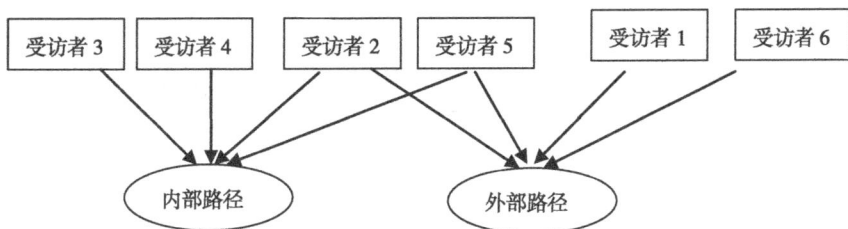

图 4－1　受访者"友谊"概念建构的路径

4.2　友谊建构路径的静态分析：结构、形态与发展模式

沿着受访者建构友谊概念的"内部路径"和"外部路径"，结合受访者在访谈中对友谊以及友谊交往过程的描述，我发现受访者所认为的友谊具有清晰的"内部结构"与"外部结构"。外部结构，即受访者在哪些具体维度上将友谊与其

他人际关系进行区分，而内部结构则是指受访者认为友谊在哪些要素上变化。基于对友谊内、外部结构的清晰呈现，友谊所具备的基本形态也就显而易见了。基于友谊基本形态之间的变化，我将对友谊发展存在的模式进行分析。

4.2.1　友谊的内部结构与外部结构

4.2.1.1　"朋友"与"同学"：友谊的外部结构

访谈中在受访者被要求用几个词来描述他们内心的"友谊"时，受访者 1 首先提到"有些人见面，都称为'朋友'，其实那不是'朋友'。"她用"真诚"和"尊重"来描述友谊。通过受访者关于友谊的描述词汇（具体见表 4 - 1），我们能进一步看到他们认为的区别于一般同学关系的友谊所具备的要素。结合受访者对于这些描述词汇的具体解释，我发现受访者在三个维度上建构了友谊的外部结构，即受访者具体在三个维度上区别"同学"与"朋友"：

表 4 - 1　受访者描述"友谊"的词汇

受访者	描述"友谊"的词汇
受访者 1	真诚，尊重
受访者 2	真诚，坚定，可靠，担心，力量
受访者 3	义气，志同道合，损友，室友
受访者 4	信任，互助，理解，坦诚相对
受访者 5	理解，信任，互相帮助
受访者 6	关心，共同的爱好，同甘共苦

1. 情感性—工具性

受访者 1 和受访者 2 都首先提到了"真诚"。受访者 1 关于"真诚"的解释是"朋友之间是将心比心，不是刻意地对对方好，不是做作的"。受访者 2 的解释是"不能带着心眼儿，我们之间要有信任"。受访者 4 提到了"互助"，他解释为"遇到事的时候，是真诚去帮助你，真心的，雪中送炭，帮助你也不图什么"。在我看来，受访者在对友谊进行界定时首先是在"情感性—工具性"维度上进行区分的。所谓"真诚"在他们看来是"不做作""不带心眼""不图什么"。从这一角度来看，他们认为有一些人际关系是具有"目的性"和"做作的"，即存在工具性的一面，而友谊的目的就是友谊本身，即突出友谊具有的情感性。这一点也能够从访谈开始时，受访者的表现得到印证。访谈开始，当我问受访者提到友谊的时候会想到什么，受访者1说："友谊啊，聊深了可能就得哭了"。受访者2想到的是："想到她（朋友），想到和她一起做的事，她带来的感动"。同样，受访者4也提到了"印象比较深的事，比较感动的"。因此，友谊所具有的"情感性"的一面是大家所重视的。并且这种"情感性"而非"工具性"的特质在受访者5对于"信任"的解释中也能够得到印证，他说："朋友要信任对方，不会因为眼前的利益而去伤害对方。""情感"的而非"工具"的这是受访者提出的友谊的重要标志，这比Gerhard等人使用"更加亲近"来进行关系区分更加明确和可辨识。

2. 自愿性—强制性

受访者3首先提到了"义气"，他解释为："遇到什么事，不用你说，就会站出来帮你"。受访者1将"尊重"解释为"不论你做什么选择我都尊重，不干涉你的选择"。受访者4也首先提到了"信任"并且解释为"相信对方是发自内心，是哥们儿情谊"。受访者6在解释"关心"时认为这种关心是"自然而然的"。从受访者的描述中我发现了他们关于友谊界定的第二个维度：自愿性—强迫性。"不用说""不干涉""发自内心"说明受访者在界定友谊时认为友谊关系是一种主动的、自愿的关系，没有外在的规定性或者强迫性。受访者5在解释"互相帮助"时也突出了"自愿性"，他认为"这种帮助是一种乐意的，是主动提供的，如果是要求来的帮助，就没有朋友那种感觉了。"因此，"自愿性"是友谊的另一要素。而关于友谊的非强制性特点，受访者2表示出"担心"，她认为"害怕友谊会破裂。（友谊）和亲人不一样，担心摩擦处理不好。和家人相比，朋友关系容易变化。"

3. 揭露性—封闭性

受访者4提到了"理解"和"坦诚相对"，并且他认为"理解"是"根据对我性格的了解，对我做出的决定表示理解"，而"坦诚相对"则是指"常交交心，谈心。可以超越对父母说的，有些话不能对父母说，可以和'兄弟'说。这里我们看到了受访者对于友谊关系"揭露性—封闭性"的界定。他认为朋友能够彼此"了解""交心"，即友谊关系的揭露性。"有些话不能和父母说，可以和（兄弟）说"则体现了友谊关系对外的封闭性。友谊关系在"揭露性—封闭性"维度上的区分通过受访者2在对她的一位朋友的描述中有很好的体现，她说："我知道她的一些事情，但是别人是不知道的。比如说她和别人闹矛盾，可能别人只知道他们吵架了，但是我知道他们为什么吵。""揭露性"即一种积极的情感表达，Newcomb等人在友谊的"宽—窄类型"（broadband-narrowband categories）中的"积极参与"维度强调了友谊关系需要积极的情感表达，并且他们在关系特征上应包括相互的情感联系和依恋、亲近性（自我暴露的程度）。❶

综上所述，受访者通过"外部路径"建构了友谊的"外部结构"，即在"情感性—工具性"、"自愿性—强制性"以及"揭露性—封闭性"三个维度上区分"朋友"与"同学"（见图4-2）。受访者认为"友谊"关系是一种情感性而非工具性为主导的关系，是基于自愿性而非强制性建立的，具有内部揭露性高外部封闭性强的特点。

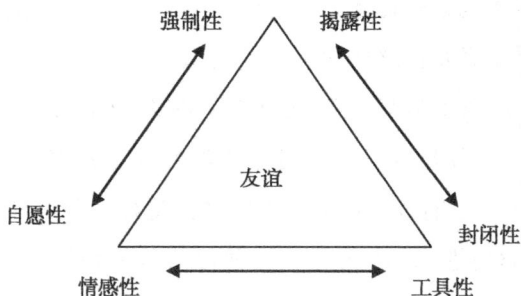

图4-2　友谊的外部结构

4.2.1.2　"关系不一样"：友谊的内部结构

在和受访者讨论友谊时，受访者们不只一次提出朋友间也存在"关系不一样"。受访者4直接提出"关系从深到浅，朋友也有不同的类型"。于是，我在访谈中就让受访者逐个描述他们的朋友，并且让他们依据关系的程度进行排序。通

---

❶　Andrew F. Newcomb, Catherine L. Bagwell. Children's Friendship Relations：Ameta-analytic Review ［J］. Psychological Bulletin，117（2）：306-347.

过他们对于朋友的描述以及对排序的归因，我试图理清他们在友谊概念建构中的"内部路径"，探索友谊评价的内部结构。

1. 友谊同质性选择深度的变化

> 说"我们"而不说"我"，让人有一种愉快的感觉，因为任何一个能够说"我们"的人，都会感到自己身后有一种支柱，即一股他能够依靠的力量，一股比孤立的个体所能依靠的力量要强大得多的力量。——迪尔凯姆 [1961（1925）] ❶

露丝·A. 华莱士、雪莉·F. 哈特利在分析友谊的宗教因素时转引了索罗金的观点，他们认为在某种真正的友谊关系中，朋友之间有一种自发的内在统一性，即"一种完全把自身融合到一个单一的'我们'这个整体"。❷ 当然，他们已经指出他们所得出的结论是基于最为亲密的朋友的研究而得来的。但是，这样的结论还是推动我思考："我们"作为对双方关系的认同选择是否是友谊关系的"同质性选择"的表现？受访者的友谊在"同质性选择"这一维度上是否有变化？

事实上，"我们"是受访者提到频次最高的词汇，在描述朋友时，受访者们总是从"我们"开始。像这样的描述"我们一起上课、吃饭、逛街、洗澡，所有的事情我们都是一起做的（受访者1）"几乎出现在了每一个受访者的语言中。然而，在不同的情境下，受访者描述的"我们"实质范围是有差异的。在分析受访者关于友谊概念建构的两条路径时，我发现受访者通过强调"自愿性"将友谊关系与其他关系进行区分。在"友谊"的互动—发展范式研究中"同质性选择"是探讨友谊动态发展的一个重要理论取向，并且"同质性选择"具有深浅层次的区别。基于受访者在描述友谊时对"我们"的不同界定，我试图分析在受访者那

---

❶ 迪尔凯姆. 道德教育//露丝·A. 华莱士、雪莉·F. 哈特利. 友谊的宗教因素：以经验为基础的迪尔凯姆理论 [M] //杰弗里·亚历山大. 迪尔凯姆社会学. 戴聪腾，译. 沈阳：辽宁教育出版社，2001：131.

❷ 露丝·A. 华莱士，雪莉·F. 哈特利. 友谊的宗教因素：以经验为基础的迪尔凯姆理论 [M] //杰弗里·亚历山大. 迪尔凯姆社会学. 戴聪腾，译. 沈阳：辽宁教育出版社，2001：136 – 137.

里友谊的"同质性选择"所包含的具体要素以及这些要素存在的具体维度。

（1）浅层同质性：泛化的"我们"

受访者1所提到的她的4个"朋友"就是她大学期间的"室友"。受访者3在描述友谊时说道："对于我来说，朋友就是大学的室友"。在受访者4的7个室友中有三个被他归类为"朋友"。可见在受访者那里"室友"很有可能成为朋友。受访者2给出了这样的解释："吃住在一起，她们会了解你的生活习性和你周围的人"。

除了"室友"外，受访者们在描述不同类型的朋友时，"老乡"也是经常被提到。受访者3在描述和他的朋友第一次认识时说："我和他也算是老乡。开学自我介绍的时候，知道我们俩的祖籍一样，就觉得挺高兴的。"受访者4有两个朋友都是他的"老乡"，他说："老乡，经常一块儿回家。走的那么远，有一种天然的关系，就是老乡嘛，进一步增进了感情"。

"共同的朋友"也是受访者在朋友归类中提到的高频词汇。受访者3在将"同性恋"归入朋友时是这样描述的："因为他和我的女朋友关系很好，姐弟相称吧，所以我们关系就熟了"。受访者4也因为其朋友圈中的核心人物"老大"而结识了朋友，他是这样解释的："老大他们寝的，刚开始和老大熟，他和老大比较好，就介绍过来，慢慢大家觉得性格比较好。"

结合受访者提到的上述三个关键词："室友""老乡"和"共同的朋友"，我发现受访者在朋友的选择时首先表现为"同质性"的倾向。David等人在使用"同质性"的概念时首先注意到了社会互动中的同质性根源于社会结构的特征，社会结构使得相似的个体能够拥有更多机会发展关系。对于受访者来说"室友"和"老乡"是大学环境中的两个结构性因素，而"共同的朋友"则会是在结构性要素互动中产生的新的结构相似性。而这三种"我们"在我看来受访者在关系的选择上具有更少的主动性。并且这样的关系更为泛化，即同为"室友"和"老乡"，有着"共同的朋友"的人有很多。因此，这里我认为这样的"同质性选择"所体现的是一种"泛化"的身份界限。然而，正如受访者4提到的"慢慢大家觉得性格比较好"，受访者在朋友归类后期更多地是关注到更为深层次的"同质性"。

（2）深层同质性：聚焦的"我们"

受访者 3 在分析宿舍成员时提到"除了'屌丝'，我们都是 NBA 球迷和 DOTA 的战友"。对于"战友"的身份，他有着这样解释：

> 我们一起是 DOTA 的战友，这是我们的沟通方式。（这个游戏）需要合作，是一个合作性非常强的游戏。比如，我需要掩护，他们就会无私地跑过来帮我。只要攻下对方的基地，我们就赢了。（受访者 3）

随着互动的深入，受访者们描述的"我们"发生了变化，在我看来受访者们在身份界限的划分上更加"聚焦"了，即从泛化的关系中逐渐找到了与自己更为相似的人，而这种相似性较之泛化的身份显得更为深刻和内隐。

首先是"共同的兴趣和习惯"。受访者 3 十分重视朋友之间共同的兴趣，他将友谊关系的进一步发展归因于"我们喜欢武侠小说，金庸、古龙。聊聊小说，历史的东西，对历史都感兴趣。男生几乎没有几个不喜欢历史的。"而对较为普通的室友的描述是："我们没什么共同话题，看球他也不看，打游戏他也不会，找女朋友出去玩，他也不热衷。和他互动比较少。"受访者 5 对于其他一般室友的描述则是："他们喜欢打游戏，我不打，还有一个专注于看自己的电子书，没法交流。"可见，"共同的兴趣和习惯"在受访者看来是友谊发展变化的媒介。

受访者 2 在描述她的朋友时三次提到"年龄"这个看来是表面性的结构同质性，但是，通过受访者的话语分析，隐藏在"年龄"背后的是她对于一些更为深层次的性格特征和人生阅历的同质性的理解。在解释她的好朋友中有两个是比她低一年级的同学时，她说："可能我的心里年龄比较小"，并且在解释和室友没能成为朋友时她认为"我们宿舍比较多的是 88 年和 89 年的，她们很多都有男朋友，可能和我交流的就比较少"。而在描述其中一位好朋友的时候，她更是直接提到了性格特征，她说："我们俩很相似，我们两生日很近，她 16 号，我 17 号，星座一样，我们都是狮子座，性格像。"此外，受访者 2 还提到了"人格魅力"，在回答由友谊所联想到的东西这个问题时，她提到"想到身边的关系好的，你想要和她处的，关系好的，但是别人不理你。有些女生人格魅力很大，但是别人不理你。"

除了个性特征的同质性外，其他受访者还提到了"人生轨迹"方面的同质性。正如受访者2在描述"年龄"背后的"他们都有男友"这样的人生轨迹差别一样，受访者1也将"是否有男女朋友"作为友谊变化的一个因素。她提到"在她没有男朋友的时候，我们天天黏在一起，有了男朋友后，黏男朋友就行了，和我们就比较少了"。而"人生轨迹"的同质性还体现在当下所处的状况以及对未来的定位上。受访者5在解释他和一位老师成为朋友的过程中十分强调他们俩当时共同的状态，他说："我觉得有个特殊的原因，他研究生刚毕业，在我们那当辅导员，他是在法学院第一届负责团学工作，我也作为法学院第一届学生进去工作，两个人都是第一次集合。"而受访者3则将他和其中一个好友关系的形成归因于"我们两家对我们的要求比较相近，都是考公务员。"因此对未来的定位也是受访者在友谊同质性因素中所考虑的。这也能在每位受访者存在的共同状态得以印证，即他们的好友中都有一起准备考研的"研友"。

最后，受访者关于"价值倾向"的描述也说明了他们将价值倾向的同质性看作是友谊内部评价的重要因素。受访者1在解释其中一位好友退出朋友圈子的原因时是这样描述的：

> 她交这个男朋友的时候，同时还有另一个男友。我们都觉得这种行为不能忍。我们私下都不喜欢，不喜欢她这个人，也不喜欢这种行为。从她开始交这个男朋友开始，我们的关系发生了变化。比如，我们的话题在她进门前后是不一样的。

受访者1对朋友的行为做了价值倾向上的判断，并将之作为友谊变化的原因进行解释。同样的受访者3在解释他们宿舍的矛盾时也提到了类似的原因："他比较喜欢夸他考上的那所学校如何如何，但是我们宿舍还有三个没考上研究生的，在这种情况下，说这些有点不合适。对这点比较厌烦。"

从关系选择的积极性程度上看，受访者根据"性格""兴趣"和"习惯"更为主动和积极地进行"同质性选择"。David 等人认为"同质性"的更为深层次的表现那些引起对与自己相似的朋友喜爱的因素。❶ 因此，这里我将受访者们进一步的同质性选择看作深层的同质性选择。

综上所述，受访者在评价友谊内部要素时十分重视"室友""老乡""共同的朋友""共同的兴趣和习惯""性格特征""人生轨迹"和"价值倾向"这些从深至浅的"同质性"。（具体见图4-3）

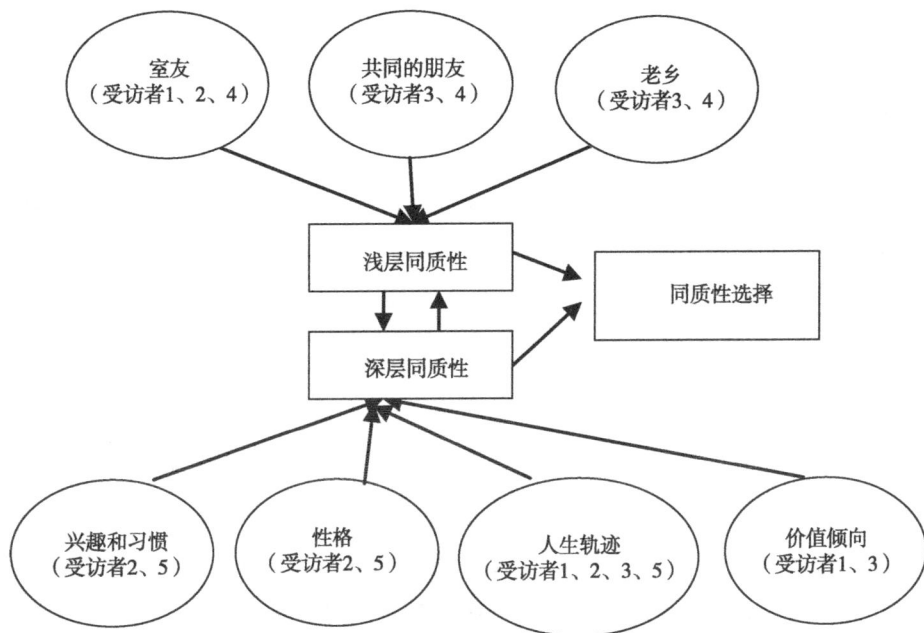

图4-3　受访者评价友谊的内部要素：同质性选择

2. 友谊情感交换程度的差异

在交换理论中，互动是一种给予和获得有价值的资源的过程。在此基础上，爱德华·J. 劳勒提出了情感的社会交换理论。以"合作"和"互惠"程度为核心，劳勒将交换关系划分为三种类型：生成的、直接的（包括协商的和互惠的交

---

❶ David R. Schaefer, Olga Kornienko, Andrew M. Fox. Misery Does Not Love Company: Network Selection Mechanisms and Depression Homophily [J]. American Sociology Review, 2011, 76 (5): 764-785.

换）和非直接的（包括所有的普及交换）。❶David等人认为有效的情感交换需要建立在信任的网络上，并且能够共享象征性信息（symbolic knowledge），因此他们将情感交换至于"互动仪式"的框架中将情感交换的过程更为清晰的呈现。❷对于友谊互动，这种在受访者看来是以"情感性"为主导的互动则更应该关注互动的情感属性，并以此来区分不同的交换类型。在"友谊"的互动—发展范式研究中，研究者以"自我暴露"程度作为情感交换的依据。结合受访者的描述，这里我认为受访者所描述的情感交换的类型划分可以围绕情感的共享性程度和个体"自我暴露"程度进行划分。

（1）低情感交换：暂时性的情绪欢腾

受访者2在描述某些室友时提到"我们（的关系）真的是很寡，真的是寡的淡如水了，你不太可能走进别人的心里。"可见她将能否"走进心里"作为了影响关系的重要因素。而怎样才算"走进心里"呢？

首先应该是"玩乐"。受访者2在回忆她和朋友关系变化的关键时提到："我们有一次看校歌赛，我们抢糖吃摔倒在地上，让她觉得我们没有什么隔阂。"受访者3也提到了类似的因素"我们一起看NBA，他是马刺的球迷，我是凯尔特人的。骂骂咧咧地看球。赌球，谁赢了请吃饭。"事实上，在"看球"中的玩乐同样也发生在受访者4身上，他说："我们都喜欢篮球，NBA。有支持的明星，看着有激情。偶像进了一个球，大家都会欢呼。我们也基本上天天打，后来还有自己统一定做的队服"。男生之间的"玩乐"除了NBA外还有DOTA（网络游戏），受访者3和受访者4都提到了和自己的朋友也是游戏中的"战友"。此外，受访者4还提到了他们通宵玩"山东勾机"的"激情"。可见，各种形式的"玩乐"都可以是消除隔阂的最为直接的情感交换。

受访者5在描述友谊时提到了"互相帮忙"并且认为这种帮忙是"自然"和"主动"的。在受访者的情感变化中都提到了朋友间的"帮助"，但是这种帮助从

---

❶ 乔纳森·特纳，简·斯戴兹. 情感社会学 [M]. 孙俊才，文军，译. 上海：上海人民出版社，2007：147.

❷ David R. Schaefer, Olga Kornienko, Andrew M. Fox. Misery Does Not Love Company: Network Selection Mechanisms and Depression Homophily [J]. American Sociology Review, 2011, 76 (5): 764 – 785.

生活琐事到精神支撑并不相同。受访者 1 提到"她帮我做了很多小事，经常帮我带饭"，而她对于另一位朋友的描述是"外表冷，但是内心特别愿意帮助人"。受访者 3 认为他们班班长上课点名时的"帮忙"让他觉得班长人很好。更为重要的是，受访者们更多提到了"无形的帮助"，即更多的是一种"精神支撑"。受访者 1 在对两个朋友紧密程度排序后的解释是"当我遇到问题的时候，她给我更多的是分析，让我知道该怎么做"。受访者 2 在她的朋友面临竞选压力的时候给予的帮助是"我告诉他把下面的人当作大白菜"，而她也从另一位朋友那里获得过"帮助"，她说"我有什么委屈都和她说，她会理解我"。相对于生活琐事，精神帮助对于受访者来说更为重视，这可以通过受访者 3 对"帮朋友出头"行为的解释中理解，他说"我们出去帮忙打架，并不是赢和输的问题，是去还是不去的问题。你如果不去，就说明你不讲义气，哥们儿出事了，你不帮忙！"可见，朋友间的"帮助"所带来的是一种情感的深化。

（2）高情感交换：私人情感的介入

情感交换从低程度向高程度的深化在受访者那里有一个重要标志，即"是否介入私人领域"。对于这一点，受访者 5 有着直接的描述：

> 真正感觉我们俩是"朋友"是大三他结婚的时候。因为他结婚，办喜事，买东西都带着我，去买家具，逛超市。一个普通学生很难进入老师的私人领域，至少我对他的私人生活有一点点的介入。（受访者 5）

同样的，在描述和"艾姐"成为好朋友过程中，受访者 5 还提到：

> 我觉得一般的人，（除了工作上的关系）不会有私人的接触，像费老讲的"差序格局"一样，界限是很明确的。（但是，）那天我们在她家吃饭、打牌、住了一晚上。（受访者 5）

受访者们在描述自己的好友时，对于彼此的私人生活都有着不同程度的介入。受访者 2 说："我们在图书馆坐对桌，每天我们会买一个柚子吃，买柚子的同时，我们会聊复习时遇到的困难，顺便谈谈她的感情问题，聊聊她的浪漫史。"并且，在后期受访者 2 还成为了朋友的"红娘"。关于私人感情问题，其他受访者都有相似体验。受访者 3 说"我鼓励他追女生，结果成功了，可能因为这点我们关系比较好"。除了"私人感情"这样的私人领域外，每一位受访者都提到了大家对于彼此的家庭状况比较了解。

私人情感的介入最为典型的表现就是友谊双方的"共情"。这种"共情"主要表现为受访者们所强调他们和朋友间的"默契"。受访者 1 说"即使她不说，我都能够理解"。受访者 2 在解释"可靠"时说"当你一个人的时候，当你感觉悲催的时候，不管在哪，不管和她说什么，她都会懂你"。受访者 4 用"心照不宣"来描述这种"共情"状态。其中，受访者 2 有一段描述朋友的话能够很好地说明友谊双方在情感上的"共情"：

> 我刚来的时候，压力很大，他说了好多，让我感觉很舒服。我感觉"他像另一个你在说服你自己一样"。可能我有两面，一个说你不行，可能还有另一个说其实你可以，但是你不相信你自己可以。而他就是我的另一面。（受访者 4）

受访者 5 在和他的老师交流中也有类似的情绪体验：

> 大三暑假准备开始考研，偶尔去办公室坐坐，像串门一样，聊会儿天。之前对考研的学校不是很了解，自己的学校比较差，来北京在当时看来比较难。那我是考还是不考？我的人生经不起折腾，但是自己又有点梦想，所以自己有一点困惑。在他那能够得到一些指引，不单只是他给我说的一些激励的话，他之前的路也是不平坦的，这种活生生的例子给我是一个激励。（受访者 5）

受访者 1、受访者 2 和受访者 4 所体验到友谊双方的"默契"可以说是"共情"的一种形式，而受访者 5 从老师那里获得的情感体验是"共情"的另一种形式，即老师用自己的生命历程作为"共情"的一种方式。

威廉姆·温特沃斯（William Wentworth）和特纳都认为情感从原始人类开始就作为交流的媒介。因为，第一，情感具有潜在的生物基础，能够非常迅速地使动物警觉和定向行动。第二，情感表达能够唤醒他人同样的或相对应的情绪反应，这将促进社会关系。❶ 在不同的友谊互动中情感交换要素也有差异："玩乐"，情绪唤醒最为直接，但是较为短暂，自我揭露性程度低；各种形式的"帮助"尽管有着较高的情感交换程度，但是仍旧没有跨越"私人"领地，也属于低程度的情感交换；私人情感的介入标志着情感的自我揭露程度较高，并且有可能表现为友谊双方的"共情"。因此，情感交换程度的高低构成了友谊内部结构的另一维度（见图 4 - 4）。但是，值得注意的是受访者建构的"情感交换"同时强调了作为个体的"自我暴露"和作为集体的"相互介入与共享"，这似乎与伯格对"自我暴露"的跨文化分析有所差异。或许，在当下中国的文化融合环境中，当代大学生在情感交换的层面已经融合了个体主义和集体主义文化的要素，这也恰恰说明了在当下时空中，探讨大学生友谊建构的意义。

结合受访者通过"内部路径"在"同质性选择"与"情感交换"两个维度上建构友谊内部的变化，我认为"同质性选择"与"情感交换程度"这两个维度构成了友谊的内部结构，并且两个维度在不同水平上的结合形成了友谊的不同的形态（见图 4 - 5）。至于友谊的不同形态，在下面的章节我将详细讨论。

4.2.2 友谊的基本形态

过往的研究对于友谊内部纵向结构探讨的较少，因此关于友谊的基本形态的分析也基本没有。基于受访者对友谊建构的"内部路径"的分析以及受访者在友谊互动过程中对友谊关系的情感体验，我试图以受访者为中心分析友谊的基本形态。

4.2.2.1 "玩伴"：低暴露—浅同质的友谊形态

每一位受访者在描述朋友时，首先都提到了类似受访者 4 描述的"大家在一

---

❶ 乔纳森·特纳. 人类情感——社会学的理论 [M]. 孙俊才，文军，译. 北京：东方出版社，2009：25.

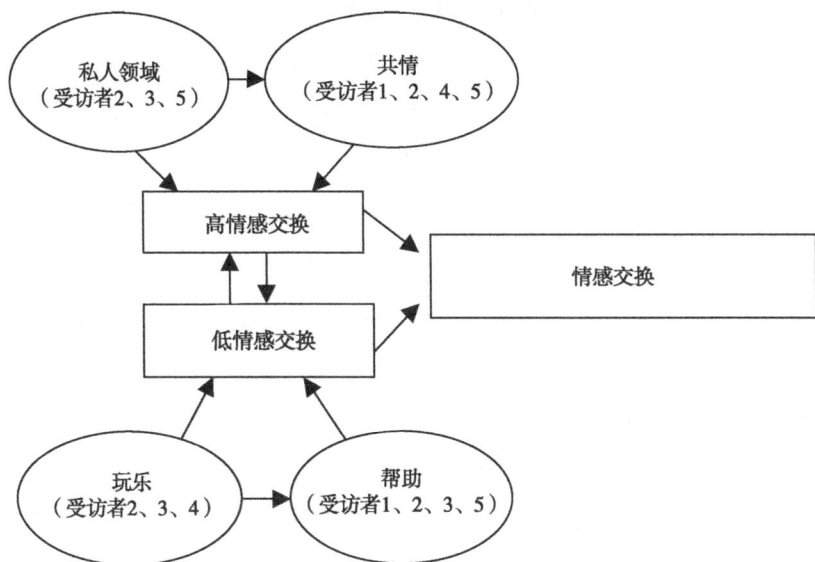

图 4 - 4　受访者评价友谊的内部要素：情感交换

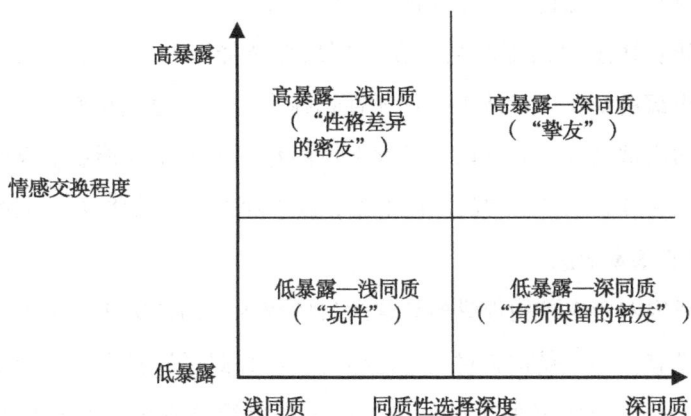

图 4 - 5　友谊的内部结构与形态

块儿玩，就熟悉了"。在受访者看来，"有趣""好玩"的人都比较容易成为朋友。但是受访者 1 也认为："有些人，现在对他的回忆好像也只有吃吃喝喝了。"因此，我认为友谊的第一种形态是受访者们提到的这种"玩伴"。首先，围绕受访者对友谊的定义，"玩伴"肯定是一种以情感性为主导的关系，尽管情感有差异；其次，"玩伴"关系也是基于自愿性建立的；并且，"玩伴"也形成了一个"圈子"将一部人排除之外，尽管这样的"圈子"显得稍大，内部揭露性程度较低。正如受访者6提到的：

> "大一到大三，我们圈子里的人很多，我们经常唱K、吃饭。虽然人很多，玩的很开心，但是好像和每个人的关系都差不多，没有更亲密的。"

对于这种"玩伴"，受访者3这样描述他的一位朋友：

> "他很好玩，和我女朋友的关系很好，所以我们就熟了。我喜欢逗他，他的举止比较女性化，我就拿这个当乐子逗他。他也比较小孩儿，没什么主见，也就是跟着我们混混。"

"玩伴"是从一般同学进入友谊关系的第一种形态，即同质性选择处于较为浅的层次，基本表现为"室友""老乡""共同的朋友"，而情感交换也处于低级水平。正如受访者所描述的，这样的"玩伴"关系有着更为泛化的身份，而受访者能存留下的情感体验也就只有"玩乐"这种暂时性的情绪欢腾。

4.2.2.2 "有所保留的密友"：低暴露—深同质的友谊形态

在受访者那里，友谊不仅仅只是"玩伴"，受访者能够感受到更为紧密的友谊关系。受访者1提到了"闺蜜"，受访者4和受访者6都提到了成为女性朋友的"男闺蜜"。在"同质性选择"维度上受访者认为和这类朋友的关系并不只是泛化的关系，大部分已经超越了表面的相似性，即同质性选择不仅仅停留在"室友""老乡"和"共同的朋友"这些结构同质性层面，更多地是出于内在人际吸引的相似性而建立的关系，但是在情感交换维度上受访者仍有保留。受访者1认为"胖女孩儿"是她的"闺蜜"，但同时又提到"我们有些秘密不会告诉她，因为她嘴比较大吧"。考虑到某部分个性特征的原因，受访者1对"胖女孩儿"有所"保留"。受访者3提到"宅男"是他DOTA时的"并肩战友"，并且他们的兴趣也十分相似，但是他们的话题仅限于"武侠小说和历史"，对于"私人情感"

的方面则很少触及。受访者 4 提到"河北人"是他的"密友"，因为"他比较善良，我会向他看齐，他是我的榜样，我们彼此都是有一份尊重。"因此，友谊的第二种形态是"有所保留的密友"——低暴露—深同质的友谊形态，即在同质性选择上达到了较深层次而情感交换维度显得较为低级。

4.2.2.3 "性格差异的密友"：高暴露—浅同质的友谊形态

在受访者那里，有一部分朋友和受访者尽管在诸如个性、人生轨迹等深层同质性选择上没有发展，但是仍旧被受访者称为"密友"。在受访者看来，这种"密友"的情感体验源于友谊双方在情感交换维度上达到了较高层次。受访者 1 提到的"大姐"因为"岁数比较大"所以在交往中显得有些"隔阂"。但是恰恰因为"岁数比较大"在遇到问题的时候，"大姐"总会要帮助解决，两人的沟通也就多了。而受访者 2 和"小白"在交往中已经有了很深的关系，但是两人在对"友谊"的看法上的差异使得两人在"同质性选择"上往复，进而使得受访者 2 认为他们的关系仍不及更高层次的友谊形态。

总的来说，受访者所体验到的"密友"较之"玩伴"或是在"同质性选择"或是在"情感交换"上都处于更高的水平。然而，这种层次的友谊形态并未被受访者认为是友谊的最高形态。

4.2.2.4 "挚友"：高暴露—深同质的友谊形态

在访谈中受访者 6 给我讲了一首歌名为《挚友》的歌词，歌词内容如下：

> 从工作恋爱好的坏的讲到了天光，也许到天跌下来都是你做我倚傍；从一起欣赏京皮乐队讲到了萧邦，到呕吐大醉之后你亦在我旁；曾在那间居酒屋几次谈起琐碎往事；分享欢乐，分担失落，昼夜从未介意；还连夜诉苦不知几多次，而你来听听我故事；并说下次定会做我军师；和时代抗争，即使天有多么厚，拼命去一起奋斗；比珠宝珍贵面前知己似是我两手，仍能活到底，即使一切不足够；你做我身边战友，几多好景致共同守望去漫游。

受访者 6 认为歌词很好地描述了他和"文博""杨烁"的情感，他认为这就是"挚友"。根据受访者们在访谈中对于朋友亲密关系的排序及其解释，受访者们都提到了他们认为"最为重要的朋友"。受访者 1 将朋友中的"损女"和"纯妹"划为"最重要的朋友",她解释到"和她们俩什么都可以分享,他们也能给我安慰或帮助"。受访者 2 提到的"小安""小石"和"小敏"是"关系最亲的"。受访者 3 认为"最好的朋友"是"同乡"和"官二代"。受访者 4 认为"老大哥"是他们朋友的"中心"起"领导"的作用,"老乡"和"三哥"是他们"圈子"里最为"核心的成员"。受访者 5 说在大学里可以称的上"朋友"的人中"老师""艾姐"和"鹏哥"最为重要,他解释到:"他们相当于人生的导师。"

受访者们所认为的"挚友"是友谊的第四种形态,也是最为高级的形态。友谊关系在情感交换和同质性选择两个维度上都达到了最高水平。

6 位受访者们通过"内部路径"沿着"情感交换"与"同质性选择"两个维度的变化来描述友谊关系的内部变化,因此 31 组个案呈现出友谊的四种基本形态(见图 4 - 6)。根据亲密关系排列时,受访者认为友谊存在三种层次:"玩伴""密友"和"挚友"。在受访者那里,同质性选择和情感交换都处于较低水平的朋友成为"玩伴";"密友"或是表现为有较高的情感交换程度或是表现为有较深的同质性选择深度;而只有在两个维度上都达到了受访者认为较高水平的朋友关系才会被认为是"挚友"。

4.2.3　友谊的发展模式

通过对访谈资料的类属分析,我发现 6 位受访者通过"内部路径"和"外部路径"建构了友谊概念的"内部结构"与"外部结构"。得益于友谊的"内部结构",受访者认为的友谊存在的基本形态得以清晰呈现。以每一位受访者为中心,从他们的交友过程中不难发现友谊关系并不是一成不变的。受访者们认为友谊关系在"情感交换"与"同质性选择"两个维度上发展变化。但是,并非所有的友谊关系都是沿着这两个维度逐步上升,即并非所有的友谊关系都能达到"挚友"的理想状态。因此,这里我想进一步探讨友谊关系发展的模式。

虽然,在资料收集阶段本研究只选取了 6 位受访者,然而,对于探讨友谊不同的发展模式来说,每位受访者所描述的与每一位朋友的交往经历都构成了一个完整的个案。因此,本节内容所依托的个案资料实际上是 31 组个案(具体见

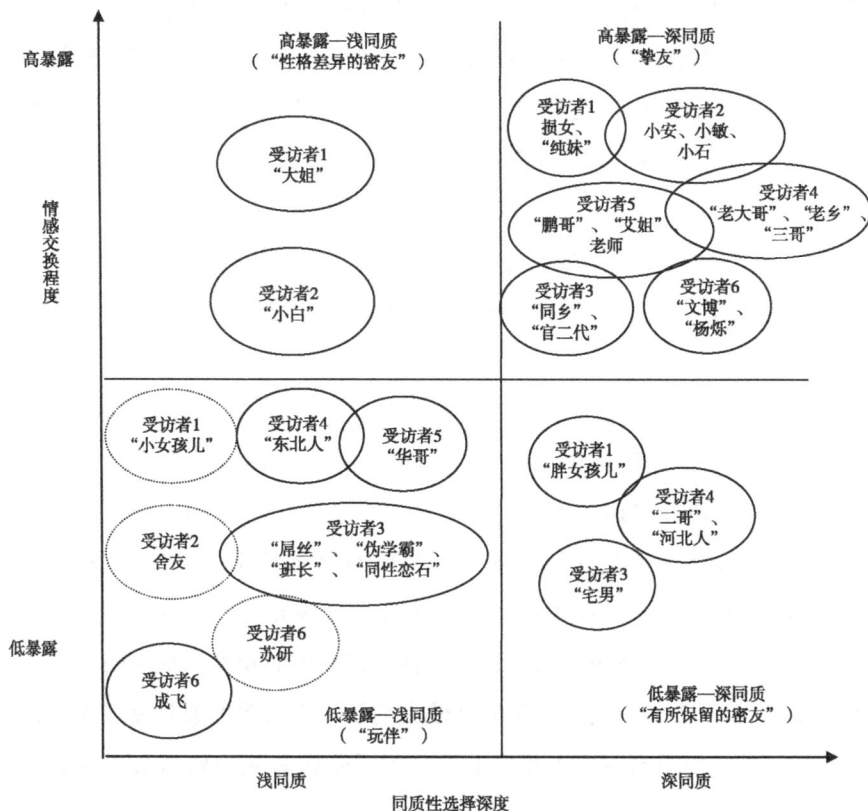

图 4 - 6　四种友谊形态的个案分布

注：⬭表示在受访者描述中该个案最终退出了友谊概念。

表 3 - 1）。通过对这 31 组个案交友经历的"内部路径"分析，我发现友谊发展存在三种模式：友谊的渐进式发展、友谊的断裂式发展、友谊的逆向式发展。尽管个案间存在相似的发展模式，但是在同一发展模式下个案的友谊互动还存在路径上的差异。

4.2.3.1　"日积月累的情感"：友谊的渐进式发展

在访谈中受访者 6 明确地将自己在大学期间和朋友的相处分为了"熟识""相知"和"升华"三个阶段：

其实，我大学所交往到的朋友都是通过我的室友——成飞认识的。刚开始，我们大家就是一起唱 K、上课、吃饭。我想那个时候大家应该是慢慢"熟识"起来。慢慢的，我和成飞走的没那么近了，反而是和通过成飞认识的文博、杨烁他们关系更近了。准备考研的时候，我们聊过很多，那个时候我们是真正开始了解对方了。所以应该是"相知"。最后，在毕业的时候，我们彼此那些感情好像是"升华"了，没有随着分开淡了，反而是更加稳固了。（受访者 6）

在友谊的渐进式发展模式中，受访者 6 所划分出的"熟识""相知"与"升华"三个阶段依次形成了"玩伴""密友"和"挚友"友谊的三种形态。每一位受访者都经历过友谊的渐进式发展，进而获得了"挚友"。但是，在友谊的渐进式发展模式中个案的友谊发展沿着两个维度的不同变化形成了不同的发展路径，主要存在以下三种：

1. 从"相互吸引"到"情感分享"：同质性选择深入带来的高情感交换

对于大部分个案来说，朋友的交往过程都是先"相熟"而后"相知"最后"升华"，也就是说大部分个案的交友过程都是首先在同质性选择上进行深入，而后再进入情感交换的较高水平，最后获得了"挚友"的过程。

受访者 1 与"损女""纯妹"的交往过程首先开始于室友间的互动，在日常的生活中发现了他们身上的"优点"。受访者 1 喜欢"损女"说话的"直接坦荡"，欣赏"纯妹"的"善良无私"。所以受访者 1 在"损女"的恋爱交往中起到了"和事佬"的作用，介入到了"损女"的私人感情领域，实现了较为高层次的情感交换。而"纯妹"在毕业之后仍旧十分贴心，受访者 1 说："她经常给我短信说想我，看到北京降温了，就会发天气预报提醒我，很细心"。

受访者 2 和"小敏"的交往过程也是经过相同的路径，即友谊的交往首先在同质性选择上深入，进而在情感交换维度上提高，最终形成了"高暴露—深同质"的友谊形态。受访者 2 通过共同的社团活动结识"小敏"，在交往中受访者 2 觉得"两个人的性格蛮像"。并且受访者 2 提到："关于私人感情的事，一开始他不愿意说，我也不愿意问，到后来她主动地和我说感情上的事"。受访者 3 和

"同乡"的友谊开始于"老乡的聚会"，在众多老乡中由于他的"幽默"受访者3很快地就和他熟络起来，由于都是"NBA的球迷"两人总是黏在一块。直到最后双方的女友都成了好友，4个人经常一块去聚餐和旅行。和受访者3类似，受访者4和"老三"与"老大哥"的交往都是随着"共同的兴趣"加深，最后都会相互"关心"彼此的"前途"和"家事"。

因此，这一类的友谊发展模式都是属于渐进式的发展模式，并且，他们的交往都是开始于同质性选择的深化而后过渡到较高程度的情感交换，也就是友谊交往从"相互吸引"到"情感分享"的过程，是一种由同质性深入而带来的高层次的情感交换。此外，受访者5和"鹏哥""艾姐"，受访者6与"杨烁"都有着同样的发展路径。（具体见图4-7）

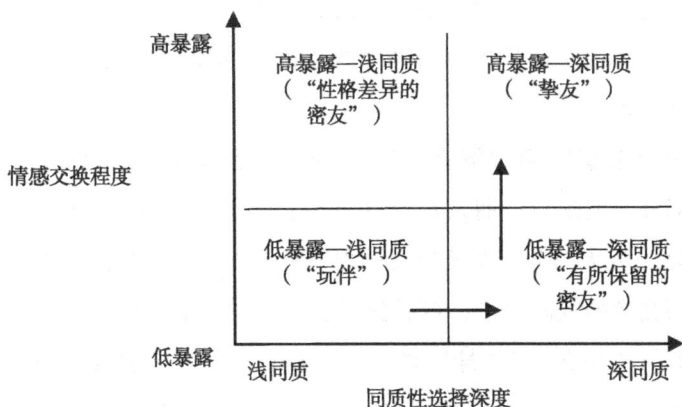

图4-7 友谊的渐进式发展1：同质性选择的深入带来的高情感交换

2. "情感的弥散"：情感交换的先行

与同质性选择的深入带来的高情感交换不同的是，在友谊的渐进式发展模式中还存在另一种发展路径。受访者2与"小石"的交往过程就有着自己独特的发展模式。受访者2偶然地和"小石"一起自习，在自习过程中他们有了机会"聊天"，她说："从一起上自习开始，慢慢地我们就开始聊天，更多地聊到我们的家人、朋友以及班里的一些事儿。然后，我们发现我们俩很像有很互补"。受访者2认为他们俩的交往过程首先得益于在情感交换的程度上的提高，这带来了"情感的弥散"以至于发现"彼此很像"。

受访者3和"官二代"的熟识首先是因为"上课坐在一起聊天，聊女生，于是给彼此支招追女生，结果真成功了"。通过这样高度的情感交换，受访者3和"官二代"关系变得密切。受访者3认为是在关系好了之后才发现"我们的家庭背景都很像，对我们的要求也一样，都是要求我们考公务员"。

高程度的情感交换先行事实上还是存在难度的，因此在友谊的渐进式发展模式中这种发展路径体现的较少。但是，高程度的情感交换还是能够产生受访者认为的"情感的弥散"使得友谊向更高形态发展。（具体见图4-8）

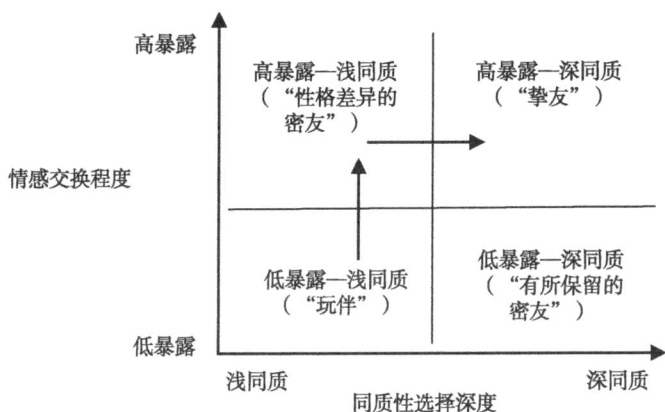

图4-8　友谊的渐进式发展2：情感交换的先行

3. 从"不喜欢"开始的交往：从"异质性"向"同质性选择"的转向

在友谊的内部结构中，同质性选择是一个重要的维度，它作为朋友选择的起点决定着友谊关系的发展。过往的基于同质性选择理论所进行的研究都只考虑到了"相似性"引发"人际吸引"所产生的同质性选择的正向发展。但是，通过分析受访者的交友经历，我发现在受访者1和受访者6的交友经历中存在着从"异质性"向"同质性选择"的转向，即受访者一开始是"看不惯"或者说是"不喜欢"后来成为朋友的人。

受访者6和"文博"的交往经历是一路从"烦"发展到了"知心"直至友谊的最高形态。受访者6认为自己性格比较"安静"而"文博"是出了名的

"燥"，所以受访者 6 提到"大一的时候，我挺烦他的，闹死了。"但是，在后期"文博"成了受访者 6"最重要的朋友"，受访者 6 解释为："我们俩关系能这么好，主要功劳在他。他比较主动，一次次'烦'我，让我参加他们的活动。并且，在我感情遇到问题的时候，他很主动扮演'知心大姐'的角色"。受访者 1 在描述她和"胖女孩儿"的交往过程时提到："刚开始我们不接受她，甚至有点讨厌她。她看起来比较'疯'，爱在外边玩，并且她是开学后未经我们同意就被老师'安排'进我们宿舍的，所以我们有点不高兴。"受访者 1 不喜欢"胖女孩儿"性格上的"疯"，因此在交往的开始阶段，受访者 1 采用的策略是"我们有什么活动都不会叫上她"。尽管是"被安排的"，但是她们已然是"室友"了，并且受访者 1 认为正是由于"胖女孩儿"在性格上的"大大咧咧"让她们后来觉得她很"友好"，关系也就向前推进了。尽管受访者 1 与"胖女孩儿"的交往未能实现向更高形态的发展，但是考虑到这组个案交往具有典型的同质性选择的转向，因此在这里一并讨论。

结合受访者 1 与"胖女孩儿"以及受访者 6 和"文博"的交往过程，我认为他们的交往经历和其他个案不同，属于"从'异质性'向'同质性选择'的转向"。但是考虑到他们交往的逐渐深入的过程，这里我仍旧将他们归入友谊的渐进式发展模式（见图 4-9）。

4.2.3.2 "交往困境"：友谊的断裂式发展

并非所有的友谊交往都能经过渐进式的发展逐步获得"挚友"的情感，受访者在描述他们交友的故事时也存有疑惑，即他们感叹"挚友难觅"。事实上，通过对每一组个案的分析，有许多友谊关系会停留在发展的某一阶段，我将这种友谊发展未能达到"高暴露—深同质"友谊形态的发展模式称为友谊的断裂式发展。同样地，在这一发展模式中也存在具体差异。最大多数的个案的友谊关系停留在第一种形态，即他们认为的"仅仅是玩伴"。也有一部分个案的友谊发展停留在形态 2 或形态 3，即他们认为的"密友"。

1. "玩伴的困境"：情感交换与同质性选择的封闭

在受访者的朋友中，他们会提到一群经常在一起的"玩伴"，但是"仅仅是玩伴"。受访者 6 提到："我和成飞都比较闷，即使实在互动频率最高的时候，我

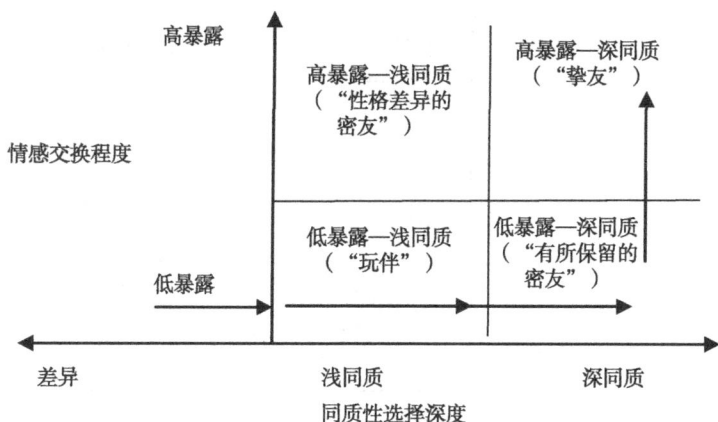

图 4 - 9　友谊的渐进式发展模式 3：同质性选择的转向

们也很少有情感上的直接交流。"和受访者 6 类似，其他受访者在交友过程中也存在这种突破不了的"玩伴"。受访者 6 将其归因于"性格"，受访者 3 也认为"屌丝"的性格中那种"呆"和"无趣"让他们缺少互动。受访者 6 和"班长"尽管存在不少互动，比如经常一起"喝酒"，并且"班长"还经常帮着他应付"点名"，但是他们的关系仍旧没有进一步发展。因此，受访者交友的过程中会出现这种"玩伴的困境"，它像一个封闭的循环，无论在同质性选择上还是情感交换上都难以打破，一直停留于友谊的第一种形态（见图 4 - 10）。

2. 若即若离的"密友"：同质性选择的往复

在所有受访者中受访者 2 和小白的交往经历较为特殊。在根据关系亲密程度对朋友排序时，受访者显得很"纠结"，并最终将"小白"排位靠后。在受访者 2 看来她们的关系最终没能成为"挚友"，她解释为"因为我们吵过架"：

　　因为别人传话的缘故，她就和我吵架。她说："你自己说过什么你自己心里清楚"。我说："对，我自己最清楚了。你既然选择去相信别人，来质问我。是因为你太保护'小朋友'（小白的另一朋友），你太在乎她了，而你忘了我其实也是你的朋友"。我们这几年类似的争吵超过三四次，每次都是因为我不能陪她。但是我觉得每个人都应该有空间啊。（受访者 2）

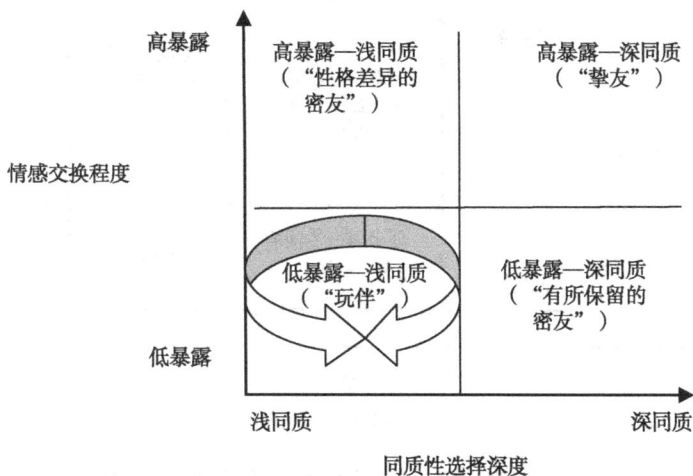

图 4 – 10　断裂式友谊发展模式 1：情感交换与同质性选择的封闭

分析受访者 2 和小白交往的全过程，我发现她们的关系正如受访者 2 描述的"这几年超过三四次的吵架"那样，她们的"密友"关系一直是"若即若离"。她们关系亲密的时候每天早上都会有"早安""今天天气很好"这样的短信，甚至"小白"送给受访者 2 的"礼物"被视为友谊中"最值得骄傲的事"。这份"礼物"是"小白"制作的一份电子杂志，用照片和文字记录了受访者 2 和"小白"互动的点滴。受访者 2 提到："她是我大学以来第一个特别用心处的朋友"。对于这段友谊的复杂变化，受访者 2 这样描述：

之后，她和我上铺的同学（大家称她为"小朋友"）玩的太好了。她一直很黏人，所以一直需要有人陪。但是我太忙了。我的个性比较独立，不希望天天黏一块儿，并且那个时候我准备考研，学习比较紧张。而"小朋友"不考研，所以她们可以天天在一起。那个时候只要我一回宿舍她们俩就立马走人，我们没有办法同处在一个空间。那次吵完架之后，是我联系她的，我问："还能不能处啊？不能就别处了。"她说："咋了嘛？谁说不能处的？好好的嘛。"

这种"若即若离的密友"关系在受访者 2 毕业后仍旧保持。

> 毕业之后，有一次我动手术。手术前一天晚上，好像心有灵犀一样，她给我打电话说想我，我说了我马上要动手术的事。第二天，她从另一个城市抱了一大束花来看我。手术那天她一直陪着我。因为我一直麻醉没有醒，我妈说她陪了我很久。迷糊中我好像一直见到她的身影。

通过受访者 2 的描述，我认为受访者 2 和"小白"的这种"若即若离的密友"一直游离于友谊的第二和第三种形态。而这种"纠结"的根源在于"同质性选择的往复"，即受访者 2 提到的她需要的"空间"与"小白"渴求的"天天黏在一块儿"造成的在同质性选择维度上反复。而这样使得双方的友谊关系未能突破"密友"，达到友谊的最高形态（见图 4 - 11）。

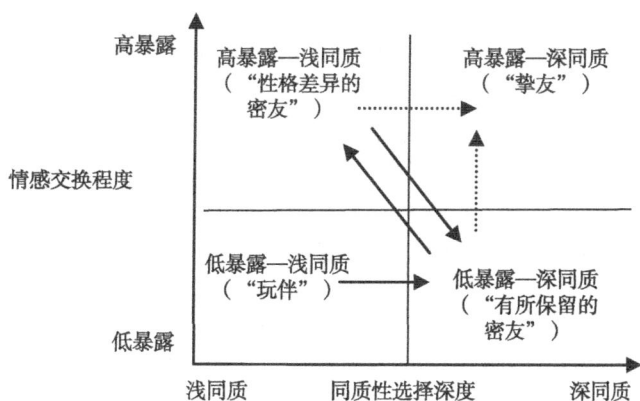

图 4 - 11　断裂式友谊发展模式 2：同质性选择的往复

3. "最熟悉的陌生人"：情感交换的断裂

友谊交往的第三种困境，也是友谊断裂式发展模式中第三种情况是受访者们感受到的"最熟悉的陌生人"。受访者 4 认为"二哥""性格开朗"和自己比较像，他们经常一起"自习、看电影，看 NBA"。受访者 3 和"宅男"是"DOTA 的战友"，在受访者眼里"宅男""没什么脾气，没有生过气，很可爱"。同样的，受访者 1 也喜欢和"大大咧咧"的"胖女孩儿"相处。但是他们的交往都仅限于此。这一类型的友谊关系发展存在共同之处就是受访者们都在朋友间的"游戏"中很快乐，并且这种"游戏"都涉及了深层次的同质性选择，但是对于这些朋友受访者感到"陌生"。此外，受访者4把"河北人"仅仅当作是"榜样"会向他"看齐"，但是也没有更多地交流。综合这类个案的情况，我认为这都是情感交换在向高层次发展时的断裂造成的。

因此，友谊关系发展至第二种形态而最终由于高程度的情感交换断裂而形成了友谊的断裂式发展模式。（具体见图4-12）

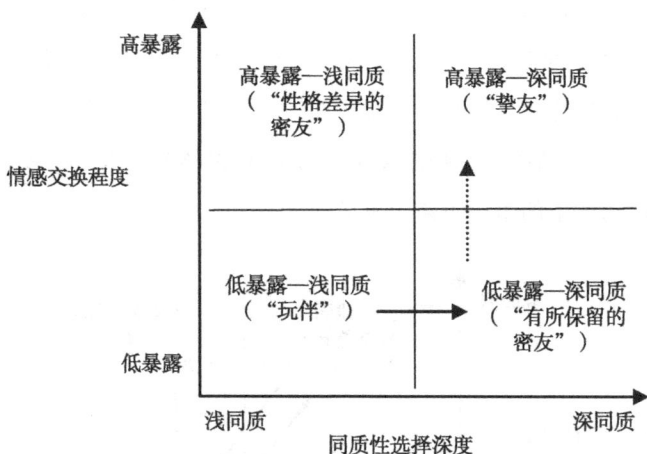

图4-12　断裂式友谊发展模式3：情感交换的断裂

4.2.3.3 "消失的友谊"：友谊的逆向式发展

在所有受访者的经历中，只有受访者1、受访者2和受访者6描述过有些朋友"消失"了，即他们所体验到的"友谊的消失"的情感体验。这种友谊互动并未逐步深入，反而沿着相反方向倒退所造成的个体体验到的负向的情感能量的过程则可以描述为友谊的逆向式发展。在受访者的个案中，造成他们友谊逆向发展的模式又有所差异。

1. "日久见人心"：同质性选择的退出

受访者1和"小女孩"、受访者2和"室友"的关系发展存在共同之处，用受访者2的话来描述就是"日久见人心"：

我们室友真的是特别寡的人，真的是寡的淡如水了。你不可能太走进别人的心理。因为刚开始竞选班委的事，有人会说你坏话。结果，又有室友和我说某某人说我坏话。其实我也只是听听。那段时间我觉得很可怜，吃着饭就哭了。我觉得他是不会和你交心的朋友，只有要用到你的时候才会想起你，所以不太愿意和她处。

而受访者 1 是这样描述她和"小女孩"的交往过程：

她是个很黏人的小女孩儿。在她没有男朋友的时候，我们天天黏在一起。她交这个男朋友的时候，同时还有一个男友。我们都觉得这种行为不能忍。我们私下都不喜欢，不喜欢找这个人，也不喜欢这种行为。从她开始交这个男朋友开始，我们的关系发生了变化。比如，她推门进来前，我们的话题和她进来之后的话题是不一样的。

根据受访者 1 和受访者 2 的描述，我发现这两组友谊关系发展呈现逆向发展的态势，受访者 1 用"关系发生了变化"而受访者 2 用"我们关系很寡"来形容这种负向的情感能量。而她们共同的特点则是随着互动的进行，友谊双方首先在同质性选择上退出了友谊关系（见图 4-13）。

2. "失去联系"：情感交换的逆流

而受访者 6 和苏研的友谊发展则有所不同，对于和苏研的交往经历他是这样描述的：

大一、大二那些吃吃喝喝的活动中一直都有苏研，从考研阶段开始她好像就忙自己的去了，最后毕业的一系列活动也没有她。毕业后，在她的微博上看到她结婚的消息，给她留言也没有回复。好像这个人就此消失了。

很明显，受访者 6 在和苏研的交往过程中体验到的情感能量仅仅是"玩伴"，并且由于对方在情感交换中的退出，导致友谊互动双方所出现的"去渗透化"现

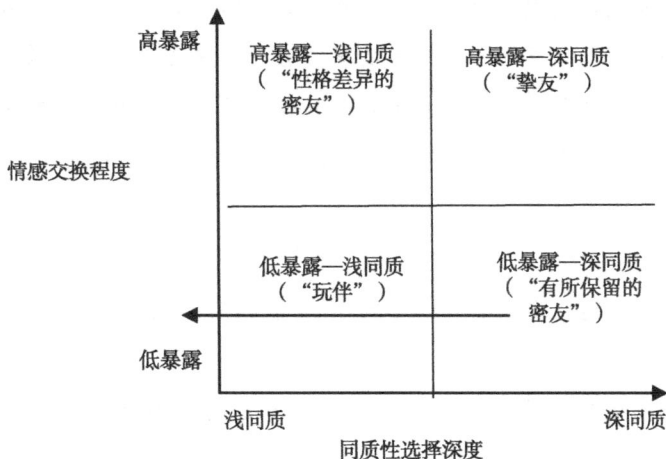

图 4 - 13 逆向式友谊发展模式 1：同质性选择的退出

象，因此受访者 6 和苏研的友谊互动过程呈现的是由于"失去联系"所造成的情感交换的逆流而形成的友谊的逆向发展（见图 4 - 14）。

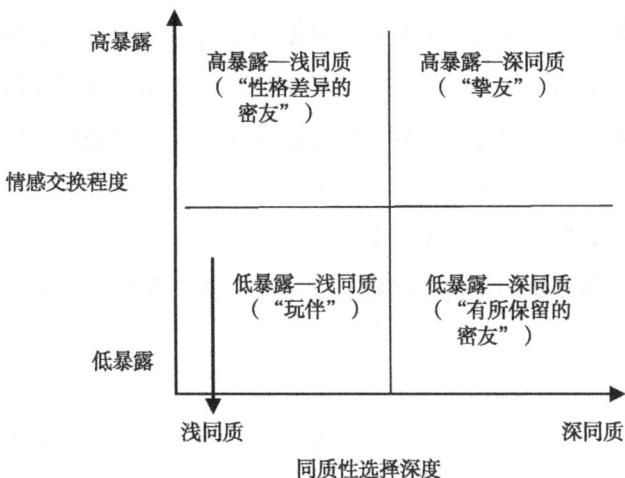

图 4 - 14 逆向式友谊发展模式 2：情感交换的逆流

使用类属分析的方式对受访者友谊建构的路径进行了静态的分析，基本呈现了上述友谊的结构、形态与发展模式。总之，受访者将友谊建构为：在以情感性而非工具性为主导的人际吸引的基础上，自愿地、相互地通过同质性选择和情感交换的差异形成不同形态的、具有内部揭露性高外部封闭性强的、区别于区别与爱人和家人的情感团结。并且，不同形态的友谊沿着"内部路径"发展存在三种不同的模式：渐进式、断裂式与逆向式。

4.3 友谊建构路径的动态分析：仪式的流动与情感的变化

通过对受访者友谊建构的"内部路径"和"外部路径"的静态分析，友谊的结构、形态与发展模式得以呈现。通过"内部路径"受访者建构了友谊的"内部结构"，静态的类属分析发现友谊在"同质性选择"和"情感交换"两个维度上通过各种路径形成了友谊的渐进式、断裂式和逆向式的发展模式。因此，友谊是处于互动变化中的情感团结。但是，建构路径的静态分析在呈现友谊的动态发展时存在局限。正如舒茨指出的"如果忽略了意向性就不可能理解人类的举止，如果忽略了他们建构意义的场景也无法理解人类的意图。"[1] 因此，这里我将应用情境分析的方法，具体分析受访者的交友故事，对友谊建构路径做动态的分析。

Richard A. Quantz 等人认为"仪式"可以作为一个分析上的分类将复杂经验置入一个清晰的框架。从戈夫曼"互动仪式"的提出开始，仪式研究在微观社会学里更多地关注了日常生活。兰德尔·柯林斯认为区别于通过普遍认可的典礼程序开展的"正式仪式"，日常生活中的互动仪式可以看作是"自然仪式"，尽管没有在正式的定型化程序的情况下建立起相互关注与情感联接，自然仪式的核心要素、过程与结果都与正式的仪式基本相同。[2] 因此，在对沿着"内部路径"动态发展的友谊进行分析时，我将受访者的交友故事纳入互动仪式的分析框架中作动态的分析。

通过对互动仪式理论的梳理，我认为在友谊互动中每一个互动仪式至少包含以下要素：身份要素，互动双方的"同质性选择"形成的不同层次的身份界限；交换要素，互动双方实现的情感的共享；符号象征，强化身份要素与交换要素的"桥梁"；情感能量，互动仪式的结果部分，是个体所体验到的友谊情感。因此本

[1] 芭芭拉·查尔尼娅维斯卡（Barbara Czarniawska）. 社会科学研究中的叙事 [M]. 鞠玉翠等，译. 北京：北京师范大学出版社，2010：5.

[2] 兰德尔·柯林斯. 互动仪式链 [M]. 林聚任，译. 北京：商务印书馆，2009：88 – 89.

研究的互动仪式是指通过身份要素、交换要素与符号象征相互作用而建构出不同强度的情感能量的过程，在这个过程中个体认知到了不同形态的友谊。这里我以互动仪式为框架解释受访者具体的友谊互动过程，分析友谊互动过程中情感的变化。

4.3.1　互动仪式的逐层深入与情感的累积

友谊的渐进式发展是指友谊形态在"同质性选择"和"情感交换"两个维度上通过不同的路径逐步由"浅同质—低暴露"发展到"深同质—高暴露"的过程。在所有个案的友谊发展中，渐进式的发展模式所占的比重最大。将"互动仪式"作为理解行动的一个框架，友谊的渐进式发展呈现出伴随着互动仪式的逐层深入，友谊形态不断向高层次发展，这是一个在互动仪式的推动下情感累积的过程。

4.3.1.1　"玩伴间的游戏"：作为情感欢腾的寻欢仪式

"我们有一次一起看校歌赛，大家在抢糖吃，打闹中我们摔倒在地上。后来她说就是那次'打闹'让白杨觉得我们没有什么隔阂了。"（受访者2）

友谊互动仪式的第一个层次在受访者那里往往都是这种"欢闹"。受访者3和受访者4都认为"DOTA"游戏的欢乐让他们很快就"熟了"。其中受访者6描述的他通过KTV唱歌认识朋友的情境十分典型。

情境一：KTV的欢乐

对于受访者6来说，成飞是他交友过程中的重要人物。苏研、杨烁等其他朋友都是经由成飞介绍相识的。虽然和他们几个认识的时间先后不一，但是场合几乎一致，都是在KTV。

大学第一次刷夜就是和他们在KTV。成飞联系的人，我也去了。就是那次唱K，大家开始一起玩的。我们都很喜欢唱K。我首先点了《月半弯》。杨烁当时没有说什么，后来回忆时，她说就是那首歌她开始认识了我。杨烁是典型的"玉米",所以点了许多李宇春的歌,但是基本不在调上,需要我们"帮忙"。焦文博是典型的"嘻哈",很 hip-hop 的感觉,唱到 high 时还带上滑稽的舞步,逗乐了我们。大家都会唱的是五月天的歌,之后的每一次唱歌都会点他们的歌。尽管大家唱歌的水平不一,但是,在我们看来在 KTV 只要能 high 起来就好了。(受访者 6)

情境二:别具心思的占座

"占座"在大学生活中是最为普遍的朋友间的共同活动,受访者们纷纷提到了和朋友们的"别具心思的占座",因为除了有一起学习的目的之外,更多的是"一起玩"。

> 我们每天在一起,上课坐一排,我们一定占 6 个座,我每天起得早,我先去教室放六本书。我们一起上课、吃饭、逛街、洗澡,所有事情都是一起做。(受访者 1)

> 我们一起上自习,她(小石)帮我占座位。对!是从占座位开始的,慢慢的我们就坐在一起,中午我们一起吃饭。(受访者 2)

> 通过成飞认识苏研、杨烁他们。大家希望上课的时候坐在一起,所以就得有人占座了。无论谁先到教室就会很自觉地给其他人占座,或是一排或是前后座儿,好像是一种义务和责任。下课去食堂吃饭,我们这浩浩荡荡一堆人也是需要占座的。大家一起上课、吃饭,闲聊很开心。(受访者 6)

"KTV 的欢乐"和"别具心思的占座"描述的是大学生活普通的互动形式,在友谊互动中体现的是一种在"玩伴"间的互动仪式。无论是"KTV 的欢乐"还是"别具心思的占座"都是以一种"游戏"的形式实现在"玩伴"间的情绪欢腾。将友谊的渐进式发展作为一个过程来看,情绪性欢腾可以视为互动仪式链上的"寻欢仪式"。之所以命名为"寻欢仪式"有以下几个原因:首先,互动仪式的身份要素来看,这些寻欢仪式中互动各方的"我们"主要是"室友""共同的朋友"等比较泛化的身份界限。相对来说,"占座"则具有较为明显的身份界限。明显的身份界限体现的是受访者在友谊互动初期的同质性选择，这类同质性选择将身份界定为"朋友"是友谊互动的起点；其次，从情感交换来看，寻欢仪式的情感交互主要是暂时性的情绪欢腾，相对来说并不涉及情感的"私人领域"；最后，在身份的同质性选择和情感交换的互动上形成了一定的符号象征。寻欢仪式中的符号主要呈现的是语言符号，如受访者6在KTV中使用的"嘻哈""玉米"等"昵称"。并且，在寻欢仪式中还处于记忆符号的储备期，比如受访者6在KTV唱的"歌曲"日后则成为友谊互动的"记忆"符号。最后，这些寻欢仪式所产生的情感能量是不稳定、较为浅的，如果没有继续的发展友谊关系则仅仅停留为"玩伴"层次，对彼此是"不熟悉"。因此，"寻欢仪式"在受访者的朋友交往中就是"玩伴"间的游戏，其中各个要素的作用过程见图4-15。

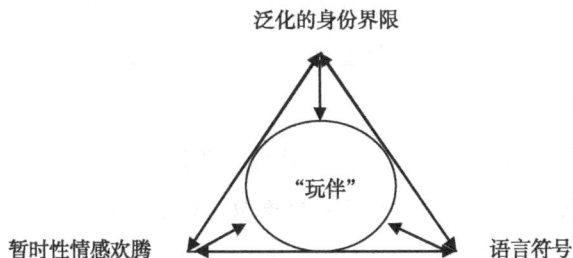

图4-15　寻欢仪式："玩伴"的游戏

4.3.1.2　"密友间的袒露"：作为情感暴露的分享仪式

"她和他的男朋友，就是马上要结婚的那个。他们俩一好就是异地恋。这女孩儿脾气超坏，男的脾气超好，经常坐上五六个小时车来看她，忍受她的坏脾气。我们反而和他男朋友关系也好了，总是站在她男朋友那边，帮着他男朋友。"（受访者1）

受访者1在和"损女"经过一段时间的相处后，觉得她和自己一样，属于"比较大度"的人，她说"我们之间没有秘密"。在平日的生活中，受访者1开始卷入"损女"的"私人领域"，成为朋友感情生活的"另类的参与者"。正式这种"另类的参与"使得受访者1与"损女"的关系与其他朋友区隔开来。因此，我认为随着身份界限的缩小，情感交换深度的深入，友谊互动仪式存在第二个层次——"分享仪式"。这样的"分享仪式"在其他的受访者那里都能发现。与第一层次的友谊互动仪式——"寻欢仪式"不同的是，这一层次的仪式稍显"正经"，因为这里往往涉及友谊互动双方更为"私人"的领域。

情境三：露台上倾诉分手的苦楚

我和小安从小一起长大，又上了同一所大学。刚上大学的时候，同学们都说我们是"表姐妹"。小安大一时候交的男朋友是我们班班长，但是没过多久他们就分手了。那天夜里，我已经睡了，她给我打电话说心情不好，我匆匆忙忙出去陪她。我们坐在宿舍7楼的露台。她说她分手了，她没有哭，我哭的死去活来的。我就是觉得她受委屈了，别人欺负她了。（受访者2）

情境四：和小白跨年

我和小白认识大概半年后才开始有了更深的交往。一开始，只是我单纯喜欢和她一起，可能是她有种人格魅力吧。每天早上，我都会给她一条短信"早安""今天天气很好"之类的。慢慢地我们走的很近。大二的时候，我马上要去到另一个校区，要和她分开了。我记得那天是要跨年。早上起床，朦朦胧胧的时候，她给我说要给我个礼物。是一个电子相册，上面有我们的"故事"。她说她做了一个晚上，做到凌晨5点钟才做好的。这是我友谊当中最值得骄傲的事，如果可以的话，我都会和别人分享的。（受访者2）

情境五：筹办婚礼

他是刚毕业留校的老师，我们是在工作中认识的。他对我的影响很大，给我很多人生的指引，给我很多帮助。大三的时候，他准备结婚了。筹办婚礼的时候，有很多琐碎的事情。他带着我一起逛超市，买东西，看家具，等等。我觉得一个普通学生很难进入老师的私人领域，至少我对他的私人生活有一点点的介入。（受访者6）

友谊互动仪式的第二个层次——"分享仪式"最为直接和重要的仪式结果就是通过私人领域的"帮助"使得受访者们所认知到的"关系的不一样"，受访者有了"密友"的情感体验。而这种"关系的不一样"除了在延续的语言符号中体现外，还会呈现着如受访者 2 所收到的浓缩了友谊互动双方"过去与未来"的"礼物"，这是一种具体的形象化符号。（具体见图 4 - 16）

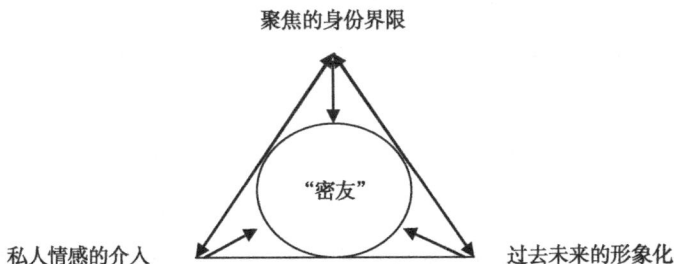

图 4 - 16　分享仪式："密友"间的分享

4.3.1.3　"挚友的分离与重聚"：作为情感维系的团结仪式

友谊互动仪式的第三个层次是"团结仪式"。受访者的材料中所体现的分别是友谊互动仪式性要素中最为深层的方面。这一层次的身份要素在前期互动的较为外围的身份界限的基础上形成了去个性化的身份要素，即共同的人生轨迹和价值取向，是受访者最为深层次的同质性选择；受访者们和朋友间的"共喜共忧"体现的是在这一层次的互动仪式中情感交换要素的深刻；"记忆"，受访者对友谊互动共同回忆的认知成为了内化了的情感符号，隐藏了友谊互动的意义。经受这样的互动仪式的洗礼，受访者体验到了最为稳定的情感能量，即受访者所说的"尽管分开了，我们的感情是不会变的。"

情境六：独特的"毕业典礼"

大学四年第一次哭，是毕业的时候他们送我走。前一天晚上，我们聚餐，我喝的大醉，手里捧着的杯子都摔碎了。第二天在火车站，他们买了站台票，在站台上站成一排，火车缓缓驶出车站，我依然看尽他们站在那没有离开。（受访者 4）

因为"小女孩儿"没有来散伙儿饭，我们哭了。因为我觉得毕业的时候，我们是需要和大学告个别，和朋友告个别，和自己的青春告个别，这都很重要。这些是一定要自己参与其中的。最后一天，我们抓紧时间拍了毕业照，就拖着行李箱去了天津，开始我们的毕业旅行。我们几个陪着他们没去过天津的到处玩，到处吃。我们以为我们会哭，但是没有哭点。可能因为我们都是河北的，肯定有很多机会再见面的。（受访者1）

情境七：毕业后的重聚

前两天，"损女"刚给我打了电话，说她和她男朋友终于要结婚了。要知道，他们俩大学期间的那些"吵闹"我们都是有参与的。我们几个都会去，这应该是我们毕业后第一次聚会。她说她会开车来北京接我。（受访者1）

虽然都在北京，但是我们也不是每周都能见面。每隔几周，我们会相约吃饭、看电影。但是，和以前的八卦不同，现在的饭局成了大家相互吐槽的机会。文博一直表示不愿意工作，有继续考研的打算。而我只能抱怨，读研之后没有好朋友，学习压力比较大。大家带着一股烦恼来，说着说着感觉压力就减少了，吃喝、聊天，把烦恼都倒了出去。（受访者6）

"毕业分离"与"重聚"是友谊互动团结仪式的重要形式，在受访者那里他们都有描述到属于他们自己的"毕业典礼"。无论是毕业离别的情绪还是重聚时的"吐槽"我们都可以看到流淌在互动仪式中的属于友谊各方的"记忆"符号。是否参与"团结仪式"以及怎样参与其中都是在共同的"价值取向"或"人生轨迹"的身份界限中开展，完成的是参与者们对"过去"和"外来"的共喜共忧的情感交换，因此友谊的情感能量也就到了最高层次。（具体见图4-17）

4.3.2　互动仪式的停滞与情感的断裂

友谊互动发展的另一重要模式是友谊的断裂式发展，即友谊关系发展停留在除了形态4——"高暴露—深同质"外的任意一种形态。这种类型的友谊发展模式或是由于情感交换难以提高或是由于同质性选择难以深入。在经历过友谊断裂

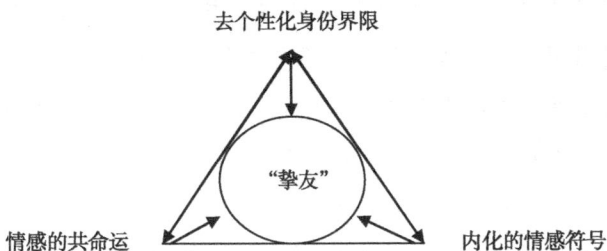

图 4－17　团结仪式："挚友"的分离与重聚

式发展的个案中我发现存在两种互动仪式容易造成互动仪式的停滞，进而使得友谊情感的发展发生断裂。

4.3.2.1　公共的仪式：身份的界限与情感的封闭

在互动仪式的逐层深入中我们可以分析出友谊情感的不断累积，与这种情况不同的是，在友谊的断裂式发展中，在持续不断的互动中，我发现了友谊交往的困境。"分享仪式"在互动仪式的深入发展中能够使得交往更加深入，而在交往困境中我没有发现受访者与朋友存在此类互动。在友谊的断裂式发展中更多是一种"公共的仪式"，即以更多数人群体的形式参与到仪式，导致身份界限的模糊，这样的互动仪式没能达到更高的情感交换，反而是情感的封闭。

情境八：公共的饭局与私密的夜宵

我们总是找各种理由出去聚餐。主要是自助，可以吃的很多也许是理由。但是，大家更喜欢边吃边玩的感觉。通常我们一到自助餐厅就会疯狂地席卷自己中意的美食。然后就是游戏。"真心话大冒险"一开始大家比较喜欢，后来，大家觉得都没有什么秘密可以在这里说的，就不玩了。在玩游戏的时候，成飞总是放不开，游戏到他那就冷场了。他总是默默地吃，静静的听，不愿意接受游戏的惩罚。（受访者6）

"饭局"在每一位受访者那里都是日常生活中最常见的互动。并且，除了受访者2外，其他受访者们提到的"饭局"都以自助为主。受访者解释为"大家口味不同，吃自助方便"。一定程度上，选择"自助"是因为现实的考虑。但是这里我们仍旧能看到，这种"饭局"几乎涵盖了所有类型的朋友，可以说是一个大的"朋友圈"。因此这种"饭局"是"公共的仪式"最为典型的表现。

这里我们也可以通过对比来说明"公共的仪式"在互动中造成的群体界限的模糊与情感的封闭。受访者6还描述过他与"文博""杨烁"在考研阶段每晚的"夜宵"：

图书馆每天十点关门，之后我们都会去学校附近的小吃街逛一圈，到熟悉的"老板娘"那里要上几个"烤鸡腿"，到奶茶店买奶茶，然后坐在路边摊，吃起来。我们彼此抱怨一下自己复习的状态，说一说图书馆的趣事，调侃一下杨烁心仪的男生。毕业以后，每次说起"老板娘的鸡腿"杨烁总是说"好想吃，好想去民大巷子。"

事件一：杨烁换专业：杨烁那个时候考研压力很大，到8月底的时候她还在纠结是否要换一个专业。那段时间我和文博都会陪杨烁到小吃街上逛逛，陪她吃鸡腿，每天晚上的"夜宵"，用杨烁的话是"连同烦恼一起吃掉"。我们帮着杨烁分析形式以及复习计划，最终杨烁重新选择了专业。之后，几乎每晚我们都会吃"夜宵"。一方面在吃宵夜的时候，大家能够相互感觉到鼓励，另一方面就是放松心情。

事件二：我的情感困惑：我是一个很内敛的人，所有的情绪都藏在心里。有一段时间，文博明显感觉到了我的"心事"。那天夜里，是杨烁和焦文博陪我去吃的宵夜，我们的话题从我们之间的关系开始。文博是一个很善于分析个人情感的人，后来大家都笑称他为"知心大姐"。他分析了我的性格，从文博口中了解到了自己在和他们交往的时候，性格上的优势以及相处中的不足。杨烁也分享了自己和爸爸的关系，以及他们父女关系对她现在处事的影响。感觉大家都打开了心扉，尽管认识了这么几年，但是，这些"心底里的事"还从来没有了解过。当时的气氛，让我很自然地就将最近自己遇到的情感困惑向他们俩吐露。虽然我的情感问题最终没有从他们俩那得到解决的方法，但是他们对我的感情表示理解。在这之后，那天"夜宵"的谈话也成了他们三个人之间的"秘密"。

与大部分受访者的"饭局"形成鲜明对比的是类似受访者 6 的"夜宵"这类的"分享仪式"。矛盾的是，在友谊交往的前期，双方的互动是需要这种"饭局"，因为他表现为"玩伴"间的"寻欢仪式"。然而长期来看，对于友谊的断裂发展而言，"公共的仪式"造成了友谊交往的困境。

4.3.2.2 解决冲突的仪式：情感的交换与阻滞

在受访者 2 和受访者 6 的友谊交往过程中都遇到过"冲突"，然而"冲突"的结果是不同的。受访者 6 和"文博"的冲突并没有影响双方的友谊，从某程度上说是稳固了情感团结。但是受访者 2 和"小白"的冲突形成了她们之间的"若即若离"。

情境九：不同的道歉

为了防止占座，图书管理员会在早上 8 点半、10 点和下午 14 点来清理用书霸占的位置。有一天，八点半了，他们都没有来，我一个个打电话催，都没有回应。管理员收书的时候，我很尴尬。等到他们来的时候，我就开始抱怨。那天可能文博的心情不大好，冲我说："那你就别占座，我自己来"。当时，我感觉自己每天早起的辛苦没有被理解，十分委屈，于是就回宿舍了。关系僵持了三天，后来是杨烁给我打的电话，文博也在电话里叫我一块儿吃饭。吃饭的时候，大家都说"你最好了，明天来图书馆自习啦""你很重要"之类的话。那天晚上，我们出去吃了饭。因为文博的性格比较外向一些，大家让文博"承认错误"。一边又安抚"气愤"的我，他们都说"对对对，文博太让人生气了"。后来，我们在一间奶茶店，喝奶茶。那里有一些小本子，供客人留言，上面主要是一些客人当下的感受。杨烁在上面写了"爸爸（文博）和妈妈（受访者6）你们不要再吵架了"。毕业之后，有一次独自经过那间奶茶店，进去坐了一会儿，我无意间翻到了当时的留言，用手机拍下，分享到了微博上。"感觉当时很傻，但是很温馨，感觉像'家人'"。（受访者6）

"冲突"有的时候能够作为一个出口，将个体间的负向情感能量释放，如果有合适的解决冲突的方式对于个体间的关系来说则可以发挥正向的作用。反之，则有可能威胁友谊。

> 小白是需要天天有人陪着的，我太忙了，所以后来她和我上铺的"小朋友"关系特别好。大家心里都明白，但是就是没有捅破。最后，我们班的毕业聚餐她和"小朋友"一起来的（小白不是我们班的同学）。喝了点酒之后，"小朋友"对我说："我真的没有抢你的小白"，我一下就情绪崩溃哭了。之后，又有人传我和"小朋友"矛盾很大，小白听信了别人传言又和我吵了一架。最后一次，是我联系的她，我说："还能不能处啊？不能就别处了！"她说："咋了嘛，谁说不能处了，好好处嘛。"（受访者2）

个体的私事，在某种情形下就会成为朋友间的"公事"。"冲突"并不意味着对友情的摧毁，对于冲突的化解，无论在当下还是日后都能够成为对友谊关系反思的契机。受访者6的冲突解决更加类似与一种"内群体"的解决方式，在身份界限和情感交换上形成了良性的冲突解决仪式，形成了关于冲突解决仪式的符号象征（笔记本的留言）。而受访者2的冲突则正好为一种"外群体"的方式。身份的隔阂没能达成情感的交换，反而造成情感的阻滞（见图4-18）。

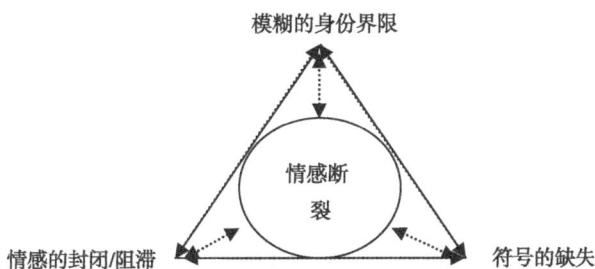

图4-18　互动仪式的停滞与情感的断裂

4.3.3　反思的仪式与情感的排斥

在受访者1、受访者2和受访者6的交友过程中都出现过友谊的逆向式发展，并最终退出了友谊互动。因为没能采访到友谊互动的另一方，这里我只能以受访者为中心呈现这种逆向式发展的友谊互动。就受访者资料而言，友谊的逆向式发展表现为受访者们的情感排斥，而这种情感的排斥均来自于受访者的"反思的仪式"。

　　情境十：反思与"批斗"

　　到了毕业散伙饭，我们都觉得有点寒心。我们班的她没来。我们宿舍的散伙饭她也没来。我们说到她就哭了。都毕业了，一顿饭你不来吃，你可以把你男朋友放宾馆一小时，怎么了，她就说她来不了。一开始，就有人说不要告诉她了，她肯定不会来的，但是我们最后还是告诉她时间、地点了。最终她还是说要陪他，没有办法来。我们说起这个很感伤。胖女孩儿，喝高了，哭了。我觉得她和她男朋友相处的机会可以有很多，大学毕业这个阶段，你至少是和你的大学告个别，或者跟你的大学舍友告个别，跟你的青春告个别，这都很重要。这你一定要自己参与其中的。你都已经回了石家庄了，你又不来学校，不参与这些，你何必要回来呢？她在这段感情里已经失去自我了，她只有那个男的，别的她的世界里什么都没有了。（受访者1）

　　通过类似的在聚会时的反思与"批斗"，受访者2反思了"室友"关系的"寡"，受访者6"批斗"了苏研在后期的"消失"。这样反思的仪式总是有着鲜明的身份的划分，通过参与者的情感交换形成的象征符号是受访者们在互动中形成的道德标准，因为"消失的朋友"在道德标准上的违背，所以在情感上他们理应被排除之外。因此，反思的仪式形成了受访者对"消失的朋友"的情感排斥（具体见图4-19）。

　　借用情境分析的方法，将受访者的交友故事结合进互动仪式的分析框架，上述分析动态呈现了受访者沿着"内部路径"建构友谊的不同发展模式。对于友谊渐进式发展而言，受访者通过互动仪式从"寻欢仪式"到"分享仪式"到"团结仪式"的逐层深入实现了情感的累积。"公共的仪式"与"解决冲突的仪式"所造成的互动仪式的停滞与情感的断裂说明了友谊的断裂式发展。最后，反思的仪式中的情感排斥推动了友谊的逆向式发展。

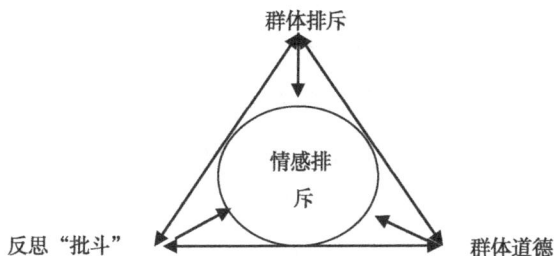

图 4 - 19　反思的仪式与情感的排斥

5　结论与讨论

友谊研究的文献回顾发现过往的研究者通过"结构—功能"与"互动—发展"范式建构友谊的概念与发展。在此基础上，本研究以受访者为中心，对受访者友谊建构的路径做了动态和静态的分析，并得出初步的结论。

5.1　大学生"友谊"：互动变化中的情感团结

无论在作为西方文化源头的古希腊罗马思想中，还是在作为东方文化典型的儒家思想中，友谊都是轴心时代哲人们所珍视的人类情感。[1]古希腊哲学传统上基于对"爱"（love）的三种分类来澄清友谊的含义：神之爱（agape）、性爱（eros）和友爱（philia）。对友谊构成的反思来自于亚里士多德。在《尼各马可伦理学》（*Nichomachean Ethics*）中他定义了三种基本的友谊关系：寻求"欢乐"的友谊；寻求"效用"的友谊；寻求"善"的友谊。同时他还强调了这种友谊关系的"相互性"，是人类有意识的理性选择。[2]而在社会科学领域，友谊的探讨相对较少。滕尼斯将"精神友谊"（spiritual friendship）视为以"艺术的通感"（artistic

---

[1]　罗朝明. 友谊的可能性——一种自我认同与社会团结的机制［J］. 社会，2012，32.

[2]　Jochen Dreher. Phenomenology of friendship：Construction and Constitution of an Existential Social Relationship［J］. Human Studies，2009，32（4）：401 -417.

sympathy）或者"创造性的目的"（creative purpose）为媒介而存在的一个不可见的、神秘的空间。由此可见"友爱关系"（amicable relationship）存在最少的组织性和义务性，是建立在偶然或者自由选择基础之上的精神共同体。[1] 露丝·A. 华莱士和雪莉·F. 哈特利在探讨友谊的宗教因素中认为友谊概念涉及对另一种个体的倾向性，因此必然会导致某种社会团结。[2] 这在某种程度上友谊可以看作是"日常生活中的共同体"，即人们在日常生活中基于共同的生存需要、价值取向、利益诉求以及文化模式的影响等所形成的相对稳定的人与人之间的结合体。[3] 当下对于友谊的调查研究将友谊精确为一种个体自我与人格卷入的同伴关系（companionship），而这种同伴关系是个体间稳固的、长期的纽带。总的说来，过往的研究者对于友谊概念的建构有着明显的两种取向：对个体发展具有意义的人际关系；具有社会性的情感团结。

根植于大学校园的时空中，受访者通过"内部路径"和"外部路径"建构友谊概念。其中"外部路径"形成了友谊概念的"外部结构"：他们认为"友谊"是一种以情感性而非工具性为主导的关系，是基于自愿性而非强制性建立的，具有内部揭露性高外部封闭性强的特点。其中"情感性"是友谊概念的基础，事实上说明了先哲们以及社会学家所提出的友谊的"精神性"，一种具有共同体性质的情感团结。而这种情感团结的维系依靠的是"自愿性"和"内部揭露性"。关于"自愿性"，本研究认为有两个层面的意思：首先是普遍意义上的非义务性和强迫性；其次个体的"自愿性"并非完全由完全的自我决定，正如研究中指出的"身份要素"的不断变化除了有个体的"自愿"外，还有在互动中的"自然"。而"内部揭露性"是指友谊双方的"自我暴露"程度，在社会心理学家那里称为"渗透化"，在某种程度上说就是友谊的共享性，情感交换程度。因此，在受访者那里友谊概念还存在着"内部结构"，即受访者在"同质性选择"和"情感交

[1] 费迪南·滕尼斯. 共同体与社会——纯粹社会学的基本概念 [M]. 林荣远，译. 北京：北京大学出版社，2010：53-55.

[2] 露丝·A. 华莱士，雪莉·F. 哈特利. 友谊的宗教因素：以经验为基础的迪尔凯姆理论 [M] //迪尔凯姆社会学，沈阳：辽宁教育出版社，2001.

[3] 牟宏峰. 日常生活共同体的研究范例及其理论意义 [J]. 学术交流，2010，5.

换"两个维度上评价友谊关系内部的变化。

维度分类（Dimension Approach）是把人际互动的态度与行为中抽象出来的因素视为连续变量，以一些尺度对关系进行分析。寻找构成关系分类的维度是进一步解析关系构成的关键。[1] 在"友谊"的结构—功能范式研究中存在大量探讨"友谊"结构的研究，但是 Gerhard 的友谊关系分类标准比较模糊，Newconmb 等的"了解—喜爱"模型缺乏了对朋友关系内部的划分。并且现有的友谊形态划分都未能结合友谊内部发展的动因来分析友谊内部存在的形态。因此，本研究结合受访者在"情感交换"与"同质性选择"两个维度上的区分所提出四种基本的友谊形态颇具意义。首先，这一划分是基于受访者主观建构的划分，正如 Tomas Luckmann 所强调的对友谊关系的探讨必须还原至个体生活世界具体情境下的主观意识构成。[2] 其次，基于"同质性选择"与"情感交换"两个维度勾画出的友谊的内部结构具有可操作性，有利于对其进行动态的分析与解释。

总之，本研究认为大学生的友谊是在以情感性而非工具性为主导的人际吸引的基础上，自愿地、相互地通过同质性选择和情感交换的差异形成不同形态的，具有内部揭露性高外部封闭性强的，区别于爱人和家人的情感团结。因此，大学生的"友谊"是在互动中变化的情感团结。

5.2 "友谊"的发展：个体特质与情境力量

大学生"友谊"在自身的建构中不断变化，静态的分析呈现友谊存在三种不同的发展模式：友谊的渐进式发展、友谊的断裂式发展、友谊的逆向式发展。并且每一种发展模式都存在不同的发展路径。动态地呈现友谊的发展也是本研究的重点。友谊的互动—发展范式研究中，研究者集中于从"社会交换理论"和"同质性选择理论"来对友谊关系的动态发展给出解释。社会交换理论取向关注个体在具体情境下的情感交换实际，而同质性理论取向则将个体的某些具体特质作为

❶ 杨宜音. "自己人"：一项有关中国人关系分类的个案研究 [M] //杨宜音. 中国社会心理学评论（第一辑），北京：社科文献出版社，2005：200.

❷ Jochen Dreher. Phenomenology of friendship：Construction and Constitution of an Existential Social Relationship [J]. Human Studies, 2009, 32 (4)：401－417.

研究的重点。因此，对于友谊的动态发展一直存在个体特质还是情境力量的分歧。

关系社会学的研究中研究者提出社会关系的动态形式是人与人交往的纽带和活动，静态形式形成了社会结构。● 深受符号互动论影响的柯林斯利用所谓社会结构"微观转变策略"来探索构筑宏观社会学与微观社会学之间的桥梁。他认为微观社会学主要分析作为个体的社会行动者的行动入手，研究人们在日常生活中的所作、所说以及所思；而宏观社会学偏向于一种时间较长和规模较大的社会过程，但二者并非对立，二者是统一的。乔纳森·特纳将科林斯从微观过程认识社会宏观结构的方法称为"微观结构的方法"（microstructural）。柯林斯认为结构是各种机遇的再发生，他将社会结构界定为特定情境中的行动者不断重复的、在时间上的延伸的"互动仪式链"。●

沿着这一思路，本研究关注个体的交友过程，以互动仪式的理论框架分析了个体交友过程的具体情境，通过仪式化的解释使得互动中的友谊的三种发展模式得到了动态呈现。在友谊的渐进式发展模式中我们看到的是互动仪式的逐层深入：首先是"玩伴"间的寻欢仪式产生情感的欢腾，欢腾的情绪体验成为"密友"的基础性情感；其次，通过"密友间的袒露"使得情感暴露的分享仪式得以产生，使得友谊情感上升至更高层次；最后，通过"分离"与"重聚"的团结仪式，友谊情感得以升华，挚友的情感被稳固下来。从逻辑上说，在友谊的发展模式中应该存在"跨越式"的发展，即直接从"低暴露—浅同质"跨越进入"高暴露—深同质"的友谊形态。然而，实证材料暂时未发现这种模式，这也可以从互动仪式的逐层深入得到解释，情感的累积作为友谊逐步深入的过程不容易一蹴而就。在友谊的断裂式发展中，公共的仪式使得友谊双方在身份界限上难以突破，情感受到封闭，而不同的解决冲突的仪式带来了情感的交换或阻滞。在友谊的逆向式发展中，反思的仪式造成的情感的排斥推动了友谊的逆向式发展。

总之，各个互动仪式所包含的"身份要素""情感交换要素""符号象征"

● 张进宝. 关系社会学何以可能？[J]. 国外社会科学，2011（2）.

● 乔纳森·特纳. 社会学理论的结构 [M]. 邱泽奇，等，译. 北京：华夏出版社，2006.

与"情感能量"的分析使得本研究所探讨的友谊的动态发展在情境分析的同时融合了个体特质，并且是个体主观感受到的特质的作用。这种以"互动仪式"作为解释框架透视大学生中的情感团结——"友谊"的形成的方式从某种程度上阐明了布迪厄所指出的"在时间中对空间的有规律和节奏的使用"。进而清晰的呈现了"个体特质"与"情境力量"在共同地建构友谊的动态变化。

6 结语

心理学家认定人类大脑的一个基本事实：我们对现实的知觉会为我们的预期所左右。现在科学家和哲学家已经达成了共识：科学并非是全然客观的。[❶] 甚至，我们在选择自己的研究领域时就早已经加入了个人的主观倾向。正如在本文"问题的提出"部分我所指出的那样，选择以"友谊"作为硕士论文的研究内容很大程度上来源于我的"生活经历"，因此本研究不可避免地受到个人主观倾向的影响。尽管在研究中，我努力使自己成为一个"局外人"来看待这些"故事"，但是在资料的收集、分析和最后的写作阶段我都能感觉自己融入"故事"当中，这对于研究来说可能造成致命的威胁。首先，我与受访者的交流可能存在"实验者期待效应"。受访者1在访谈开始时指出"聊到友谊可能得动感情"。不可否认，我也是带着这样的期望进入研究，在访谈中倾听受访者的"故事"时我极力克制的话语和表情可能已经"败露"。对于受访者来说，他们或许"感受"到了我的"感受"，这对于他们呈现"故事"具有导向性。其次，在资料的选择上，我对于"友谊"的主观感受也可能使得我对一些资料"视而不见"，可能难以完整呈现"友谊"的"原状"。然而，面对我的"主观局限性"，在这样一项社会科学的研究当中我只能努力地在使用客观的方法将经验事实纳入我的主观解释框架当中，并且我对于研究的反思也构成了研究不可分割的一部分。

---

❶ 戴维斯·迈尔斯. 社会心理学（第8版）[M]. 张智勇，乐国安，侯玉波，等，译. 北京：人民邮电出版社，2006：8 - 9.

　　反观整个研究，我对于"友谊"的建构与反思实实在在地对我的现实生活产生了影响，使得我更加珍惜大学的友谊，更加认真地维护这份情感。如果说科学研究的结论最终也构成了"社会心态"的一部分，如果我的研究勉强成为科学研究的一颗微粒，那么我希望这样一份"情感性"的研究至少能为大学校园带来些许暖意。

参考文献

一、中文文献

［1］芭芭拉·查尔尼娅维斯卡（Barbara Czarniawska）. 社会科学研究中的叙事［M］. 鞠玉翠，等，译. 北京：北京师范大学出版社，2010.

［2］布莱恩·S. 特纳，克里斯·瑞杰克. 社会与文化——稀缺和团结的原则［M］. 吴凯，译. 北京：北京大学出版社，2009.

［3］陈向明. 质的研究方法与社会科学研究［M］. 北京：教育科学出版社，2010.

［4］陈向明. 旅居者和"外国人"——留美中国学生跨文化人际交往研究［M］. 北京：教育科学出版社，2011.

［5］戴维斯·迈尔斯著. 社会心理学（第8版）［M］. 张智勇，乐国安，侯玉波，等，译. 北京：人民邮电出版社，2006.

［6］费迪南·滕尼斯. 共同体与社会——纯粹社会学的基本概念［M］. 林荣远，译. 北京：北京大学出版社，2010.

［7］扶跃辉. 友谊对儿童和青少年社会性发展的影响［J］. 天津师范大学学报：基础教育版，2006，7（3）

［8］李伟，李朝旭，韩仁生. 友谊的结构研究——一项对大学生友谊内隐观的调查研究［J］. 心理科学，2006，29（5）.

［9］理查德·克里斯普，里安农·特纳. 社会心理学精要［M］. 赵德雷，高明华，译. 北京：北京大学出版社，2008.

［10］罗朝明. 友谊的可能性——一种自我认同与社会团结的机制［J］. 社会，2012，32（5）.

［11］露丝·A. 华莱士，雪莉·F. 哈特利. 友谊的宗教因素：以经验为基础的迪尔凯姆理论［M］// 杰弗里·亚历山大. 迪尔凯姆社会学. 戴聪腾，译. 沈阳：辽宁教育出版社，2001.

［12］迈克尔·A·豪格，多米尼尔·阿布拉姆斯. 社会认同过程［M］. 高明华，译. 北京：中国人民大学出版社，2011.

［13］牟宏峰. 日常生活共同体的研究范例及其理论意义［J］. 学术交流，2010，5.

［14］诺曼·K. 邓金. 解释性交往行动主义［M］. 周勇，译. 重庆：重庆大学出版社，2004.

［15］彭兆荣. 人类学仪式研究评述［J］. 民族研究，2002（2）.

［16］彭兆荣. 人类学仪式的理论与实践［M］. 北京：民族出版社，2007.

［17］P. 布迪厄，J. － C. 帕斯隆. 继承人——大学生与文化［M］. 邢克超，译. 北京：商务印书馆，2004.

［18］莎伦·布雷姆等. 亲密关系［M］. 郭辉，肖斌，译. 北京：人民邮电出版社，2005.

［19］乔纳森·H. 特纳. 社会学理论的结构（第 7 版）［M］. 邱泽奇，张茂元，译. 北京：华夏出版社，2006.

［20］乔纳森·特纳，简·斯戴兹. 情感社会学［M］. 孙俊才，文军，译. 上海：上海人民出版社，2007.

［21］乔纳森·特纳. 人类情感——社会学的理论［M］. 孙俊才，文军，译. 北京：东方出版社，2009.

［22］杨善华，谢立中. 西方社会学理论（下卷）［M］. 北京：北京大学出版社，2011.

［23］杨善华，孙飞宇. 作为意义探究的深度访谈//谢立中. 日常生活中的现象学社会学分析，北京：社会科学文献出版社，2010.

［24］杨宜音. 友人关系［J］. 社会心理学研究，1990（3）.

［25］杨宜音. "自己人"：一项有关中国人关系分类的个案研究［M］//杨宜音. 中国社会心理学评论（第一辑）. 北京：社科文献出版社，2005.

［26］杨适. "友谊"（friendship）观念的中西差异［J］. 北京大学学报：哲学社会科学版，1993，1.

［27］张进宝. 关系社会学何以可能？［J］. 国外社会科学，2011（2）.

二、英文文献

［1］Andrew F. Newcomb, Catherine L. Bagwell. Children's Friendship Relations: Ameta-analytic Review［J］. Psychological Bulletin, 1995, 117（2）: 306 － 347.

［2］Berna Guroglu, Antonius H. N. Cillessen, Gerbert J. T. Haselager, Cornelis F. M. van Lieshout. "Tell me who your friends are and I'll tell you who your friends will be": Consistency and change in social competence in adolescent friendships across school transitions［J］. Journal of Social and Personal Relationships, 2012: 1 － 23.

［3］David Goss. Enterprise Ritual: A Theory of Enterpreneurial Emotion and Exchange［J］. British Journal of Management, 2008（19）: 120 － 137.

［4］David R. Schaefer, Olga Kornienko, Andrew M. Fox. Misery Does Not Love Company: Network Selection Mechanisms and Depression Homophily［J］. American Sociology Review, 2011, 76（5）: 427 － 436.

［5］Denise B. Kandal. Homophily, Selection, and Socialization in Adolescent Friendship［J］. American Journal of Sociology, 1978, 84（2）: 427 － 436.

［6］Dynamic Statistical Network Model. Computational & Mathematical Organization Theory, 1999, 5（2）: 167 － 192.

［7］Edward J. Lawler, Shane R. Thye. Social Exchange and Micro Social Order［J］. American Sociological Review, 2008, 73（8）: 519 － 524.

［8］GERHARD G. VAN DE BUNT. Friendship Networks Through Time: An Actor-Oriented Dynamic Statistical Network Model［J］. Computational & Mathematical Organization Theory, 1999, 5（2）: 167 － 192.

［9］Graham Allan. Friendship, Sociology and Social Structure［J］. Journal of Social and Personal Relationships, 1998, 15（5）: 685 － 702.

［10］James A. Davis. Structure Balance, Mechanical Solidarity, and Interpersonal relations［J］. American

Journal of sociology, 1963, 68 (4): 444 – 462.

[11] Jennifer A. Johnson. The window of ritual: seeing the intentions and emotions of "doing" gender [J]. Gend. Issue, 2009, 26 (1): 65 – 84.

[12] Jochen Dreher. Phenomenology of friendship: Construction and Constitution of an Existential Social Relationship [J]. Human Studies, 2009, 32 (4): 401 – 417.

[13] Marijtje A. J. van Duijn, Evelien P. H. Zeggelink, Mark Huisman. Evolution of Sociology Freshmen into a Friendship network [J]. Journal of Mathematical Sociology, 2003 (27): 1537191.

[14] Marion K. Underwood, Duane Buhrmester. Friendship Features and Social Exclusion : An Observational Study Examining Gender andSocial Context [J]. Merrill-Palmer Quarterly, 2007, 53 (3): 412 – 438.

[15] Nancy K. Baym, Andrew Ledbetter. Tunes that Bind?: Predicting Friendship Strength in a Music-Based Social Network [J]. Communication & Society, 2009, 12 (3): 408 – 427.

[16] Nirit Bauminger, Cory Shulman. The development and maintenance of friendship in high-functioning children with autism [J]. The National Autistic Society, 2003, 7 (1): 81 – 97.

[17] Paget Henry. Randall Collins, Ideas and Ritual Solidarity [J]. Sociology Forum, 2001, 16 (1): 167 – 174.

[18] Richard A. Quantz. School ritual as performance: a reconstruction of Durkheim's and Turner's uses of ritual [J]. Educational Theory, 1999, 49 (4): 493 – 513.

[19] Richard A. Quantz, Peter M. Magolda. Nonrational Classroom Performance: Ritual as an as Aspect of Action [J]. The Urban Review, 1997, 29 (4): 221 – 238.

[20] Willard W. Hartup, Nan Stevens. Friendships and Adaptation in the Life Course [J]. Psychological Bulletin, 1997, 121 (3): 255 – 370.

[21] Wendy E. Ellis, Lynne Zarbatany. Explaining Friendship Formation and Friendship Stability : The Role of Children's and Friends' Aggression and Victimization [J]. Merrill-Palmer Quarterly, 2007, 53 (1): 79 – 104.

附录　"大学生友谊现象"访谈提纲

（一）什么是友谊

1. 当谈论到"朋友"或者"友谊"这个词的时候，您首先想到了什么？

2. 能不能给我几个词描述一下你关于友谊的理解？

3. 你在本科阶段有没有交过你认为的"朋友"？麻烦您给我介绍一下他们的简单信息？（性别，年级，兴趣还好？你们一起共同都做什么？重要性）

（1）和其他同学相比，他们为什么是您的朋友？

（2）你的几个朋友间有没有差别？

4. 您能不能帮我给友谊下个定义？（最后总结问题）

（二）友谊的发展

1. 回忆一下大一开始你首先熟悉的人？认识最久的人？最为重要的人？你们是如何认识的？

2. 您大概什么时候开始觉得你们之间可以称为朋友了？

3. 你们在一起做的最多的事？最有趣的事？最难忘的事？

4. 你们之间有没有什么"秘密"？

5. 你们之间有没有送过礼物？或者有没有一些事你只会和他一起做？

6. 你们之间有过矛盾吗？怎么解决？

（三）友谊的评价

1. 你觉得你们的关系对于你意味着什么？

2. 你觉得你以后还会遇到这样的朋友吗？

3. 最后请您用一句话给你们的关系下个定义。

后　记

我校研究生教育始于 2003 年，专门为硕士研究生出版优秀硕士学位论文集，这在学校的发展史上还是第一次。这是一个标志，表明学校对研究生学位论文质量的提升日益重视。

研究生处从 2015 年开始推动优秀硕士学位论文评选工作，特制定《优秀硕士论文遴选办法》（校研字［2015］第 10 号）。根据"选题具有较高理论和现实意义，能够反映本学科相关领域的前沿问题或对本学科发展有重要意义；在研究方法上和实际应用上有所创新，具有一定的学术价值"等条件，推选优秀论文，并对作者、导师给予表彰。

我们从 2012～2013 届精心挑选了 16 篇论文，因各专业点优秀硕士学位论文数量不均衡，无法各自单独成册，故优先选择青少年工作系、马克思主义学院、社会工作学院、法学院部分优秀硕士论文予以编辑成册出版，其中青少年工作篇包括了青少年工作系、马克思主义学院两个培养单位的部分论文，其余硕士点的优秀硕士论文将陆续编辑出版。

中青院优秀硕士学位论文精选集的出版，不仅仅在于展示一项学校研究生教育人才培养的一个成果，还是对硕士研究生及其指导教师的一种褒奖。我们更希望借此倡导一种纯粹的学术精神、扎实的学术态度、执着的学术追求。

2016 年 6 月 22 日

王　文　教授